Laura Romano

SUMARAH

Derlin, July 2010

To LINDA

May your view
widen and widen
together
with your joy of life
and your practice
of the heart

RAHAYU

Ich widme dieses Buch meinen beiden Lehrern
Bapak Suwondo und Bapak Arymurthy.[1]
Pak Wondo, Eure Geduld, Euer Weitblick und die Klarheit Eurer Intuition sowie
Eure außerordentliche Offenheit und Zuversicht waren für mich die größte –
manchmal auch einzige – Unterstützung, die ich in den letzten zwanzig Jahren
erfahren habe. All die Jahre neben Euch sitzen und meditieren zu können, war
eine Ehre, eine große Freude, eine Zeit voller Entdeckungen. Das, was ich unter
Eurer Anleitung gelernt habe, ist eine solche Fülle, dass mir die richtigen Worte
dafür fehlen. Pak Wondo, Euch gilt für alle Zeit matur sembah nuwun (mein
zutiefst empfundener und respektvoller Dank).
Pak Ary, Euer edler Geist und Eure Klarheit und Intelligenz, die immer vom
Göttlichen beseelt waren, haben mich in Räume geführt, die ich allein niemals
hätte erreichen können. Vor allem habt Ihr mir gezeigt, dass man immer wieder
›dorthin‹ zurückkehren kann und auch immer wieder‹ zurückkehrt. Dieses Buch
wurde geschrieben, weil Ihr mich damit beauftragt habt. Eure Führung und
Eure Inspiration haben mir Mut gemacht, zunächst diese Aufgabe anzunehmen
und dann die Sumarah-Lehre in den Westen zu bringen. In den schwierigsten
Momenten konnte ich mich an Euch wenden und immer seid Ihr für mich eine
Quelle der Kraft, Unterstützung und Klarheit gewesen – und noch viel mehr als
das. Am 7. Juni 1997 habt Ihr uns verlassen. Ihr seid mit der Würde, der Anmut
und der Entschiedenheit von uns gegangen, die charakteristisch für Euer Dasein
waren. Bis zum Schluss seid Ihr für mich ein Vorbild gewesen. Ich hatte die Ehre,
Euch in Euren letzten Lebenstagen nahe sein zu dürfen, und es war mir eine
große Freude, meine Dankbarkeit und Liebe zum Ausdruck bringen zu können
und Euch meine Verbindlichkeit zu geloben. Wenn ich um Euch weine,
geschieht dies aus Dankbarkeit. Ich weiß, dass ich jetzt allein weitergehen muss,
aber Ihr habt mir gezeigt, dass ich niemals allein bin.
Danke.

1| Die Namen Bapak Suwondo und Bapak Arymurthy werden üblicherweise mit der familiä-
ren Form Pak Wondo und Pak Ary abgekürzt. Pak Wondo lebte in Solo, wo auch ich meinen
Wohnsitz habe. Er leitete mich bereits, bevor ich mir des Weges, den ich eingeschlagen hatte,
bewusst geworden war. Dieses Buch wurde zuerst in Italien veröffentlicht, im April 1999. Pak
Wondo starb im Dezember desselben Jahres. Obgleich ich immer noch tiefe Trauer darüber verspüre, dass er nicht mehr da ist, bin ich froh, dass die Zeit noch dazu ausgereicht hat, ihm eine
Kopie dieses Buches mit einer eigens für ihn bestimmten Widmung zu geben.
Pak Ary hat vor allem in den letzten zehn Jahren den Prozess meines spirituellen Wachstums
begleitet. Er lebte in Jakarta. Im Juni 1997 hat er seinen Körper und somit auch uns verlassen –
zwei Wochen, nachdem ich ihm die Nachricht überbracht hatte, dass sein Auftrag, dieses Buch
zu schreiben, erfüllt war. Da es geschrieben wurde, als Pak Wondo und Pak Ary noch am Leben
waren, habe ich, wenn ich mich auf sie beziehe, absichtlich die Gegenwartsform beibehalten.

Laura Romano

SUMARAH

Den inneren Lehrer erwecken

ad multos annos

Aus dem Italienischen   Heike Reyda

Bearbeitet von   Christina Stelzer und Christina Herr

Copyright © 1999
Originalausgabe   Laura Romano: *Sumarah* –
Il risveglio del maestro interiore.
Casa Editrice Astrolabio –
Ubaldini Editore, Rom

Copyright © 2004
deutschsprachige Ausgabe   ad-m-a ad multos annos
Verlagsgesellschaft mbH
D-57627 Heuzert/Westerwald
www.admaVerlag.de

Bibliografische Information   Der Deutschen Bibliothek
Die Deutsche Bibliothek verzeichnet diese Publikation
in der Deutschen Nationalbibliografie;
detaillierte bibliografische Daten sind im Internet
über http://dnb.ddb.de abrufbar.

ISBN 3-9807788-1-9

Titel-/Buchgestaltung   Christina Herr, Heuzert,
unter Verwendung eines Fotos von Indri Sumantri
Druck/Bindung   Fuldaer Verlagsanstalt, Fulda

Gesetzt aus der Apollo MT

Einleitung

Wie ist es doch nicht wahr: ›Wer sucht, der findet!‹

Im Verlauf meiner Begegnung mit der *Sumarah*-Meditation oder, allgemeiner gesagt, auf dem spirituellen Weg bin ich durch Irrtümer, Dickköpfigkeit und Widerstände gegangen.

Vielleicht ist es auch eine Frage der Persönlichkeit, aber je mehr ich vom Leben lerne, desto deutlicher wird mir, dass sich immer dann eine Spannung aufbaut, die die Sicht vernebelt, wenn man sich allzu fest entschlossen auf die Suche macht.

Sicher, es ist notwendig, sich auf den Weg zu machen, aus der Haustür hinauszutreten, die Augen offen zu halten und Acht zu geben, wohin man die Füße setzt. Es ist also wichtig aufzupassen, aber auch nicht zu sehr.

Mitte der siebziger Jahre bin ich nach Solo gekommen, einer Stadt in Zentraljava, die damals ungefähr eine halbe Million Einwohner zählte. Es kommt mir nicht so vor, als sei dies gestern gewesen – im Gegenteil, es scheint ein ganzes Leben lang her zu sein: Sowohl in meinem Inneren als auch außerhalb von mir hat sich alles derart verändert, dass es fast nicht mehr zu erkennen ist. Die Veränderungen des Landes, der Natur, der Gebräuche und der Traditionen sind unübersehbar. Das ist immer ein wenig traurig für uns Reisende mit dem romantischen Blick, die wir gern die Welt anhalten möchten (zumindest hier und da), um diese Beklommenheit im Herzen nicht spüren zu müssen, wenn wir nach zwei Jahren an einen bekannten Ort zurückkehren und dort eine Ampel anstelle des jahrhundertealten Baumes und einen neuen Supermarkt anstelle eines traditionellen Marktes vorfinden … Ganz zu schweigen von den Veränderungen jener anderen Landschaft: der meines Herzens und meines Geistes.

Wenn auch all dies nicht unbedingt immer ein Fortschritt ist, so ist es doch Teil des Prozesses. Der Schmerz und die Verzweiflung über einen Verlust, über den Tod, über etwas, das zu Ende gegangen ist, haben in sich einen außerordentlichen Wert – genauso wie die Schwierigkeit, den Sinn des kontinuierlichen Wandels begreifen und akzeptieren zu können. Denn wenn dieser Widerstand gegenüber dem Wandel an seine Grenzen geführt wird, erzeugt er jenes Leiden, das als Katalysator wirkt und Transformation möglich macht.

Dazu möchte ich gern von einer Erfahrung berichten, die ich vor einigen Jahren gemacht habe.

Ich befand mich in einer Phase, in der ich mich häufig gefangen genommen fühlte von nostalgischen Gefühlen gegenüber Solo, wie es ursprünglich einmal war, und ich war traurig über die Art der Verwandlung, die sich um mich herum anbahnte. Manchmal fuhr ich gegen Abend ziellos mit dem Moped durch die Gassen der Stadt, nur um ein wenig unterwegs zu sein. Vielleicht versuchte ich zu verstehen, woher dieses Zugehörigkeitsgefühl kam, das ich ganz tief in mir spürte. Es gefiel mir, einfach so durch die Gegend zu fahren, auch wenn ich mich dabei oft mit dem Gefühl eines ›gebrochenen Herzens‹ weinend wiederfand. An einem dieser Abende fing es plötzlich zu regnen an, zuerst nur ganz leicht, dann immer stärker. Etwas in mir beschloss, nicht anzuhalten, um Unterschlupf zu suchen. Weinend fuhr ich zwei Stunden lang weiter durch den strömenden Regen und durch die mittlerweile fast dunkle Stadt. Regen und Tränen mischten sich auf meinem Gesicht und in meinem Herzen. Als es zu regnen aufhörte, erschien mir alles – so blank und so frisch, wie es auf einmal war – plötzlich viel wirklicher, weniger magisch und in gewissem Sinne auch hässlicher. Die Materialität der Dinge war so offensichtlich, dass es beinahe schon lächerlich zu sein schien. Der Platzregen, die Straßen, die Häuser, die Pflanzen genauso wie meine Tränen und meine Gefühle … wie ich selbst … alles war so erschreckend vergänglich, flüchtig … Ich nahm eine völlig andere Wirklichkeit wahr. Meine Sichtweise hatte sich geändert. Es war, als wäre ich aus einem Traum erwacht.

Vor zwanzig Jahren sah ich die Welt natürlich noch ganz anders als jetzt. Ich nahm aktiv an der Studentenbewegung von 1968 teil und studierte an der staatlichen Universität Mailand Philosophie. Zu jener Zeit bedeutete das, dafür zu kämpfen, die Welt zu verändern, politisch und sozial involviert gegen die Gleichgültigkeit und für die Revolution zu sein. Philosophie zu studieren zeigte außerdem, dass man auf dem Weg der unendlichen Problemlösungen des Geistes und des Verstandes nach dem Sinn des Ganzen suchte. Aber die meisten von uns fanden diesen Sinn nicht und litten darunter.

Vor diesem Hintergrund fuhr ich mit fünf Freundinnen für zwei Monate in Urlaub, kurz bevor das letzte Jahr an der Universität mit der Abschlussarbeit anstand.

Während dieser Reise passierte fast nur das Gegenteil von dem, was jede von uns erwartet und sich vorgenommen hatte. Die entscheidenden Ereignisse, die den Verlauf meines Lebens ändern sollten, ergaben sich aber erst gegen Ende, als ich zusammen mit einer der Freundinnen beschloss, vor der Rückkehr nach Italien noch eine ruhige Woche am Meer zu verbringen.

Wir sprachen beide nur mäßig Englisch und nur ganz wenige Worte Indonesisch. Davon abgesehen sprachen die Javaner zu der Zeit vor allem in den Dörfern nicht indonesisch, sondern nur javanisch.[1] Das war vermutlich der Grund, warum wir in den falschen Bus stiegen und nicht in Pangandaran landeten, wohin wir eigentlich hatten fahren wollen, sondern in Parangtritis. Nach zwei oder drei Stunden Fahrt hielt der Bus vor einem Fluss, der Busfahrer schrie: »kretek … *kretek* … *kretek*«, und alle stiegen aus. Ende der Fahrt. Ich sehe die Leute noch vor mir, wie sie in den Hütten dieses kleinen Dorfes verschwanden. Wir gingen auf den

---

1| Im Jahre 1938 wurde Indonesisch zur offiziellen Sprache Indonesiens erklärt und von der Regierung eingeführt, um die Kommunikation und den Handel mit den Küstenstädten des Malaiischen Archipels und zwischen den verschiedenen Inseln der Inselgruppe zu vereinfachen. Das Indonesische, das dem Malaiischen stark ähnelt, wird an den Schulen gelehrt und ist die Sprache, die in den meisten Zeitungen, Radio- und Fernsehprogrammen verwendet wird. Davon abgesehen spricht jede Volksgruppe die ursprüngliche Sprache ihrer Insel: Die Javaner sprechen javanisch, die Balineser balinesisch und so weiter. Oftmals werden auf derselben Insel mehrere Sprachen gesprochen. Daher ist das Indonesische außer in Jakarta im Allgemeinen eine etwas künstliche, nicht sonderlich reiche Sprache und nur unter besonderen Umständen nützlich. Im Unterschied dazu weist die javanische Sprache eine ganz besondere Vitalität, Fülle und Komplexität auf. Sie wird in drei Ebenen unterteilt, in *ngoko, krama madyo* und *krama inggil* (Nieder-, Mittel- und Hochjavanisch), die ohne genaue Regeln, mit Geschick und Feingefühl, in Abhängigkeit von der Person, mit der man spricht, und je nachdem, wie man sich an diese Person wenden möchte, abwechselnd verwendet werden.

Fluss zu und erst jetzt merkten wir, dass wir nicht da waren, wo wir zu sein glaubten. Es sah so aus, als wären wir am Ende der Welt angelangt.

Die Szene ist sehr eindrucksvoll: Ein Vogelschwarm zieht über den Himmel, der sich gerade in sämtliche Rottöne eines tropischen Sonnenuntergangs färbt. Schon sehr bald wird es dunkel sein. Ein Fährmann nähert sich auf einem kleinen gelben Kanu, auf dessen Bug zwei Augen gemalt sind. Meine Freundin und ich sagen fast gar nichts mehr. Es ist wie in einem Märchen, alles fühlt sich sehr symbolisch an. Die Schönheit der Szene ist unwiderstehlich.

Für fünfundzwanzig Rupien überqueren wir den Fluss. Der Fährmann versichert uns, dass sich auf der anderen Seite das Meer befindet. Das Kind, das bei ihm ist, schöpft das von allen Seiten ein wenig eindringende Wasser rhythmisch und unermüdlich aus dem Kanu. Wir halten den Atem an, um diesen Zauber nicht zu zerstören. Am anderen Ufer angekommen vertraut uns der Fährmann einem sehr alten Wägelchen an, das von zwei kleinen Pferden gezogen wird. Wenige Bambushäuser säumen den sandigen Weg, ein paar Frauen fegen die graue Erde vor ihrer Wohnung beiseite und hinterlassen die leicht geschwungenen Spuren des Besens. Währenddessen tauchen von allen Seiten Scharen aufgeregter Kinder auf und rufen: »*lando-lando*«[2].

Wir erreichen das Dorf Parangtritis.

»Geht Richtung Süden, dort unten ist das Meer«, das entnehmen wir den Gesten und Lauten, die unser Fuhrmann von sich gibt. Wir steigen aus und gehen entlang einer sandigen Straße, die von Bäumen, kleinen nach vorn geöffneten Bambushäusern und vereinzelten Baracken gesäumt wird, in denen leuchtend frische Kokosnüsse verkauft werden.

Wir lassen unser Gepäck in einem der Häuser, auf dem ›Zimmer zum Ausruhen‹ steht, und gehen auf das Meer zu. Ich bin tief bewegt. Zum ersten Mal ist für mich das Meer der Ozean.

Eine Atmosphäre übernatürlicher Kräfte hüllt uns ein. Das Getöse der Wellen und das ununterbrochene Heulen des Windes vermischen sich mit unseren Gedanken, und plötzlich ist mir klar, warum die Javaner

---

2| Auf Niederjavanisch heißt *lando* wörtlich ›Niederländer‹. In Java brechen vor allem die Kinder (aber nicht nur die) fast automatisch in ein enthusiastisches »*lando, lando*« aus, wenn sie einen Europäer vorbeigehen sehen. Bis heute macht ein Großteil der Bevölkerung keinen Unterschied zwischen den verschiedenen Nationalitäten. Für sie sind alle Ausländer *lando*.

glauben, dass dort Nyai Loro Kidul wohnt, die Göttin der Südsee.[3] Vor unseren Augen entstehen und vergehen die graugrünen Wellen des Ozeans, der Wind bläst stark und verändert dabei spielerisch die Form der schwarzen Sanddünen. Der Strand erscheint unendlich. Das Gefühl, sich in einer anderen Dimension der Wirklichkeit zu befinden, wird immer stärker. Mir fällt Mailand ein, mein Freund, meine Familie, die Universität, meine Freunde und Freundinnen. Ich kann das alles nicht mehr miteinander in Einklang bringen.

Mittlerweile ist es Nacht. Wir gehen weiter Richtung Westen. Nach etwa einer halben Stunde tauchen – noch immer wie im Märchen – in der Ferne Lichter auf. Schließlich gelangen wir an eine besonders hohe und steile Sanddüne. Aus Angst, alles könnte einstürzen und nur ein Traum sein, klettern wir den weichen und nachgiebigen Hang äußerst behutsam hinauf. Der Sand unter unseren Füßen ist frisch, wir sinken darin ein, während wir langsam nach oben steigen, bis wir nach einer Weile auf einmal den Klang einer Flöte hören, dann auch Gesang, die Melodie einer Sitar, Stimmen und Rufe. Wir kommen oben an. Dort öffnet sich ein Krater, in dessen Inneren ungefähr zwanzig Menschen sitzen. Sie sin-

---

3| Kanjeng Nyai Loro Kidul ist eine in den javanischen Mythen tiefverwurzelte weibliche Gottheit, die von der Küstenbevölkerung geachtet und gefürchtet wird. Es existieren verschiedene Legenden über sie. Die bekannteste sagt, dass Kanjeng Nyai Loro Kidul ursprünglich die Tochter eines mächtigen Königs aus dem Königreich Pajajaran war. Man erzählt sich, dass das Mädchen von klein auf nicht den Gepflogenheiten des Palastes folgen wollte, sondern lieber allein war und ihre Zeit mit Meditation und asketischen Praktiken verbrachte. Als sie das Alter erreicht hatte, in dem sie heiraten sollte, und sich weigerte, wurde sie von ihrem zornigen Vater aus dem Palast gejagt. Die verzweifelte Prinzessin warf sich in den Ozean, starb aber nicht, sondern verwandelte sich in die Göttin des Südsee.
Es gibt viele besondere Zeremonien und Tänze, die ihr zu bestimmten Zeiten gewidmet werden. Eine der wichtigsten Zeremonien ist die zum Jahrestag der Krönung des Sultans von Yogyakarta, der bei dieser Gelegenheit seine mystische Vereinigung mit der Göttin feiert. Diese Tradition geht auf die Zeit zurück, in der sich die Göttin in den Sultan Agung der Dynastie Mataram verliebte und ihn bat, König des Ozeans zu werden. Der Sultan weigerte sich, versprach aber, dass er und all seine Nachkommen sich jährlich ehelich mit ihr verbänden, wenn er dafür unter ihren Schutz gestellt würde. Wegen der vielen Gaben, die bei dieser Gelegenheit den Meereswellen übergeben werden, damit die Göttin sie annimmt, wird diese Zeremonie *labuhan* (von *labuh*, ›ins Meer werfen‹) genannt.
Unter den bekanntesten Tänzen, die Nyai Loro Kidul gewidmet sind, gibt es den *Bedoyo Ketawang*, der nur einmal im Monat an einem besonderen Tag des javanischen Kalenders *(selasa kliwon)* praktiziert und im Palast von Surakarta zum Jahrestag der Krönung des Herrschers getanzt wird.

gen und musizieren, während zwei oder drei Leute sie mit angezündeten Fackeln umkreisen. Meine Freundin und ich sprechen schon den ganzen Tag lang nur noch mit den Augen und wir schweigen weiter. Wir setzen uns und schauen über den Rand des Kraters. Nach ungefähr einer Stunde beginnt es leicht zu regnen. Als ob dies Teil der Vorstellung wäre, packen die Akteure nach und nach ihre Sachen zusammen und machen sich auf den Weg ins Dorf. Wir folgen ihnen in einem gewissen Abstand. Was für ein Zufall, dass sie gerade da wohnen, wo wir unser Gepäck gelassen haben.

Beim Abendessen sitzen wir mit ihnen zusammen an dem einzigen Tisch, den es im Raum gibt, und erfahren, dass sie eine experimentelle Theatergruppe sind, die aus Franzosen, Schweizern, Balinesen und Javanern besteht. Wir mögen uns gegenseitig, und im Verlauf von zwei Tagen beginnen meine Freundin und ich, an einigen Improvisationsexperimenten teilzunehmen. Dann fährt die Gruppe ab. Da wir noch drei oder vier Tage bis zu unserer Rückkehr nach Italien haben, beschließen wir, in Parangtritis zu bleiben, versprechen aber, noch vor unserer Abreise nach Solo zu kommen – einer kleinen Stadt, in der sie wohnen – um uns von ihnen zu verabschieden. Das tun wir dann auch nach einigen Tagen.

Früh am Morgen kommen wir an einem Gebäude an, das wegen seines eindrucksvollen Tores schon von weitem wie ein stattliches, altes und luxuriöses Haus aussieht. Ich bin ein wenig nervös, emotional bewegt wie zuvor am Ozean, und genau in dem Moment, in dem ich durch das Tor gehe, höre ich eine Stimme zu mir auf Englisch sagen: »Dies ist dein Haus«.

Ich habe keine Ahnung, woher diese Stimme kommt, sie wirkt fremdartig, ist laut und gleichzeitig auch leise. Ich verstehe nicht, was passiert, spüre aber, dass sich etwas innen und außen verändert hat, für immer.

Das Märchen geht weiter. Wir verabschieden uns nicht einfach von der Gruppe, sondern bleiben neun Monate in diesem Haus, um gemeinsam an einer Vorstellung zu arbeiten, die nie das Licht der Welt erblickt. Ich werde zunächst Freundin, dann Geliebte und schließlich Ehefrau des Hausherrn und lebe mit ihm vierzehn Jahre an diesem Ort.

Von dem Augenblick an, als ich den Ozean von Parangtritis sah, empfand ich zu der Insel Java, zu ihren Menschen, ihren Traditionen und ihrer Sprache eine Liebe auf den ersten Blick, eine Liebe, die genährt wurde von der Sonne, die immer scheint, vom Essen, das man sich leicht zu jeder Tages- und Nachtzeit beschaffen kann, vom reichlichen Wasser, von der sanften und entspannenden Wärme, vom wiegenden Gang der Frauen und vom frechen Lachen der *becak*-Fahrer[4]. Auf Java gefiel mir sofort alles. Später, als ich anfing, die Sprache zu lernen, die Tanzkunst zu schätzen, die Musik zu hören und zu den *wayang kulit*-Vorstellungen[5] zu gehen, wurde aus dem anfänglichen Angerührtsein wahre Liebe.

Im Verlauf meiner ersten eineinhalb Jahre auf Java begegnete ich Pak Wondo, meinem zukünftigen Meditationslehrer.

Über mehrere Monate wohnten wir gemeinsam mit der Gruppe in dem fürstlichen Haus in Solo und übten und experimentierten täglich für die zukünftige Vorstellung. Sardono, der Choreograph der Gruppe, kritisierte oft den zu nüchternen und kontrollierten Stil, den wir Westler hätten. Er entschied, dass wir lernen müssten, uns zu entspannen und weniger zu denken und rief einen ›Fachmann‹ zur Hilfe. Ich erinnere mich noch sehr gut an das erste Treffen mit Pak Wondo: vielleicht, weil man die ersten Male nie vergisst, vielleicht aber auch, weil es ein wenig desillusionierend war. Ich hatte einen mageren und schweigsamen Mann erwartet, der vielleicht weiß gekleidet wäre, uns einem nach dem anderen in die Augen sehen und dabei sofort erkennen würde, was an uns nicht stimmt. Ich war sehr aufgeregt. Er war der erste *guru,* den ich in meinem

---

4| Die *becak* ist eine Art Rikscha, bei der der Fahrer auf einem ziemlich hohen Fahrrad hinter dem Fahrgast sitzt.

5| *Wayang kulit* (wörtlich ›Hautschatten‹) ist das Schattentheater. Es ist in verschiedenen Teilen des indonesischen Archipels verbreitet, aber jede Zone hat unterschiedliche Merkmale und erzählt andere Geschichten. Auf Java dauern die *wayang kulit*-Vorstellungen die ganze Nacht, von abends um neun bis zum Morgengrauen des nächsten Tages. Sie erzählen Episoden der zwei großen indischen Epen *Mahabharata* und *Ramayana.*
Die Vorstellung wird voll und ganz vom *dhalang* (dem Puppenspieler) geleitet, begleitet vom traditionellen javanischen Orchester *(gamelan)* und von einer oder mehreren Sängerinnen *(pesinden)*. Der *dhalang* sitzt vor einem großen Paravent aus weißem, von einer Öllampe beleuchteten Stoff und bewegt die ganze Nacht hindurch die Marionetten, spricht, singt und spielt dabei von Zeit zu Zeit mit dem rechten Fuß ein Instrument und mit der linken Hand ein anderes. Die Kunst des *dhalang* ist hoch angesehen und wird im Allgemeinen vom Vater an den Sohn weitergegeben. Es gibt auch *dhalang*-Frauen, aber noch verhältnismäßig wenige. Die *wayang kulit*-Vorstellung kann sowohl ›auf der einen‹ Seite als auch ›auf der anderen‹ Seite des Schirmes angesehen werden. Während der Vorstellung, die, wie gesagt, die ganze Nacht hindurch andauert, laufen die Zuschauer oft von hier nach da, mehrfach die Plätze wechselnd.

Leben traf, und auch wenn ich vom Verstand und von der Ideologie her tausend Vorurteile hatte, so war ich doch in Wirklichkeit ziemlich leicht zu beeindrucken. Pak Wondo kam auf einer Vespa angefahren, trug einen Anzug à la Mao Tze Tung von undefinierbarer Farbe, irgendetwas zwischen grau und braun, war eher ein wenig mollig, hatte eine große altmodische Brille auf und schien mir ein wenig schüchtern und verlegen zu sein.

Sardono empfing ihn herzlich und die beiden tauschten ein paar uns unverständliche Scherze aus. Wir setzten uns alle auf die Matte, die ich vor meinem Zimmer ausgebreitet hatte und in deren Mitte ein Blumenarrangement und Weihrauch standen. Das erste, was Pak Wondo sagte, war, dass Weihrauch und Blumen nicht notwendig seien, er nichts Besonderes lehre und dass wir nur lernen würden, uns zu entspannen und die Vorstellung zu akzeptieren, dass wir Menschen in Wirklichkeit nichts vermögen.

»Wirklich sehr interessant!«, dachte ich und war ziemlich wütend auf die Vespa und überhaupt auf das ganze Aussehen von Pak Wondo und diese absurde und konservative Idee der menschlichen Machtlosigkeit. Ich beschloss jedoch, den Mund zu halten (einmal wenigstens) und zu versuchen, nicht vorschnell zu urteilen.

Diese erste Meditationssitzung (die damals allerdings gar nicht so genannt wurde) war, wie versprochen, nichts Besonderes, aber zweifelsohne entspannend. Pak Wondo gab Anweisungen auf Javanisch, und Sardono dolmetschte Sätze in der Art von: »Lasst euch fallen, versucht nicht, etwas zu tun ... lasst die Anspannung aus eurem Körper weichen, fühlt euren Rücken, setzt möglichst nicht euren analytischen Verstand ein.«

Immer wieder sprach Pak Wondo von der Wichtigkeit, die Wirklichkeit zu akzeptieren. Von allem, was er sagte, war es das, was mich am meisten ärgerte und was ich am allerwenigsten verstand. Die Sitzung endete wie sie angefangen hatte, nämlich ohne jegliche Zeremonie. Pak Wondo wiederholte dreimal das Wort *rahayu*, von dem Sardono sagte, er wisse nicht, wie er es übersetzen solle. Ich dachte natürlich sofort, dass dieses *rahayu*[6] wahrscheinlich die interessanteste Botschaft der Sitzung sei.

6| *Rahayu* ist ein javanisches Wort, das ›Friede, Harmonie‹ bedeutet.

Pak Wondo gab die Möglichkeit, Fragen zu stellen. Ich fragte ihn, was genau er eigentlich damit meinte, wenn er sagte, man solle ›die Wirklichkeit akzeptieren‹. Pak Wondo schloss einen Moment lang die Augen und antwortete dann mit einem halb belustigten, halb verständnisvollen Lächeln: »In deinem Fall bedeutet das diesmal, dass du die Tatsache akzeptieren sollst, dass du wütend bist.«

Ich war verlegen, beleidigt und noch wütender.

Hätte mir an diesem Abend jemand gesagt, dass Pak Wondo für die nächsten zwanzig Jahre mein Lehrer und spiritueller Führer sein würde, hätte ich denjenigen wahrscheinlich für eine Person bar jeder Eingebung und ohne jegliches Einfühlungsvermögen gehalten. Aber genau das war ich vor zwanzig Jahren: vernebelt durch die Herrschaft meiner Gedanken, eingeschränkt durch die Starrheit meiner Überzeugungen und oftmals Opfer meiner eigenen Emotionen.

In der darauf folgenden Nacht schien kein Mond. Die großen Mangobäume und die Agaven im Garten sahen besonders bedrohlich aus, und tausenderlei Geräusche der tropischen Nacht raubten mir den Schlaf. Als der Tag anbrach, konnte ich schließlich weinen. Ich dankte der Sonne, dass sie den Knoten der Angst und Beklemmung gelöst hatte, und schlief endlich ein.

In einem der wirrsten und chaotischsten Träume, an die ich mich erinnere, träumte ich von allem und jedem: meiner Oma, dem Ozean in Parangtritis, der Universität, den Demonstrationen durch die Straßen Mailands, den Tapeten meines Kinderzimmers, dem Besitzer des Hauses in Solo und von Pak Wondo, der lachte. Völlig erschöpft wachte ich gegen Mittag auf.

Pak Wondo kam fünf- oder sechsmal wieder. Bei unserem dritten Treffen geschah es, dass ich meine erste ›Erfahrung‹ machte. Pak Wondo führte uns stufenweise in die Entspannung von Körper, Gefühl und Geist. Ab und zu sagte er: »Seid voll und ganz hier, nicht nur mit eurem Körper, sondern auch mit dem Herzen und dem Geist.«

Ich versuchte mich zu konzentrieren, aber eine Melodie aus der Ferne trug mich davon und lenkte mich ab. Pak Wondo sagte: »Lasst die Musik zu, sperrt euch nicht gegen sie, folgt ihr aber auch nicht, kümmert euch nur darum, hier zu sein.« Nach und nach fühlte ich mich in alle Richtungen gezogen und gedreht. Oben und unten kamen durcheinander. Ich nahm meinen Körper sehr klein, gleichzeitig aber auch sehr groß wahr. Er fühlte sich sowohl dick als auch extrem dünn an. In mir wurde alles zu einer kompakten Einheit, löste sich dann aber wieder auf und verlor sich. Eine ganze Weile hörte ich die Musik nicht mehr, dann nahm ich sie wieder wahr. Statt sie zu hören, hatte ich das Empfinden, als sähe ich sie, aber nicht mit den Augen, sondern mit dem Rücken. Inmitten all dieser inneren Bewegungen kam es mir so vor, als ob es weder vorne noch hinten gäbe, weder oben noch unten. Ein nicht greifbares Gefühl von Auflösung und ein unbekanntes Empfinden von Stabilität schienen rätselhafterweise nebeneinander zu bestehen. Manchmal gab Pak Wondo einen seltsamen Laut von sich, den ich als *awuawu* wahrnahm und der irgendeine verankernde Funktion zu haben schien. Ein Gedanke an die Zeit, die mittlerweile vergangen sein musste, schoss mir plötzlich durch den Kopf und genau in diesem Moment sagte Pak Wondo: »Kommt jetzt ganz langsam zu eurer normalen alltäglichen Verfassung zurück«. Das war nicht leicht. Irgendetwas in mir leistete Widerstand, wollte nicht zurückkehren, und in meinem völlig verwirrtem Zustand, wusste ich nicht recht, wie ich den Rückweg finden sollte, um mich wieder zusammenzusetzen.

Einige Minuten vergingen. Als ich die Augen öffnete, erschien mir alles extrem scharf und klar, obwohl es Nacht war und das Licht der Lampen nur schwach leuchtete: Es war, als wäre die Wirklichkeit irgendwie frischer. Ich berichtete Pak Wondo von meiner Schwierigkeit zurückzukehren. »Du bist noch nicht daran gewöhnt«, antwortete er. Ich sagte, dass die Dinge jetzt schärfer wirkten, als seien sie irgendwie sauberer, und er erwiderte, dass ich und somit meine Sichtweise sauberer seien. Schließlich versuchte ich mühselig, meine Erfahrung mitzuteilen. Pak Wondo: »Ja, es ist wirklich sehr schwierig, gewisse Dinge zu beschreiben und dabei nur Worte und den Verstand zu benutzen ... wie auch immer, das ist das.« Ich verstand nicht, was er damit sagen wollte, aber etwas in mir war angerührt, und eine prickelnde Neugierde war geweckt worden, zu entdecken, was dieses ›das‹ war.

Als Pak Wondo nicht mehr kam, um uns in Entspannung zu unterweisen, fehlte er mir. Von Sardono hörte ich, dass im Hause Pak Wondos jeden Mittwochabend Meditationssitzungen stattfänden, für jeden zugänglich, der interessiert sei. Es war das erste Mal, dass das Wort ›Meditation‹ fiel.

Es war also Meditation gewesen, was wir praktiziert hatten? Warum hatte mir das keiner gesagt? Warum hatte niemand diesbezüglich irgendetwas gesagt?

Und obwohl ich mir sagte, dass Meditation nicht gerade Teil meiner existenziellen Interessen sei und der Dinge, die ich in meinem Leben lernen wollte, ertappte ich mich dabei, dass ich die Tage bis Mittwoch zählte. Von dieser Zeit an wurde der Mittwochabend zu einem heiligen Termin.

Meine Annäherung an *Sumarah* passierte schrittweise und stieß auf viele Widerstände. Pak Wondo machte mich sofort als eine schwierige Schülerin aus, ziemlich ungläubig und sehr dickköpfig, auffallend misstrauisch und immer bereit, alles zu diskutieren. Ihm fiel auch meine absolute Ehrlichkeit auf. Selbst wenn ich fast nie einverstanden war mit den Dingen, die bei den Sitzungen gesagt wurden, berührte mich doch immer wieder das, was Pak Wondo mir persönlich sagte, auf neue Art und Weise. Ich hatte den Eindruck, als ob durch seine Antworten ein Schleier gelüftet und jedes Mal eine andere kleine, unbekannte Frucht freigelegt wurde. Es war wie eine Offenbarung.

Meinem Kopf widerstrebte es, er lehnte sich dagegen auf, aber mein Herz öffnete sich.

Einmal, so erinnere ich, führte Pak Wondo mich als Beispiel für die Widerstände des Ichs an und sagte zu den Anwesenden: »Seht euch zum Beispiel Laura an, sie scheint immer unzufrieden und nie einverstanden zu sein, kommt aber mittlerweile seit Monaten immer wieder zu den Sitzungen. Das liegt daran, dass der Hunger ihrer Seele stärker ist als ihr Wille und ihr Verstand und die Ängste ihres Egos. Wie sich ihr Prozess dann entwickeln wird, weiß nur Allah.«

*

Vor sieben Jahren lud mich Pak Wondo zu einem Meditationstreffen in eine andere Stadt ein. Dort geschah es, dass Pak Arymurthy sich wie aus heiterem Himmel an mich wandte und sagte: »Laura, du musst ein Buch über *Sumarah* schreiben, das sich an die Menschen im Westen wendet.« Alle nickten zustimmend, Pak Wondo lachte und meinte: »Deshalb war es also wichtig, dass du heute Abend gekommen bist. Westen und Osten müssen sich begegnen: Das ist notwendig geworden. Vielleicht müssen wir unsere Produkte exportieren und dann in hundert Jahren wieder importieren. Junge Menschen schätzen das, was aus dem Westen kommt, weil sie denken, es sei besser. Das ist eine Phase: Man muss sie akzeptieren, vorbeigehen lassen, aber man muss sich auch vorbereiten.«

Ich antwortete nicht. Die Aufforderung hatte mich überrascht und für einen Moment ließ ich die Angelegenheit auf sich beruhen. Dieses Buch zu schreiben widerstrebte mir ziemlich. Ich glaubte, dass diese Aufgabe meine Kapazitäten übersteigen würde. Sowohl Pak Arymurthy als auch Pak Wondo schienen meinen Einwänden keine besondere Beachtung zu schenken. Pak Wondo riet mir: »Sag einfach ›ja‹, und zwar von innen heraus, du wirst sehen, dass sich alles andere dann schon von selbst ergibt.« Pak Arymurthy hingegen meinte, als ich ihn ein Jahr nach diesem Treffen zum ersten Mal besuchte, um ihm meine Zweifel und Schwierigkeiten darzulegen: »Geh von dem Wunsch jedes Einzelnen nach Freiheit aus … verliere dabei nie den roten Faden … und erinnere dich daran, dass wir üben, um in die Unendlichkeit zurückzukehren!«

Als ich Pak Wondo bei einer anderen Gelegenheit fragte, welches denn nun der zentrale Punkt in diesem Buch sein solle, antwortete er mir: »Schreib, dass es nicht leicht ist, zu lernen, wieder zu einem normalen Menschen zu werden, und nicht so zu werden, wie die Menschen normalerweise sind, und dass wir meditieren, um die Kunst zu erlernen, zwischen dem Gesetz der Menschen und dem Gesetz Gottes zu unterscheiden!«

Seit fast zwanzig Jahren war ich auf Java. Davon hatte ich fünfzehn Jahre bei den Treffen mittwochs neben Pak Wondo gesessen, um für die anwesenden Ausländer zu dolmetschen und irgendwie zwischen der Weltanschauung der javanischen und der westlichen Welt zu vermitteln. Schließlich verstand ich, dass es richtig war, mir diese Aufgabe anzuvertrauen. Der Eindruck des allgemeinen Untergangs alter javanischer Werte, unter dem ich so oft stand, sowie mein Gefühl, dass mit den Palästen und den jahrhundertealten Bäumen ein wahrhaft kostbares Gebäude einstürzt, behinderte mich nicht für diese Arbeit, sondern spornte mich geradezu an.

Mit der spirituellen Gruppe namens *Paguyuban Sumarah* in Kontakt getreten zu sein, bedeutete für mich viel mehr, als eine Meditationspraxis kennen gelernt zu haben. Vielleicht, weil die Zeit reif dafür war, vielleicht aber auch aufgrund der tiefgehenden, alten javanischen Kultur, fiel das Kennenlernen von *Sumarah* mit dem Kennenlernen von mir selbst zusammen und der Entdeckung, dass (neben dem Ich, das ich bis zu jenem Zeitpunkt für meine einzig wahre Identität gehalten hatte) in mir wie in allen anderen lebenden Kreaturen ein unsterbliches Selbst existiert. Dieses ist Teil des Ganzen, und da wir nicht wissen, wie wir es definieren sollen, können wir es nur als göttlich bezeichnen. Auch wenn die Erfahrungen und Lehren manchmal schmerzhaft und demütigend waren, haben sie doch immer zu einer umfassenderen Wahrnehmung geführt, die nach und nach mehr Licht und Freude in mein Leben gebracht hat.

Die *Paguyuban Sumarah*[7] ist eine der vielen mystischen Gruppen auf Java. Da sie in ihrer Struktur besonders informell ist, gibt es zum Beispiel keinen speziellen Ort für die Treffen, außer den privaten Häusern, in denen man wöchentlich zusammenkommt. Es muss auch kein Ritual eingehalten werden, es existieren keine speziellen Atemtechniken, es müssen keine besonderen Haltungen eingenommen und auch keine Mantras gesprochen werden.

Praktiziert wird eine bestimmte Art von Meditation, die *sujud sumarah*[8] genannt wird. Die Sitzungen sind im Allgemeinen sehr unterschiedlich. Das hängt teilweise von der Person ab, die die Sitzung leitet, dem *pamong* also, teilweise von den Personen, die teilnehmen, und teilweise einfach von der Situation und der Atmosphäre, die entsteht. In diesem Sinne gibt es in der *Paguyuban Sumarah* keine festgelegte Art und Weise,

---

7| Um eine genaue und detaillierte Beschreibung der geschichtlichen Entwicklung der *Paguyuban Sumarah* auch in Bezug auf andere spirituelle Organisationen und die geschichtlich-politischen Entwicklungen Indonesiens zu erhalten, siehe Paul Stange: *The Sumarah Movement in Javanese Misticism.* Ph. D. Dissertation, University of Wisconsin, Madison, 1980.

8| *Sujud* ist ein Wort arabischen Ursprungs und bezeichnet den Moment des islamischen Gebets, in dem sich der Gläubige vor Gott niederwirft und dabei mit der Stirn den Boden berührt. In der *Sumarah*-Tradition ist dieser Terminus ein Synonym für Meditation. Somit wird hier die Betonung auf den Aspekt der Demut und der Hingabe gelegt. *Sumarah* bedeutet loslassen, sich ergeben, im Sinne von bedingungsloser Übergabe und vollständiger Kapitulation. Es handelt sich dabei um die bedingungslose Hingabe des Menschen an Gott, des Ichs an das Ganze, des kleinen Lebens an das große Leben. Der Begriff *sumarah* wird von nun an ohne weitere Übersetzung verwendet. Beginnt er mit einem Kleinbuchstaben, so bezieht er sich auf den inneren Zustand, auf die *sumarah*-Haltung, beginnt er mit einem Großbuchstaben, so bezieht er sich auf die spirituelle Richtung, auf *Paguyuban Sumarah*.

in der die Meditationssitzung verläuft, weder eine spezielle Technik noch eine Theorie, auf die man sich beziehen kann.

Schon deshalb sollte dieses Buch keinesfalls als ein offizielles Dokument der *Paguyuban Sumarah* aufgefasst werden, sondern einzig als ein Bericht meiner Erfahrungen in der *Sumarah*-Praxis sowie der Unterweisungen, die ich von meinen beiden wichtigsten Lehrern, Pak Wondo und Pak Arymurthy, erhielt. Ich möchte außerdem darauf hinweisen, dass ich mit diesem Buch keineswegs eine vergleichende Arbeit vorzulegen beabsichtige. Abgesehen davon, dass ich mich einer solchen Arbeit nicht gewachsen gefühlt hätte, möchte ich hier lediglich meine Geschichte erzählen. Es ist wahrscheinlich, dass einige der *Sumarah*-Lehren demjenigen, der in anderen spirituellen Traditionen belesen ist, bekannt vorkommen. Ich überlasse es der Leserin und dem Leser das zu entdecken, was *Sumarah* eventuell mit anderen Lehren oder Religionen gemeinsam hat.

Wie bereits gesagt, haben die Erfahrungen auf Java in ihrer Gesamtheit zu tiefgreifenden Veränderungen in meinem Leben geführt, die ohne die Führung von *Sumarah* wahrscheinlich nicht möglich gewesen wären. Gemütszustände wie Schmerz, Angst und Verwirrung haben tatsächlich eine große transformierende Kraft, aber ohne richtige Anleitung können sie sich auf uns und unser Umfeld zerstörerisch auswirken. *Sumarah* hat mich gelehrt, den revolutionären Aspekt der Akzeptanz zu sehen – ein Wort, das für mich anfangs nur mit Passivität, Angst und einer konservativen Haltung verbunden war. Schrittweise wurde ich vom Leben und von meinen Lehrern an den Punkt absoluter Machtlosigkeit und Nichtigkeit des Ichs geführt, an die Stelle, an der die einzige Möglichkeit zu überleben darin besteht, das, was ist, voll und ganz und bedingungslos zu akzeptieren – ganz im Widerspruch zu dem, was wir gerne hätten. Ich habe eingesehen, dass Schmerz uns wachsen lässt und uns verändert, deshalb nämlich, weil er die Macht und die Kraft des Ichs auflöst und überwindet. Oft und gerade im Angesicht großen Schmerzes ergibt sich das Ich und erinnert sich an seinen Ursprung. Aufgrund unserer großen Unwissenheit müssen wir immer wieder an unsere göttliche Natur erinnert werden: Sie ist nicht nur in Vergessenheit geraten, sondern – und das ist noch tragischer – wir vergessen sie immer und immer wieder und bedürfen immer wieder erneutem Erinnertwerden.

Mein Weg war weit, langwierig und mühselig. Er führte durch das Labyrinth des Verstandes und durch das Feuer der Emotionen. Ich brauchte ein Reiseabenteuer, das Studium der javanischen Kultur, eine Doktorarbeit und vierzehn Jahre Ehe mit einem Javaner, um den Prozess der Transformation einzuleiten und die Sicherheiten und Unsicherheiten meines Ichs zu erschüttern.

Ich danke dem Leben, dass es mich auf den Weg geschickt hat. Ich weiß, dass die Schwierigkeiten noch nicht vorbei sind, aber die Freude darüber, auf dem Weg zu sein, hat die Qualität meines Lebens verändert.

Dieses Buch wendet sich sowohl an diejenigen, die eine Geschichte hören wollen, als auch an diejenigen, die sich für die Praxis der Meditation interessieren. Dennoch möchte ich darauf hinweisen, dass es nicht meine Absicht ist, das Praktizieren durch Worte zu ersetzen. Ich bin zutiefst davon überzeugt, dass nur die direkte Erfahrung dazu führen kann, die mystische Lehre zu verstehen und aufzunehmen.

Dieses Buch zu schreiben hat mir oftmals große Freude bereitet. Manchmal ist es jedoch auch eine Verpflichtung gewesen, die zu Ende zu bringen mir unmöglich erschien. Fast immer spürte ich das Gewicht der Verantwortung, das auf mir lastete, sowie meine Unzulänglichkeit, über die Dinge des Geistes zu sprechen. Nach verschiedenen Versuchen schien mir die beste Lösung diejenige zu sein, zu erzählen, wie viel und wie ich gelernt habe. Pak Wondos Vertrauen darin, dass mein Schreiben ›geleitet‹ würde, und die Anweisungen, die ich jedes Mal von Pak Arymurthy erhielt, wenn ich ihn um Hilfe bat, haben mich bei dieser Arbeit sehr unterstützt. Die Namen der Personen und Orte sind authentisch; ich habe in diesem Zusammenhang keine andere Lösung gesehen, als die Dinge und Personen bei ihrem richtigen Namen zu nennen.

Meine Hoffnung ist, dass dieses Buch für einige Menschen Begegnung und Entdeckung und für andere Hilfe und Unterstützung sein kann. Ich habe es in dem Bemühen geschrieben, die Lehren, die mir erteilt wurden, und die Lektionen, die ich gelernt habe, von einer Ebene her zu übermitteln, die jenseits des Verstandes liegt. Mein hauptsächliches Anliegen dabei war, ein Zeugnis von *Sumarah* abzulegen, sodass die Reinheit der Lebensphilosophie und die Wirksamkeit der Ausübung dieser Tradition nicht zusammen mit denjenigen verschwinden, die sie praktiziert und verbreitet haben.

Meditation in einem Dorf

Wie altertümlich dieses Licht doch ist,
das durch die losen Dachziegel des joglo scheint!
Dunkle Gesichter, Seelen an der Oberfläche, offene Herzen,
wissende Hände, respektvolle Augen von Unbekannten,
die sich an diesem Sonntagnachmittag so nahe sind.
Ich sitze an der Seite meines Lehrers, spreche Javanisch,
ohne mich darüber noch zu wundern.
Ein Teil meiner selbst löst sich von mir: Traumstaub.
Zehn Jahre sind vergangen und vielleicht werden noch mal so viele vergehen.
Draußen ist es heiß und drinnen kühl.
Tee wird gereicht, wobei die Frauen nur flüchtig in Erscheinung treten.
Sie lächeln zurückhaltend,
das Rascheln ihrer für diesen Anlass gestärkten jarik ist zu hören.
Es duftet nach Zucker und Jasmintee,
der Geruch von handgedrehten Zigaretten und batik liegt in der Luft.
Allah … Allah …, wir meditieren gemeinsam.
Alles und nichts passiert, wir verstehen uns,
wir sprechen jetzt dieselbe Sprache …
Pak Wondo sagt, dies sei die Sprache des rasa.
Von draußen dringen die Stimmen der Kinder zu uns,
die hinter dem Holzreifen – dem universellen Rad – herlaufen,
und auch das süße Gurren der Turteltauben spricht die Sprache des rasa.
Allumfassendes Schweigen. Stillstand.
Rahayu … rahayu … rahayu.
In meinem Herzen breitet sich unendlicher Friede aus.

1

Die Meditation der Hingabe
sujud sumarah

Die Praxis der Meditation

> *Ich sah einen Knaben, ein Licht in der Hand.*
> *Und fragte, woher er es habe.*
> *Er löschte das Licht und sagte mir dann:*
> *»Nun sag mir, wohin es entschwand.«*
>
> Hasan di Basra

Nach und nach und oft mit Verspätung treffen die Leute mittwochabends im Hause Pak Wondos ein. Die Stühle sind im *pendopo*[1] kreisförmig angeordnet, und seit Jahren versucht jeder, sich immer wieder an denselben Platz zu setzen.

Pak Wondo ist fast immer schon anwesend. Häufig spricht er bereits mit jemandem, der schon eher gekommen ist, um Pak Wondo wegen persönlicher Probleme um Rat zu fragen. Auch ich bin schon seit einer Weile da und sitze auf ›meinem‹ Platz rechts neben ihm, weil es meine Aufgabe ist, für die teilnehmenden Ausländer zu übersetzen.

Wenn es nicht regnet, füllt sich der *pendopo* mit ungefähr vierzig Personen. Bei Regen oder während des Fastenmonats Ramadan sind es viel weniger. Die Leute sind elegant gekleidet.

1| Der *pendopo* ist ein auf drei Seiten offener, für die traditionellen javanischen Wohnungen typischer Vorraum. Er befindet sich im vorderen Teil des Hauses und kann entsprechend der Wohnung größer oder kleiner sein. Der *pendopo* ist der ›öffentliche‹ Teil des Hauses, der für Zeremonien bestimmt ist und dafür, weniger nahestehende Gäste zu empfangen.

Während die Menschen eintreten und sich setzen, entsteht allmählich eine fast greifbare Atmosphäre: Ein unsichtbares Tuch scheint sich wie von selbst zu weben. Hier zu sein, ist für alle von Bedeutung. Auch wenn man sich noch gar nicht kennt, hat man das Gefühl, zu Hause zu sein, sich gut zu kennen. Seit Jahren schaut man sich in die Augen und lächelt sich an. Seit Jahren hört man gemeinsam den Beispielen, Geschichten, Anweisungen und Lehren von Pak Wondo zu und sieht einander lachen, weinen, sich freuen und sich schämen. Pak Wondo fordert uns oft dazu auf, die Atmosphäre zu spüren, die Energie, die zwischen uns zirkuliert. Er sagt, das sei eine gute Übung. Manchmal hat man während der von ihm geleiteten Meditationen den Eindruck, an einem Kochkurs teilzunehmen: Davon abgesehen, dass er es liebt, kulinarische Beispiele anzuführen (vielleicht weil er gern gut isst), dreht sich ein Großteil der Praxis darum, unser Gefühlsvermögen zu sensibilisieren, Energien zu ›schmecken‹ und unsere Empfangsfähigkeit wiederzubeleben.

Die Meditation beginnt niemals sofort. Pak Wondo lässt uns ›ankommen‹, ein wenig miteinander plaudern, er lässt uns Zeit, uns niederzulassen und uns mit uns selbst wie auch mit der Gruppe zu verbinden. Hier und da gibt er ein paar Anweisungen, um uns einzustimmen, eine bequeme Haltung zu finden und die eigenen Gedanken zeitweilig zum Abschluss zu bringen: »Kommt ganz hier an, nicht nur mit dem Körper, sondern auch mit eurem Gefühl und eurem Geist.«

In der *Sumarah*-Praxis beginnt eine Meditation niemals unvermittelt, sondern es wird der ›richtige‹ Moment abgewartet, in dem der *pamong* die Leit-Energie, die *Tuntunan*[2], empfängt. Wenn das geschieht, übermittelt der *pamong* das, was er selbst in Form von Intuitionen, Bildern oder Gefühlen erfährt, durch verbale Anweisungen, durch den Klang eines Vokals oder des Wortes ›Allah‹ oder auch durch Schweigen.

2| Der Begriff *Tuntunan* wird vom Verb *nuntun* abgeleitet, das auf Javanisch ›langsam und aufmerksam begleiten‹ bedeutet, also das, was man mit einer alten Person machen würde, die ein wenig wacklig auf den Beinen ist. In *Sumarah* bezeichnet dieser Begriff die Leit-Energie, die der *pamong* empfängt, wenn er eine Meditation begleitet. *(Anm. d. Übers.: Tuntunan* wird in der deutschen Übersetzung als Leit-Energie, göttliche oder höchste Führung bezeichnet.)* Siehe dazu auch Kapitel 2, Fußnote 3, Seite 83.

Was in einer Meditation wirklich passiert, ist sehr schwer zu begreifen und auch schwer zu beschreiben – wie jeder weiß, der damit Erfahrung hat. Wie Pak Wondo oft sagt, gibt es nur *eine* Energie, *eine* Leitung, aber sie wird von jedem auf andere Art und Weise erfahren – je nach persönlichen Bedürfnissen und individuellem Entwicklungsstand. Es ist kein Zufall, dass das Studium der Meditation ›Praxis‹ genannt wird: Die Theorie ist im Vergleich zur direkten Erfahrung tatsächlich ziemlich unbedeutend. In *Sumarah* können Meditationssitzungen von einem zum anderen Mal sehr unterschiedlich sein und vor allem entsprechen sie nie den eigenen Erwartungen. Im Gegenteil, die bedeutenden Ereignisse und die wichtigen Momente scheinen uns immer wieder zu überraschen. Vor einiger Zeit fragte mich Pak Wondo, warum ich es nach zwanzig Jahren noch immer nicht leid sei, an den Mittwochstreffen teilzunehmen, bei denen sich doch immer alles mehr oder weniger wiederhole. Die Antwort, die mir spontan dazu einfiel, war: »Wegen der Geschenke und Überraschungen«.

Um einen ersten Eindruck davon zu vermitteln, wie eine solche Meditationssitzung verläuft, denke ich, ist es am besten, von einer zu berichten. Im Folgenden gebe ich einen Auszug aus meinem Tagebuch wieder.

> Pak Wondo war heute Abend in einer seiner feurigen Stimmungen, die mir zugegebenermaßen sehr gut gefallen. Die Meditation begann fast sofort, ohne große Umstände. Nach ungefähr fünf Minuten dachte ich, es sei wirklich schade, dass ich mein Tonbandgerät nicht mit dabei habe. Eine Minute später bemerkte Pak Wondo: »Diese Sitzung hätte aufgenommen werden sollen.«
>
> Dann sagte er ungefähr Folgendes:
>
> »Das, was hier zählt, ist nicht etwa die Theorie, sondern die Praxis. Aber gebt Acht, mit Praxis sind nicht lediglich die äußeren Handlungen gemeint. Kontemplation und Innenschau betreffen auch die inneren Aktivitäten, also das, was man schlichtweg deshalb nicht sieht, weil es nicht ausgedrückt wird. Sterben ist keine theoretische Angelegenheit, sondern etwas sehr Praktisches ... Allah ... Allah ... Allah ... Wer Meditation praktiziert, macht oft noch den Fehler, die

Meditation zu benutzen, um all das zu lösen, was im eigenen Leben nicht funktioniert, was einem nicht gefällt oder was stört. Die Meditation ist aber vor allem ein Instrument um ›auseinanderzunehmen‹ *(bongkar)*, zu öffnen und zu erkennen. Das schafft Raum, bringt frische Luft herein, reinigt und klärt. Damit das geschehen kann, ist unsererseits einzig erforderlich, das einzugestehen, was nicht in Ordnung ist. Das wissen wir, wir wissen es eigentlich immer. Wir müssen nur den Mut haben, es zuzugeben, und Ehrlichkeit ist dabei die Grundlage. Allah ... Allah[3].

Alles, was wir machen, können wir nur tun, weil uns das Leben gegeben wurde. Ein Körper ohne Leben ist ein Leichnam, ein Leben ohne Körper ist Geist.

Allah ... Allah ... Allah.

Hier gibt es kein heiliges Buch. Unser heiliges Buch ist das Leben, und dennoch ist es gerade das Leben, das wir allzu oft vergessen.«

[Langes Schweigen]

»Wir vergessen, und genau deshalb war das Mantra von Pak Hardo *eling*[4]. Nur das. Es gibt verschiedene Stufen des Erinnerns: Das letztendliche Erinnern ist das Erinnern an sich *(sejati ing eling)* bzw. das Sicherinnern an das Leben. Die Quelle ist in uns, wir kennen sie, aber wir haben sie aus den Augen verloren. Wir sind es gewohnt, dem Schicksal (oder Gott) zu danken, wenn uns etwas Nebensächliches wie Ruhm, Erfolg, Reichtum oder eine Familie gegeben wird, und vergessen das Hauptsächliche, das uns fortwährend geschenkt wird: das Leben selbst. Allah ... Allah ... Allah.

Es ist wichtig, das pure Leben fühlen und erfahren zu können *(sejati ing urip)*.

3| Pak Wondo singt häufig den Namen ›Allah‹, während er eine Meditation leitet. Dabei ist das, was zählt, nicht so sehr das Wort an sich, sondern die Energie des Klanges und die Qualität der Atmosphäre, die dadurch erzeugt wird. Andere *pamong* verwenden andere Wörter oder auch nur den Klang eines Vokals.

4| Pak Hardo war der Lehrer Pak Wondos. Wenn er die Meditationen leitete, sang er nur das Wort *eling*, das auf Javanisch ›erinnere dich‹ heißt.

Allah … Allah … Allah.

Das hilft uns zu erinnern. Wir vergessen viel. Zum Beispiel vergessen wir, uns bei unseren eigenen *alat-alat* (den ›Werkzeugen‹ des Ichs) zu entschuldigen. Manchmal erinnern wir uns daran, uns bei einem Freund, einem Familienmitglied oder bei Gott zu entschuldigen, aber nie bei uns selbst. Sogar das vergessen wir: uns selbst; und auch das geschieht, weil wir das Leben vergessen. Wir reden oft über die Dinge des Lebens, unsere Probleme, die Arbeit, die Beziehungen, unsere Gesundheit, wir reden über unser Ich, sprechen aber nie von unserem wahren Selbst. *Ingsun* ist das reine Selbst, es ist Leben. Wir vergessen es ständig.

Kontemplation ist sehr wichtig. Ich, Wondo, meditiere und kontempliere immer über meine Unzulänglichkeiten. In der Meditation hülle ich mein Wesen ein wie in eine Decke. Dadurch, müsst ihr wissen, entsteht Freude. Auch sich an die Essenz des Lebens zu erinnern, macht Freude. Der Tod ist keine theoretische Angelegenheit. Ich erinnere mich an den Tod meines Schwiegervaters als an etwas sehr Schönes. Er wurde nicht vom Tod überrascht, es gab kein Aufbäumen, das Sterben geschah langsam und schrittweise. Ganz allmählich trat er aus seinem Körper aus, nach und nach, denn er hatte nie aufgehört, sich zu erinnern.

In der *Sumarah*-Praxis geht es nicht darum, die Augen zu schließen, sondern im Kleinen zu suchen und dann im Großen zu finden. Das ist das Verhältnis zwischen Mikro- und Makrokosmos.«

[Schweigen]

»Das soll reichen. Danke. Respektiert euer eigenes Zeitmaß und versucht, den Prozess nicht abzubrechen, sondern schrittweise zur alltäglichen Meditation zurückzukehren und dabei diesen inneren Zustand aufrechtzuerhalten.

Rahayu … rahayu … rahayu.«

Um über *Sumarah* zu sprechen, muss man über Meditation sprechen, und schon das ist nicht leicht. In unserer Gesellschaft ist die verbale

Sprache das wichtigste Kommunikationsmittel. Um uns auszudrücken, sprechen wir. Das ist nicht in allen Gesellschaften selbstverständlich und bei uns vielleicht auch nicht immer so gewesen. Die Javaner zum Beispiel reden viel weniger als wir, um das, was sie fühlen, verständlich zu machen. Ich habe von einem Stamm der Aborigines in Australien gelesen, in dem die Stimme zum Singen, Beten und Spielen verwendet wird, Ideen und Gedanken jedoch vorwiegend über andere Wege mitgeteilt werden.

Wenn ein Wort ständig gebraucht und durch das Kommunikationsbedürfnis emotional aufgeladen wird, klingt es häufig überlastet, sein kommunikativer Wert nimmt paradoxerweise ab: Es wird schwächer und seine Bedeutung verliert an Kraft und Intensität.

Viele Wörter haben dieses Schicksal erfahren, vor allem diejenigen, die existenziell wichtige Konzepte beschreiben sollen. Wörter wie Liebe, Glück, Bewusstsein, Verständnis, Gefühl, Geist, Seele sind einem so weiten Interpretationsbogen ausgesetzt, dass es schwierig ist, sie zu verwenden, ohne dabei das Bedürfnis zu verspüren, sie immer wieder neu zu definieren. Es könnte interessant sein zu untersuchen, wie einige Wörter mehr als andere in ihrer Bedeutung geschwächt und entstellt werden. Gerade die emotionale Ladung der wichtigsten Wörter, das Bedürfnis und die Nachfrage danach scheinen zum Verlust ihrer ursprünglichen Bedeutung und ihres ursprünglichen Wertes zu führen.

In den letzten Jahren hat sich das Wort ›Meditation‹ zu einem dieser unglückseligen Begriffe entwickelt, einerseits aufgrund der vielen Idealisierungen, denen es unterworfen war, andererseits aufgrund der verschiedenen ideologischen Vorurteile, die seinen Sinn zusätzlich vernebelt und verzerrt haben.

Für mich zum Beispiel war das Wort ›Meditation‹ vor zwanzig Jahren ein Synonym für Wirklichkeitsflucht, das Symbol schlechthin für den Weg des Vergessens und sicherlich nicht für den des Bewusstseins. Aufgrund meiner politischen Ideologie schien mir alles, was von der greifbaren Wirklichkeit abwich, täuschend und ausweichend zu sein.

In jenen Jahren war ich sicherlich nicht die Einzige mit solchen Vorurteilen. In diesem Zusammenhang möchte ich von einem bedeutenden Vorfall im Hause Pak Wondos berichten, der sich in dem Jahr ereignete, indem ich angefangen hatte, an den Meditationssitzungen teilzunehmen.

Es war an einem dieser regelmäßigen Treffen mittwochabends. Außer den Indonesiern sind noch ungefähr fünfzehn Ausländer anwesend. Nach einigen Minuten des Schweigens beginnt Pak Wondo die Meditation zu leiten, uns an die Unerbittlichkeit des göttlichen Willens und an die Unergründlichkeit des universellen Gesetzes erinnernd; ab und zu singt er den Namen ›Allah‹. Im Verlauf einer Viertelstunde fällt das Wort ›Gott‹ ungefähr fünf- oder sechsmal, und Paul als Dolmetscher übersetzt gewissenhaft: »Der Wille Gottes … die Macht Gottes … das Gesetz Gottes …«. Pak Wondo hat, wie die meisten von uns, die Augen geschlossen. Plötzlich wird große Unruhe spürbar, Stühle werden verschoben, leise Schritte sind zu hören. Ich öffne die Augen und sehe, wie die westlichen Teilnehmer einer nach dem anderen gehen – teils gelangweilt, teils enttäuscht, teils verärgert. Am Ende der Meditation schaut sich Pak Wondo verwundert um. Paul erklärt, dass es wahrscheinlich das Wort ›Gott‹ war, das diesen allgemeinen ›Aufruhr‹ erzeugt hat: Dem Großteil der Westler, erklärt Paul, gefällt das Wort ›Gott‹ nicht besonders; es hat für sie eine konservative, dogmatische Färbung und wird damit assoziiert, sich der eigenen existenziellen Verantwortung zu entziehen. Paul fährt fort, dass gewöhnlich die Personen, die an einer Meditationssitzung teilnehmen, auf der Suche nach etwas Neuem sind, während Gott für sie eine alte Geschichte ist. Pak Wondo, dem derartige Gedankengänge bis dahin völlig fremd waren, hört wie gewöhnlich respektvoll zu und sagt schließlich einfach: »Also, wir können auch Wirklichkeit anstelle von Gott sagen oder auch Natur, wenn euch das geeigneter erscheint, oder Leben. Es ist dasselbe. Ist es so besser?«

Es war in der Tat besser und von dem Tag an, ungefähr zehn Jahre lang, ersetzte Pak Wondo das Wort ›Gott‹ durch Wirklichkeit, Natur oder Leben, und von da an verließ keiner mehr vorzeitig die Sitzungen. In letzter Zeit ist es zum Teil in Vergessenheit geraten und er benutzt das Wort ›Gott‹ wieder …, aber wir aus dem Westen sind mittlerweile toleranter geworden.

Die Leichtigkeit, mit der Pak Wondo auf dieses Wort verzichtete, das im javanischen Kontext übrigens sehr wichtig ist, war für mich eine Lehre in Flexibilität und Demut. Außerdem bemerkte ich, dass die Form für Javaner trotz allen Anscheins weitaus weniger wichtig ist als für uns, zumindest in bestimmten Fällen. Was bleibt, ist die Tatsache, dass Wörter Gewicht haben, dass das Wort ›Gott‹ sehr befrachtet ist und es immer und überall unangebracht und ungeeignet erscheint. Ich persönlich versuche, es so selten wie möglich zu benutzen, und jedes Mal, wenn ich es benutze, fühle ich mich ein wenig verlegen und bin immer auf der Suche nach einem anderen, frischeren und wirkungsvolleren Begriff. Aber ich habe ihn noch nicht gefunden oder vielleicht gibt es ihn auch gar nicht …

Wenn ein Wort beginnt, Verwirrung zu stiften anstatt Klarheit zu schaffen, kann es sehr nützlich sein, auf seinen etymologischen Ursprung zurückzukommen.

Der Begriff ›meditieren‹ stammt aus dem Lateinischen *meditari* (Iterativ von *mederi),* was ›nachdenken, um zu heilen‹ bedeutet, wobei außerdem die Wurzel *med* dieselbe ist wie in *modus* (Art und Weise, Maß, Regel) und in *medicus* (Arzt). In diesem Zusammenhang ist von Bedeutung, dass in der Antike Zauberin, Priesterin und Heilerin meist ein und dieselbe Person war.

Die etymologische Bedeutung des Begriffes ›meditieren‹ spiegelt die *Sumarah*-Praxis sehr gut wieder: Meditation wird eben im Wesentlichen als ein Werkzeug des Lebens, für das Leben und im Leben betrachtet und nicht als Ziel. Wir brauchen ein Transportmittel, um an einen anderen Ort zu gelangen; sind wir erst einmal angekommen, müssen wir es zurücklassen. Wie einmal der indische Meister Poonjaji zu einem Schüler sagte: »Du bist mit dem Flugzeug von Europa gekommen, dann hast du einen Zug und schließlich ein Taxi genommen. Jetzt bist du hier und hast das Flugzeug am Flughafen, den Zug im Bahnhof und das Taxi auf der Straße zurückgelassen … oder etwa nicht?«

Früher oder später müssen wir alles loslassen.

Sumarah heißt wörtlich ›vollständiges Aufgeben‹, aber nicht im Sinne einer Niederlage – wie beim Verlieren also –, sondern im Sinne eines vertrauensvollen und bewussten Hingebens des partiellen Ichs an das universelle Selbst. Das vollständige Hingeben ist ein Hingeben an das Leben.

Die *Sumarah*-Praxis rät nicht, sich zurückzuziehen oder ›weltliche Angelegenheiten‹ als Hindernisse für den Geist zu sehen oder wie ablenkende Feinde zu meiden. Im Gegenteil, sie lehrt, das Leben in seiner Ganzheit zu akzeptieren, indem man in das Gute wie in das Schlechte eintaucht. In der Praxis ist Gleichmut und Akzeptanz der Weg, um zur inneren *sumarah*-Haltung zu gelangen.

Wie Pak Wondo oft betont, ist Meditation ein Werkzeug für das Leben *(hidup)*, für die Existenz *(kehidupan)* und für das Überleben *(penghidupan)*. Im Indonesischen meint *hidup* das Leben im umfassenderen Sinne. Auf Javanisch heißt Leben *urip,* und *Sang Hyang Urip* ist eine der vielen Bezeichnungen für das Göttliche. So wie *Sang Hyang Urip* das Leben, der Makrokosmos, das Göttliche ist, ist *urip* das Leben als Manifestation von *Sang Hyang Urip* in all seinen Formen, zu denen auch das Individuum, jener vollkommene Mikrokosmos, zählt. Die Meditation wird hier zur Praxis des Erinnerns: sich erinnern an die Quelle, den Ursprung, an das *sangkan-paran* oder auch an das ›Woher und Wohin‹. *Sangkan-paran* ist Quelle und Mündung.

In der javanischen Weltsicht ist die Frage nach dem Anfang und dem Ende grundlegend. Die Lehre des *sangkan-paran,* die sich mit der Suche nach dem Ursprung und der Bestimmung des Menschen und des Universums in seiner Gesamtheit beschäftigt, stellt den Weg zum wahren Wissen dar. Auch im alltäglichen Leben auf Java fragen die Leute, wenn sie sich treffen, nicht: »Wie geht es dir?«, sondern immer: »Wohin gehst du?« und: »Woher kommst du?«. Das ist für sie das Entscheidende, im Mikro- wie im Makrokosmos, im Kleinen wie im Großen.

Für die Javaner ist das Leben »nichts anderes als ein kurzer Aufenthalt auf dem Weg, um eine Tasse Tee zu trinken« *(urip namung mampir ngombe)*. Die Meditation ist ein wertvolles Werkzeug, das uns helfen kann, innezuhalten und uns daran zu erinnern, dass es sich nur um eine ›kurze Teepause‹ handelt.

Kehidupan ist die Existenz, eine Manifestation von *Hidup,* eine zeitweilige Kristallisation der Lebensenergie. *Kehidupan* ist unser konkretes Leben, unser Alltag, die ›wirklichen‹ Dinge und Geschehnisse. Meditation ist hierbei ein *modus vivendi*, eine Art und Weise, den Schwierigkeiten zu begegnen. Sie ist ein Maßstab. Sie hilft uns, ein Gefühl für das Verhältnis zwischen dem Vergänglichen und dem Ewigen aufrechtzuhalten.

Penghidupan schließlich ist das Leben im Sinne von Überleben und meint die existenzielle, rein materielle, biologische Dimension. Meditation ist in diesem Zusammenhang fast immer Gebet. Wenn der Mensch sich großen Hindernissen gegenübersieht, wenn er kurz davor steht, ›sein‹ Leben zu verlieren, es aufs Spiel setzt oder dem Tod ins Auge schaut, dann betet er spontan. Die Meditation wird in diesem Fall zu einer Brücke zwischen dem Menschlichen und dem Göttlichen, zwischen *lahir* (die materielle, konkrete, physische Dimension) und *batin* (die spirituelle, abstrakte Dimension). Pak Wondo verweist darauf, dass jede materielle Erscheinung nichts anderes ist als ein Bote im Auftrag des Geistes *(lahir utusane batin)*.

Um unsere bewussten und unbewussten Handlungen besser verstehen zu können, um den Sinn unserer Existenz sehen oder wenigstens erahnen zu können und um in Verbundenheit handeln zu können, benötigen wir ein anderes Werkzeug als den analytischen Verstand, der nicht mehr ausreicht und eigentlich noch nie ausgereicht hat.

Als Praxis und Werkzeug des Lebens betrifft Meditation also alle existenziellen Ebenen, die äußeren wie die inneren.

Auf der Ebene des inneren Lebens ist Meditation ein Werkzeug zur Reflexion und öffnet einen Weg, um jene Bereiche zu entdecken, zu denen der Verstand und die Analyse keinen Zutritt haben. Sie ist der Weg zum Selbst. In der Meditation berühren wir neue Dimensionen, wir lernen ein neues ›Vokabular‹ zu entwickeln, das uns ein anderes Verständnis ermöglicht. In einem grundsätzlich neuen Terrain angekommen, bewegen wir uns nun völlig anders weiter.

Auf der Ebene des äußeren Lebens ist Meditation ein Weg, um sich mit dem Anderen, dem Andersartigen in Beziehung zu setzen – unabhängig davon, ob dies Freude oder Schmerz mit sich bringt, ob es unseren Wünschen und unseren Erwartungen gerecht wird oder nicht.

Zusammenfassend lässt sich sagen, dass *Sumarah* in der Meditation ein Werkzeug sieht, sich in der Welt zu bewegen und auf bestmögliche Weise durch das Leben zu gehen.

Ganz allmählich lernen wir durch Meditation die Wirklichkeit begreifen, indem wir vom Wesen der Dinge und vom Herzen der Menschen ausgehen und zu unserem eigenen Herzen gelangen. Als würden wir einen Schleier lüften, lernen wir zu entdecken, was jenseits davon liegt, und werden uns der Tatsache bewusst, dass nichts jemals (nur) das ist, was es zu sein scheint.

Einmal fragte ich Pak Wondo, in welchem Verhältnis die Tradition der *kejawen*[5] zu *Sumarah* stehe und welche Bedeutung es seiner Meinung nach habe, sich in der spirituellen Praxis zurückzuziehen.[6]

Pak Wondo antwortete mir lachend: »Sich wohin zurückziehen? Ruhige und einsame Orte werden heutzutage immer rarer, und ferne und unerreichbare Orte gibt es nicht mehr. In unserer heutigen Zeit hat sich der Raum verkleinert, die Zeit ist ausgefüllt und die Welt ist bevölkert. Alles geschieht extrem schnell: Man muss lernen, immer bereit zu sein. Wir leben nicht in einer Zeit, in der man sich in die Abgeschiedenheit des Dschungels zurückziehen kann. Der Dschungel ist da draußen auf der Straße, in den Häusern, zwischen Ehefrau und Ehemann, zwischen Eltern und Kindern und, sehr oft, in uns selbst.«

Aus diesem Grund hat *Sumarah* den Ausdruck *tapa ngrame,* ›Rückzug inmitten des Marktgeschehens‹, entwickelt. Es ist sicherlich an der Zeit zu lernen, Frieden mitten im Schlachtfeld zu praktizieren und Stille im Lärm. Das ist die Meditation des Dschungels.

Trotzdem treffen wir uns hin und wieder bei Pak Wondo zu Hause. Das gibt Sicherheit, es ist ein Ruf, eine Gelegenheit sich zu erinnern: zumindest einmal in der Woche.

Für die *Sumarah*-Praxis ist es sehr wichtig, in der Welt zu sein und darin unsere eigene Rolle und eigene Aufgabe wahrzunehmen. Das Privileg, als Mensch in dieser Welt zu sein, bringt auch die Verantwortung mit sich, diese Zeit auf bestmögliche Art und Weise zu nutzen. Von *Sumarah* und der *kejawen* aus betrachtet, bedeutet das, zu lernen, die eigene karmische Schuld zu erkennen und zu begleichen. Das Leben stellt uns kontinuierlich in ›richtige‹ Situationen. Die so genannten Probleme

---

5| Der Begriff *kejawen* ist mit dem des ›Javanismus‹ gleichzusetzen. Einige Wissenschaftler haben die *kejawen* als ›die Religion Javas‹ definiert. In Wirklichkeit ist sie aber eher eine Weltsicht als eine Religion, eine Auffassung von der Welt und des Lebens, die auf einer absolut mystischen Sichtweise der Wirklichkeit gründet.

6| In der Tradition der *kejawen* sind asketische Praktiken weit verbreitet, die den Verzicht auf einen oder mehrere Aspekte des normalen, täglichen Lebens beinhalten (zum Beispiel bestimmte Speisen, Sprechen, sexuelle Aktivität, Licht, Schlaf usw.). Derartige Praktiken werden *tapa* genannt.

und Zufälle sind nichts anderes als Chancen, die uns geboten werden, um unser Bewusstsein zu erweitern und unsere Seele zu nähren. In der javanischen Weltsicht ist Akzeptanz grundlegend. Sie gilt nicht, wie dies in unserer Kultur geschieht, als Merkmal passiver Resignation vor dem Schicksal, gewissermaßen als ein Fehlschlagen der eigenen Fähigkeiten, sondern wird als ein Zeichen tiefer Weisheit gesehen, als die reife Entscheidung desjenigen, der den Sinn des Ganzen intuitiv erfasst hat.

Die *Sumarah*-Praxis unterscheidet zwei wesentliche, miteinander verbundene und dennoch unterschiedliche Momente: den Moment der ›speziellen‹ Meditation, *sujud pamiji* oder *khusus* genannt, und den der ›alltäglichen‹ Meditation, *sujud harian*[7].

Die ›spezielle‹ Meditation wird so genannt, weil sie der ›Normalität‹ des Alltäglichen gegenübersteht und als solche ist sie ein besonderer Moment der Überprüfung und der Übung sowie ein Moment des Ausruhens von der ›alltäglichen‹ Meditationspraxis, die in der Einfachheit der täglichen Ereignisse durchgeführt wird, mit der Fähigkeit, sich der Dynamik des Wandels anzupassen.

Es gibt in *Sumarah* keine genauen Regeln für die ›spezielle‹ Meditation, auch wenn es als förderlich angesehen wird, ihr sowohl morgens nach dem Aufstehen als auch abends vor Einbruch der Dunkelheit etwas Zeit zu widmen. Noch wichtiger ist es jedoch zu lernen, welcher Moment im Laufe des Tages der richtige ist, um innezuhalten, ohne sich dabei zu lange mit der Frage nach dem Wo, Wann und Wie aufzuhalten. Jede ›spezielle‹ Meditation wird ihre eigene Dauer, ihre eigene Qualität und ihren eigenen Geschmack haben.

Ich erinnere mich an eine schwierige Zeit, in der ich gleichzeitig von persönlichen und beruflichen Problemen geplagt wurde. Ich betreute die Produktion einer Modekollektion und fuhr jeden Tag zu den beiden Fabriken, in denen die Kleider hergestellt wurden. Zum Teil vom Schicksal bestimmt, teils aus eigener Entscheidung kam ich in meinem Leben oft gleichzeitig mit zwei entgegengesetzten Lebensstilen in Berührung. In

---

7| *Pamiji* kommt von *wiji*, was ›Samen, Kern‹ bedeutet, der innerste, verborgenste und vitalste Teil. Der Moment, in dem man sich zum Meditieren hinsetzt, wird also als Samen, vitaler Kern und spezieller Aspekt *(khusus)* der Praxis im weiteren Sinne betrachtet, wohingegen *sujud harian* die ›alltägliche‹ Meditation ist *(harian* bedeutet tatsächlich ›alltäglich‹).

jener Zeit wechselte ich zum Beispiel aus meinem friedvollen, von Bäumen umgebenen Haus in den Lärm und Schmutz der Fabrik, aus einer Umgebung von Menschen, die sich mit Meditation und spiritueller Praxis befassten, in eine Umgebung von Geschäftsmännern und -frauen, deren Hauptanliegen im Leben ein durch ›gesunden‹ Wettbewerb erzielter wirtschaftlicher Erfolg war. Ich erinnere mich, wie ich eines Morgens in der Fabrik ankam und den Eindruck hatte, dass mein Körper sich wie von selbst bewegte, jenseits meines Willens. Etwas in mir kümmerte sich um die Dinge, die getan werden mussten, aber das mir bekannte ›Ich‹ war nicht da. In diesem Sinne war ›Ich‹ in das Geschehen nicht verwickelt. Darüber hinaus erschienen mir meine Gedanken und Gefühle fast wie die eines anderen. Im Laufe des Tages passierte es während der Arbeit dreimal, viermal oder öfter, dass ich eine Art Glocke hörte, wie einen Aufruf zur Meditation. Sie war laut und deutlich und meistens erklang sie zu einem ziemlich ungünstigen Zeitpunkt. In diesen Momenten schien sich um mich herum und über meinem Kopf genau diese Art von Atmosphäre zu bilden (fast als wollte sie mich beschützen), die normalerweise in einer Gruppe von Menschen entsteht, die gemeinsam meditieren. Dieselbe Energie, die ich so viele Male in den von Pak Wondo geführten Sitzungen erlebt hatte, entstand nun ganz spontan in mir selbst. In diesen Momenten anzuhalten, um wenigstens für einen Augenblick zu meditieren und diesem ›Ruf‹ zu folgen, war praktisch unausweichlich. Da es in einer Fabrik ja keine ruhigen oder abgeschiedenen Orte gibt, zog ich mich auf die Toilette zurück, und in dieser alles andere als erbaulichen Umgebung setzte ich mich zum Meditieren hin. Das ist eines der Merkmale von *Sumarah:* Ich meine nicht das Meditieren auf der Toilette, sondern die Fähigkeit, auch in der formellen Praxis nicht formal zu sein.

Die ›spezielle‹ Meditation kann man alleine oder auch in der Gruppe praktizieren. In einer Gruppe dient gewöhnlich eine bestimmte Person als *pamong,* aber es gibt auch Gruppen, in denen die ›Führung‹ abwechselnd von verschiedenen Teilnehmern übernommen wird. Die ›spezielle‹ Meditation ist im Allgemeinen in der Gruppe einfacher und intensiver, als wenn man alleine praktiziert.

In der ›alltäglichen‹ Meditation hingegen zeigt sich die Fähigkeit, den Zustand der Entspannung und des Gewahrseins, den man während der

›speziellen‹ Meditation erreicht hat, bei den unterschiedlichen Beschäftigungen des Alltags aufrechtzuerhalten – von den einfachsten bis hin zu den anspruchsvollsten –, um dadurch das Außergewöhnliche der normalen Momente und die Normalität der außergewöhnlichen Momente wahrnehmen zu lernen. In der Regel existiert zwischen den beiden Meditationsarten eine Kluft, die zunächst als unüberbrückbar empfunden werden kann. Sinn der Praxis ist es, sich dessen bewusst zu werden und zu lernen, diesen Unterschied zu verringern.

Eine junge Frau, die schon seit einigen Jahren andere Formen der Meditation praktizierte und erst vor kurzem aus Indien gekommen war, stellte eines Tages Pak Wondo folgende Frage: »Während der Meditation sitzen wir gewöhnlich an einem friedvollen Ort, zusammen mit Personen, die ähnliche Vorstellungen und Absichten haben wie wir. Die Atmosphäre ist förderlich, meistens ist ein Meister oder zumindest ein erfahrener Leiter anwesend, der in der Praxis schon fortgeschritten ist. All das, so scheint mir, hilft, Konzentration, Entspannung und inneren Frieden zu erreichen. Wie ist es möglich, einen derartigen Zustand an einem lauten, chaotischen Ort zu erlangen – unter Menschen, die zueinander in Konkurrenz stehen, oder inmitten einer Atmosphäre, die körperlich wie psychisch belastend ist?«

Die Antwort war ein alter javanischer Spruch: »Wenn du das Licht suchst, so gehe ins Dunkle.« In Frieden und Ruhe zu praktizieren, unter Freunden und in einer angenehmen Atmosphäre ist gewiss gut und auch notwendig, vor allem am Anfang. Eine solche Ausrichtung birgt jedoch zwei Gefahren in sich: zum einen, die Meditation dazu zu benutzen, aus der Wirklichkeit zu flüchten, immer dann, wenn diese uns nicht gefällt, und zum anderen, sich an einen inneren Zustand zu gewöhnen, der zu Selbstgefälligkeit führen kann. Aber dort zu praktizieren, wo es (scheinbar) kein Licht gibt, unter ungünstigen und erschwerten Bedingungen, ist eine gute Übung. Denn erst wenn man sich eine Weile im Dunkeln befindet, kann man das kleine Licht sehen und schätzen. »Das, was gut für das Ich ist, ist gewöhnlich schlecht für die Seele und umgekehrt«, sagt Pak Wondo oft. »Das Leben setzt uns Situationen aus, die nie zufällig sind, die immer einen Sinn und eine mehr oder weniger verborgene, für uns bestimmte Botschaft haben. Alle Ereignisse unseres täglichen Lebens sind Chancen: Je weniger wir davon versäumen, desto besser!«

Aus diesem Grund ist die ›alltägliche‹ Meditation in gewisser Hinsicht wichtiger als die ›spezielle‹, die eher ein Moment der Übung und Überprüfung ist – notwendig, aber nicht überzubewerten.

Pak Wondo legt uns oft nahe, uns nicht darüber zu wundern, dass die Meditation nicht immer eine angenehme Erfahrung ist. Es ist eine Binsenweisheit, zu denken, ›in Meditation zu sein‹ sei dasselbe wie in Frieden zu sein mit sich und der Welt oder käme einem Zustand vollendeter Glückseligkeit gleich. Das kann zwar gelegentlich so sein, aber vor allem am Anfang der Praxis ist dies nicht immer der ›richtigere‹ oder vorrangig auftauchende Zustand.

Sumarah zufolge bedeutet ›in Meditation zu sein‹ zuallererst, sich in einem Zustand erhöhten Gewahrseins zu befinden. Es bedeutet, sich sowohl körperlich als auch emotional und mental entspannt und die Hindernisse reduziert zu haben, die sich normalerweise zwischen uns und die eingeschränkte Sichtweise schieben, die wir von uns selbst und von der uns umgebenden Wirklichkeit haben.

Die Wirklichkeit zu sehen, ist sicherlich nicht immer angenehm. Aber ›sehen‹ ist Einsicht.

Der erste Schritt besteht im Zugeben, im Einsehen, und die wichtigste Eigenschaft ist dabei die der Ehrlichkeit. Oft werden wir von der Wahrheit überrascht; Schatten tauchen auf, von deren Existenz wir gar nichts wussten.

Wenn wir uns zum Meditieren hinsetzen, sind wir meist voller Erwartungen, voller Wünsche und Hoffnungen, und schon das verhindert wirkliche Entspannung. Es fällt uns schwer, uns von unserem Ehrgeiz, gute Meditierende sein zu wollen, zu befreien und darauf zu verzichten, unsere Willenskraft einzusetzen. Wir wurden größtenteils dazu erzogen, Ehrgeiz und Wille als die Voraussetzungen anzusehen, die für Erfolg notwendig sind. Sehr schnell erkennen wir, dass in der spirituellen Praxis die Dinge anders laufen.

Eine Haltung vollständigen Loslassens und vollständiger Widerstandslosigkeit, tiefe Entspannung, losgelöste Wachsamkeit und eine innere Haltung umfassender Akzeptanz sind unentbehrlich, nicht nur für die ›spezielle‹ Meditation, sondern auch für die ›alltägliche‹.

Pak Wondo erwähnt immer wieder, dass er die meisten Eingebungen und Botschaften nicht während der ›speziellen‹ Meditation erhält, sondern genau in den Momenten, in denen er mit etwas ganz anderem beschäftigt ist. Das passiert deshalb, weil wir in den ›normalen‹, alltäglichen Momenten nichts Besonderes erwarten und folglich offener sind, weniger fordernd, weniger abwehrend. Wir sind dann schlichtweg das, was wir sind, und oft ist das genau der Zeitpunkt, in dem sich unser wahres Selbst bemerkbar machen kann.

Wer sich auf den spirituellen Weg gemacht hat, weiß sehr bald, wie schwer es ist, Meditation zu definieren. Sie ist die einfachste Handlung und zugleich der komplexeste Seinszustand, sie ist ein Studium, eine Kunst, eine Lebensart. Wenn wir einmal Einblick in ihre geheimnisvolle Logik erhalten haben, verwundert uns nichts mehr.

Wille, Glaube und Sichhingeben: drei Etappen auf dem Weg

> *»Wie erreicht man Liebe, Bhai Sahib? Wie erreicht man Demut?«*
> *»Wie gelingt es Ihnen, den Duft der Blumen zu riechen?*
> *Die Blume strengt sich nicht an, und auch Sie strengen sich nicht an.*
> *Sie riechen ihn nur, ohne sich zu bemühen.«*
> *Irina Tweedie*

Jetzt hier zu sein, ist das einzige, dessen wir uns sicher sein können.

Pak Wondo fragte einmal einen jungen Mann, der von sich selbst sagte, dass er an nichts glaube: »Glaubst du daran, dass du am Leben bist?« – »Ja, klar glaube ich daran«, antwortete er. Pak Wondo: »Das genügt«. Von da beginnt Pak Wondo zu führen. Er geht immer von da aus, vom Leben, und genau dahin kehrt er immer wieder zurück.

In der *Sumarah*-Praxis ist der Respekt vor den Phasen, den Ebenen und den Entwicklungsschritten grundlegend: Der Stelle, an der man sich in der eigenen Entwicklung befindet, wird immer große Beachtung geschenkt und sie bildet den Hintergrund für die persönliche Praxis und für alle Hinweise, die der Lehrer gibt. Diese Sichtweise enthält keine moralische Bewertung und auch nicht die Vorstellung, dass derjenige, der ›weiter‹ ist, besser oder glücklicher ist oder dass er mehr Glück hat. Die einzige Bedeutung, die der Ebene zugemessen wird, ist die der unterschiedlichen Stelle, an der sich jeder auf seinem eigenen karmischen Weg befindet. Genauso, wie jünger oder älter zu sein für sich genommen keinen ethischen Wert hat, so ist spirituell reifer oder weniger reif zu sein nichts anderes als eine reale Gegebenheit. Nicht mehr, aber auch nicht weniger.[8]

Auch wenn es weder eine strenge Unterteilung noch ein Stadium gibt, das ein für allemal erreicht wird, so unterscheidet *Sumarah* doch drei grundlegende Phasen im Prozess des spirituellen Wachstums. Die erste Phase ist *tekad*, das Stadium des Willens und der Absicht. Sie ist von einer oftmals von Verlangen, Schmerz oder einem starken Wunsch angetriebenen Kraft durchdrungen und veranlasst uns dazu, uns auf die Suche nach einer Lösung zu begeben. *Tekad* ist eine Antriebskraft, ob emotional oder verstandesbezogen, bei der unser Ich noch eine entscheidende Rolle spielt: Genau aus diesem Grunde gilt *tekad* als ein initiierender Moment, der er auch bleiben und der sich nicht zu lange hinziehen sollte. Pak Wondo gibt dazu das Beispiel mit dem Zündschlüssel: Beim Starten ist es zweifellos notwendig, den Schlüssel umzudrehen, um den Motor in Gang zu setzen, wenn man aber immer weiter ›den Motor in Gang setzt‹, macht man am Ende den Anlasser kaputt. Es ist nun also erforderlich, etwas anderes zu tun, zum Beispiel den Gang einzulegen. *Tekad* ist nur die ›Zündung‹.

In der spirituellen Praxis bleiben wir immer Anfänger. Haben wir ein Hindernis überwunden, erwartet uns sofort das nächste. Werden wir uns eines Aspektes unserer Persönlichkeit bewusst und ist dieser einmal ans Licht gebracht, zeigt sich sogleich unsere nächste Aufgabe. Und so finden wir uns immer am Anfang wieder, müssen aber nicht wieder von vorne anfangen. Der Wille, der vom Bedürfnis und Verlangen nach Veränderung bestimmt ist, lässt uns den ersten Schritt machen, kann sich aber sehr leicht als Hindernis erweisen. In einem der vielen Wortspiele, die die Javaner lieben, kann *tekad* sehr schnell zu *nekad* werden, das heißt zu Starrsinn und Dickköpfigkeit, zum bockigen Maultier, das keine Vernunft annehmen will.

8| Der *kejawen* zufolge kann die Seele jung *(jiwa muda)* oder alt *(jiwa tua)* sein. Eine Seele hat ihre Geschichte und ihre Entwicklung, die von der Anzahl der Inkarnationen abhängt, durch die sie bereits gegangen ist, und davon, wie sie sie gelebt hat.

Die zweite Phase ist die des *iman,* des Vertrauens, des Glaubens. Dabei handelt es sich sozusagen um einen nachträglichen Glauben, der auf eigenen Erfahrungen und empfangenen ›Beweisen‹ beruht. *Iman* gleicht einem Baum, der sich langsam gen Himmel streckt und dessen Wurzeln sich nach und nach in Richtung Erdzentrum ausbreiten: Er braucht Pflege und Nahrung. In der spirituellen Praxis gibt es weder blinden Glauben noch Fanatismus, sondern nur ein Erkennen der Wirklichkeit jenseits des Scheins, indem wir praktizieren und unseren eigenen Prozess respektieren.

Wir alle wissen, wie wenig es bedarf, um den Glauben ins Wanken zu bringen. Das vergessen wir beständig, sagt Pak Wondo. Trotz der vielen Beweise, die uns geschenkt werden, zweifeln wir jedes Mal aufs Neue, vertrauen uns selbst nicht und misstrauen der Wirklichkeit. Im Stadium des *iman* greift unser Ich noch oft auf seine persönliche Macht zurück, glaubt zu verstehen und mehr zu wissen, lehnt sich auf und leistet Widerstand. Es gibt zwei Ebenen im *iman: iman muda* und *iman bulat. Iman muda* ist der junge *(muda)* Glaube, der Baum, der beim ersten Windstoß schwankt, weil seine Wurzeln noch nicht tief genug reichen; *iman bulat* ist der ›runde‹ *(bulat),* der vollständige Glaube. Ängste und Zweifel schwinden.

Während es im Stadium des *iman muda* noch Anstrengung gibt, ist im Stadium des *iman bulat* Willenskraft nicht mehr erforderlich: Sie ist durch die Kraft der Überzeugung ersetzt. Die Überzeugung, dass die Wirklichkeit mehr umfasst, als wir gewöhnlich sehen, bewirkt, dass wir unsere Einstellung ändern und dass wir die Ereignisse in unserem Leben aus einem weniger begrenzten Blickwinkel betrachten. Das Ende des Weges nicht erkennen zu können, macht uns keine Angst mehr und ist auch kein Hindernis für unser Weitergehen, weil wir uns nun auf eine umfassendere Wahrnehmung stützen.

Die dritte Phase ist *sumarah,* das bedingungslose Sichhingeben, das vollständige Loslassen.

Diese zu beschreiben ist noch schwieriger. Pak Wondo spricht darüber vorwiegend in Andeutungen, statt eine genaue Definition zu geben. Er sagt zum Beispiel, dass man in *sumarah* nicht mehr um etwas bitten kann, während dies im Stadium des *iman* noch zugestanden wird. Hier ist das Bitten noch eine dem Stadium des Glaubens angemessene Handlung und geschieht spontan. Wenn man *sumarah* erreicht hat, bleibt als Haltung lediglich ›Dein Wille geschehe‹, das bedingungslose Sichhingeben an das Göttliche. Der Glaubensakt verblasst, und nun werden die Früchte des Glaubens sichtbar; man überantwortet sich dem Prozess, indem man das, was gegeben wird, voll und ganz akzeptiert, ohne mehr zu wollen, ohne den Willen einzusetzen und ohne sich auf den Glauben zu berufen. Es ist ein absolut neutraler Zustand ohne jegliche Anstrengung. Trotzdem ist *sumarah* kein passiver Zustand, sondern eine Seinsweise, die sich von der uns gewohnten unterscheidet und genau aus diesem Grund ein außergewöhnliches Potenzial an Entdeckung und Erneuerung enthält. Eine Seinsweise, die uns deshalb als nicht aktiv erscheint, weil wir gewohnt sind, von unserem Ich beherrscht zu werden und es entscheiden zu lassen, was zu tun ist. Nur dies erkennen wir als wahre Aktivität an, alles andere ordnen wir in die Kategorie der Passivität und des Nichtstuns ein.

Im Javanischen gibt es viele Ausdrücke und Wortspiele, um den Zustand vollständigen Sichhingebens, der mit einem außerordentlich schöpferischen Bewusstsein einhergeht, zu beschreiben: Zum Beispiel weist *gawe tan agawe*, wortwörtlich ›tun, ohne zu tun‹, auf eine entspannte und gelöste Aktivität hin, die nicht von dem Druck, etwas tun und ein Ergebnis erreichen zu müssen, beherrscht wird und die nahelegt, dass das, was erreicht werden soll, letzten Endes auf jeden Fall erreicht wird, auch ohne dass unser Ich besorgt eingreift.

Es sei noch einmal betont, dass das Konzept des vollständigen Sichhingebens weder mit Niederlage noch mit Verlust zu tun hat. Es handelt sich nicht um Resignation oder Unterwerfung, sondern um eine Art bewusstes und aktives ›Seinlassen‹. Sichhingeben ist nur dann wirklich *sumarah*, wenn es spontan und freudvoll ist und nicht von irgendeinem Pflichtgefühl oder einer spirituellen Moral erzwungen wird.

Sumarah ist in einem gewissem Sinne das Endstadium in der persönlichen Bewusstseinsentwicklung und häufig der Höhepunkt einer Meditation. Solch ein Zustand ist jedoch keineswegs endgültig. Ihn durch Praktizieren zu erlangen oder als Geschenk zu erhalten, ist stets möglich, aber man kann ihn auch verlieren.

Pak Wondo sagt: »Der Zustand des Menschen ist äußerst labil und ständigem Wandel unterworfen. Wir können uns dreimal am Tag waschen, aber solange wir einen Körper haben, schwitzen wir immer wieder und haben erneut das Bedürfnis uns zu waschen.«

Folgender Text aus meinem Tagebuch kommt auf den *sumarah*-Zustand zu sprechen:

Heute Abend war Pak Wondo sehr inspiriert und es war, als spräche er aus einer anderen Welt. Bereits als ich den *pendopo* betrat, erschien mir seine Energie besonders intensiv. Anfangs dachte ich noch, es läge an seinem dunkelblauen *sarung*, der ihn ernsthafter und kräftiger aussehen lässt. Es lag aber etwas anderes in der Luft.

Kaum hatte Pak Wondo mit der Meditation begonnen, da intonierte er bereits eines seiner tiefen und kräftigen ›Allah‹, die einen plötzlich in die Arme Gottes zu schleudern scheinen.

Als er dann begann, die Meditation anzuleiten, sagte er mehr oder weniger Folgendes: »Derjenige, der sich total hingibt, und das, dem man sich hingibt, und auch das, was man hingibt, müssen ein und dieselbe Sache werden – zu oft sind sie noch in uns getrennt. Doch nur von dort kann man das Licht sehen. Es ist wichtig, das *kalbu* (das Herzchakra) zu spüren. Das *dzikir* (wiederholtes Singen des Namens ›Allah‹) kommt daher. Es kommt aus dem Blut. Auf diese Weise sind Wünsche, Ehrgeiz und Emotionen keine Hindernisse mehr … nur dann kann man das Licht sehen, das kleine Licht, das sich in uns befindet … und auch das große.«

Plötzlich schrie Pak Wondo fast: »Lesen, wir müssen lesen lernen … Lies in dir selbst, wenn du das Universum lesen willst! Aber gib Acht, mach daraus nichts Theoretisches, nichts Rationales! Praktiziere es! Das kennzeichnet *Sumarah*! Praktizieren! Sein! *Sumarah* bedeutet, sich vollständig dem universellen Gesetz zu überantworten. *Sumarah* ist lesen, immer wieder für sich und für die anderen lesen. Und das ist ganz gewiss nicht passiv!«

Genauso unerwartet wie begonnen beendete Pak Wondo die Meditation mit einem jähen *»sudah«* (das soll reichen).

Kurz darauf bekräftigte er nochmals, dass es nicht wahr ist, dass *Sumarah* passiv sei. Er sagte:»In der *Sumarah*-Praxis lernen wir, im Empfangen aktiv zu sein, und das ist nur deshalb schwierig, weil es neu ist. Es ist nicht länger das Ich, das aktiv ist. Dementsprechend ist alles anders.«

Dann sprach er vom Sinn der *sajen* (die Blumen- und Weihrauchgaben, die man den Schutzgeistern und den Geistern der Vorfahren darbringt). In *Sumarah* sei die *sajen* – also die Gabe, die man darbringt – man selbst. Die *kembang telon* (besondere *sajen,* die aus drei verschiedenen Blumensorten besteht) symbolisiere die Bedeutung, die in der Vereinigung der drei Hauptchakren[9] liege. Die *sajen,* so erklärte er abschließend, hätten oft den Charakter der Einstimmung und würden deshalb immer vor einer Zeremonie dargeboten.

Vielleicht wollte Pak Wondo heute Abend sagen, dass wir uns läutern müssen, bevor wir uns ›darbieten‹ können; bevor wir eine *sajen* sein können, müssen wir zur Einheit werden und drei miteinander ausgerichtete, verbundene Chakren haben. Mir kommt in den Sinn, dass in einem gewissen Sinne unser Leben selbst auch eine Übergangszeremonie ist: Wir müssen uns immer wieder kontinuierlich ›vorbereiten‹, weil wir uns immer wieder ablenken und vergessen.

Wieder ein besonderer Abend. Danke.

9| In der *kejawen* wie auch in *Sumarah* bezieht man sich auf verschiedene Chakren bzw. Energiezentren des Menschen. Die drei Hauptchakren sind: *jono loka* (das Wurzelchakra, dessen Sitz im Genitalbereich ist), *hendro loka* (das Herzchakra) und *guru loka* (das höhere Chakra, das über dem Scheitel lokalisiert ist).

Das göttliche Gesetz anerkennen: *hukum Alam*

> *Die Wahrheit ist hart wie ein Diamant*
> *und empfindsam wie eine Pfirsichblüte.*
>
> Gandhi

Seit einiger Zeit nehme ich Unterricht in *mocopat,* der einfachsten Form des traditionellen javanischen Gesangs. Mein Lehrer Pak Tarman, fünfundsiebzig Jahre alt, hat wie die meisten älteren Javaner eine absolut mystische Sicht der Welt.

Bei ihm zu singen, bedeutet, nicht nur die Gesangskunst zu erlernen. Gestern fühlte ich mich während des Unterrichts irgendwie niedergeschlagen, weil ich es nicht schaffte, meiner Kehle diese kaum spürbare, *gregel* genannte Vibration zu entlocken, die den javanischen Gesang zugleich sanft und kräftig macht. Die *gregel*-Übung läuft so unmerklich ab, dass ich anfangs noch nicht einmal verstanden habe, was ich überhaupt tun sollte. Erschöpft wäre ich fast in Tränen ausgebrochen. Ich äußerte mein Gefühl, kein Talent zu haben, und dass wir es wohl besser sein lassen sollten. Daraufhin hörte Pak Tarman mit den Übungen auf und begann, von anderen Dingen zu sprechen. Auf einmal meinte er: »Weißt du, wir sollten mehr von der Natur lernen. Die Natur ist voller Lehren, zum Beispiel hat jede Pflanze eine Botschaft für uns. Eine der wichtigsten für das menschliche Leben ist die des Bananenbaums. Weißt du, was uns der Bananenbaum lehrt?«

Ich erzählte ihm von der Widerstandsfähigkeit der großen biegsamen Blätter, die sich vom Wind hin und her zerren lassen, von der außergewöhnlichen Stärke des mit Wasser gefüllten Stammes und von der wohlschmeckenden Frucht dieses Baumes, die so schlicht und doch so üppig ist. »Ja, das auch«, sagte er, »aber vor allem kannst du den Bananenbaum hundertmal an der Wurzel abschneiden, er wächst auf jedem Boden immer wieder nach, im Schatten wie in der Sonne, bis er wenigstens einmal seine Früchte hervorgebracht hat. Erst wenn du ihn danach noch einmal abschneidest, wächst er nicht mehr nach und stirbt.«

Als er dann wieder zu üben begann, war ich viel entspannter und hatte es nicht mehr eilig; beim zweiten Versuch schaffte ich es, eine fast perfekte *gregel* zu erzeugen. Pak Tarman lachte, erfreut und zufrieden über seine pädagogischen Methoden. »Siehst du, es genügt, das Gesetz der Natur gut zu verstehen, und schon ergibt sich alles andere von selbst.«

Auch Pak Wondo spricht oft von der Natur oder, besser gesagt, von dem Gesetz der Natur. Es ist für ihn ein Synonym für den göttlichen Willen und für die Art und Weise, durch die sich der göttliche Wille in der Welt manifestiert.

Die Wahrheit der Natur kennen und verstehen zu lernen, ist ein guter Zwischenschritt. Wie unser Körper lügt auch die Natur niemals. Ein Sonnenuntergang kann nie falsch sein, genauso wie ein Mensch, den wir als natürlich bezeichnen, einfach so ist, wie er ist. Unnatürliche Menschen hingegen verleugnen ihre eigene Natur und entfernen sich von der Einfachheit des Seins und somit von der Wahrheit.

Wir begreifen das Gesetz, das das Universum regelt, indem wir die Natur beobachten und von ihr lernen. Gewöhnlich versteht man unter Natur und natürlicher Welt die Welt der Pflanzen und Tiere, man denkt an Berge, Seen, Flüsse und in gewissem Sinne an alles, was lebt, aber nicht an den Menschen. *Sumarah* spricht von der Natur und dem Gesetz der Natur in einem anderen Sinne. Das Gesetz der Natur ist nichts anderes als das des positiven und negativen Pols. »Ja und nein, das ist die Essenz von dem, was ist«, sagt Pak Wondo oft.

Natur wird in *Sumarah* mit Wirklichkeit gleichgesetzt. Alles ist Teil der Natur, wir eingeschlossen. Einmal suchte ich mit meiner Freundin Mayima Pak Wondo auf, um ihn wissen zu lassen, dass wir für einige Tage ans Meer fahren würden. Mayima meinte, dass es ihr zwar Leid tue, nicht mehr viel Zeit in Solo verbringen zu können, dass es für sie aber wirklich sehr schwer sei, allzu lange in einer Stadt zu bleiben. Es sei ihr ein Bedürfnis, der Natur nahe zu sein. Pak Wondo sah sie ein wenig perplex an: »Aber alles ist doch Natur … auch das hier … «, und er zeigte auf das düstere kleine Zimmer hinter seinem Büro, in dem er uns empfangen hatte. Ich schmunzelte, war ich doch vertraut mit den kleinen, verfänglichen Bemerkungen von Pak Wondo. Ein wenig peinlich berührt erwiderte Mayima, dass sie noch nicht an dem Punkt angekommen sei, an dem alles gleich ist. Ein Teil von ihr wisse, dass alles göttlich sei, (leider) bevorzuge sie es aber noch, sich am Strand auszustrecken und dem Rauschen des Meeres zu lauschen. Wir lachten und, unserer Ignoranz bewusst, brachen Mayima und ich zu unserem Kurzurlaub auf.

Die Unabwendbarkeit ist eine grundsätzliche Eigenschaft des Gesetzes der Natur: Wenn wir uns von ihm entfernen, müssen wir früher oder später die Konsequenzen tragen. Um es auf andere Art mit den Worten Gandhis auszudrücken: »Letztendlich geht die Wahrheit immer als Sieger hervor« oder, wie es in den siebziger Jahren hieß: »Die Wahrheit ist revolutionierend«. Das Gegenteil der Wahrheit ist die Lüge, und Lügen sind nichts anderes als die Verteidigungsmechanismen des Ichs: einstweilige Verbündete, die einem helfen, ein oder zwei Schlachten zu gewinnen, sind sie doch in Wirklichkeit unsere arglistigsten Feinde. Wenn Pak Wondo davon spricht, wie wichtig es ist zu lernen, »uns von selbst (der Wirklichkeit) zu nähern, bevor wir zu ihr hingestoßen werden« *(mepet sadurunge kepepet)*, spricht er von dem Mut, der erforderlich ist, um die Wahrheit in uns und in der uns umgebenden Welt herauszufinden, bevor uns das unerbittliche Gesetz der Natur dazu zwingt, sie wahrzunehmen. Je weiter wir uns nämlich von ihr entfernen, um so stärker wird dann auch der Stoß sein, der sein muss, um uns ›zurechtzurücken‹.

In *Sumarah* versteht man unter Karma das Gesetz des Ausgleichs, das universelle Gesetz von Aktion und Reaktion. Unsere Handlungen und ebenso unsere Gedanken wirken sich letztendlich immer aus und rufen letztendlich immer eine Reaktion hervor: Sie kann mehr oder weniger unmittelbar erfolgen, mehr oder weniger sichtbar sein, aber nichts bleibt jemals unbeantwortet, weder im Guten noch im Schlechten. Zum Beispiel kann unser verletzendes Verhalten sofort durch die Reaktion desjenigen oder derjenigen, dem oder der wir Unrecht getan haben, ausgeglichen werden. Es kann aber auch Jahre dauern, bis diese Handlung auf uns zurückfällt – wahrscheinlich durch eine andere Person und in einer anderer Form. Diese Regel gilt für negative Handlungen genauso wie für positive, für auf uns selbst bezogene Handlungen genauso wie für solche, die andere Menschen betreffen. Sie bewahrheitet sich sowohl für die ›horizontale‹ Ebene, innerhalb der zwischenmenschlichen Beziehungen, als auch für die ›vertikale‹ Ebene, in der Verbindung des Menschlichen mit dem Göttlichen. Pak Wondo wiederholt gern den Satz: »Wenn du dich einen Schritt von Gott entfernst, so entfernt er sich einen Schritt von dir, wenn du einen Schritt auf Gott zu machst, dann macht er einen Schritt auf dich zu. Gott ist absolute Liebe, aber auch absolute Gerechtigkeit.«

In der *kejawen* ist die Vorstellung einer ausgleichenden Gerechtigkeit, einer Harmonie, die letzten Endes immer triumphiert, grundlegend: Gerechtigkeit ist Harmonie und Harmonie ist Gerechtigkeit. Zeit und Umstände sind für uns Menschen gewiss nicht dasselbe wie für das Göttliche. Wie Pak Wondo oft sagt: »Hundert Jahre sind für uns Menschen eine Ewigkeit, aber für die Ewigkeit sind sie nur ein Augenblick.«

Das universelle Gesetz wirkt sich auf uns Sterbliche als das Gesetz des Karma aus. Der *kejawen* zufolge sind die Ereignisse in einem Leben niemals nur das, was sie zu sein scheinen, und jedes Geschehen hat eine viel umfassendere Bedeutung als die, die wir wahrzunehmen vermögen. Unsere Sichtweise von der Wirklichkeit ist äußerst begrenzt, wenn nicht sogar verzerrt. Uns fehlt die alles umfassende Sicht.

Pak Wondo spricht von einer getönten Brille, die immer auf unserer Nase sitzt, auch wenn wir es nicht bemerken. Entsprechend nehmen wir die Dinge und Personen um uns herum blau, grün oder gelb wahr und denken, dies sei wirklich so. Die Brille abzusetzen, um den wahren Farbton der Welt zu entdecken, ist der erste Schritt. Wie Paul Stange sagt: »Meditation ist kein Mittel, um sich in eine andere Wirklichkeit zu flüchten; im Gegenteil, sie ist ein Weg, um sich der Herausforderung der Wirklichkeit zu stellen.«[10]

Mit der hinduistischen Tradition teilt *Sumarah* das Konzept von *maya,* das heißt die Vorstellung, dass die Welt, wie wir sie wahrnehmen, nichts anderes ist als ein Schleier, der die letztendliche Wirklichkeit verhüllt. *Maya* spielt, bringt uns in Versuchung, verführt uns und vernebelt den Weg zur Selbst-Verwirklichung. Es ist an uns, den Schleier zu lüften.

Im Javanischen gibt es zwei Begriffe für Wirklichkeit: *kenyataan* und *Kasunyatan.* Der erste bezieht sich auf die Welt der Phänomene, auf die mikrokosmische und horizontale Ebene, der zweite meint die letztendliche Wirklichkeit, also die makrokosmische und vertikale Ebene. Das Gesetz der Natur, von dem *Sumarah* spricht, ist *Kasunyatan,* die letztendliche Wirklichkeit: Hier ist Wirklichkeit gleichgesetzt mit Wahrheit. »Die Wahrheit ist der einzige Gott, den ich kenne.« Wäre Pak Wondo dieser Satz von Gandhi bekannt, würde er ihn gewiss unterschreiben. In

---

10| Stange, zitiertes Werk.

der Praxis von *Sumarah* ist unser Leben einzig durch die Wertschätzung der Wahrheit gerechtfertigt: *sumarah* ist nichts anderes als Gehorsam *(manut)* gegenüber dem universellen Gesetz.

Es war für mich besonders schwer zu verstehen und schwer zu akzeptieren, was hier mit Gehorsam gemeint ist. Ich erinnere mich an eine Gelegenheit, bei der Pak Wondo erläuterte, wie wichtig es sei, dem universellen Gesetz zu gehorchen, und ich entgegnete, dass meiner Meinung nach dieses Gesetz zunächst einmal erkannt und verstanden werden müsse. Pak Wondo erwiderte, dass man das universelle Gesetz nur dadurch erkennt, indem man die Wahrheit aufsucht, und ich wiederum beharrte darauf, nicht verstehen zu können, wie es möglich ist, der Wahrheit zu folgen, bevor sie erfasst wurde. Pak Wondo antwortete darauf: »Nun gut, lassen wir einfach einmal die Fälle beiseite, in denen du nicht weißt, was gut und was schlecht ist, was richtig und falsch, was wahr und was nicht wahr ist. Aber was ist in den Fällen, in denen dein Herz es ganz genau weiß und du trotzdem nicht entsprechend handelst?« Er hatte Recht. Ich wurde rot.

»Wie oft wissen wir, was gut ist, und wir tun es trotzdem nicht!« fuhr Pak Wondo fort. »Das sind die Momente, in denen wir dem universellen Gesetz nicht folgen und unseren Willen und unsere Wünsche für das Wichtigste halten oder zumindest für unverzichtbar. Dann betrügen wir uns selbst und nicht, wenn wir wirklich unwissend sind. So lange wir bereit sind, konsequent zu sein, beziehungsweise die Konsequenzen des eigenen Handelns zu akzeptieren, ist das in Ordnung.« Das führt uns zum Gesetz des Karma zurück, zu jenem Rad, das sich immer mit uns weiterdreht, bis der Zeitpunkt gekommen ist, um abzuspringen und uns davon zu lösen.

Oftmals wird entgegnet, dass es nicht nur eine Wahrheit gibt, dass das, was für eine Person wahr ist, für eine andere nicht gilt, dass das, was zu einer bestimmten Zeit an einem bestimmten Ort wahr ist, unter anderen Bedingungen keine Gültigkeit hat. Das heißt aber, noch am Schein, am Partiellen, festzuhalten. »Bemühten wir uns aufrichtig um die Wahrheit, so würden wir sehen, dass die verschiedenen Wahrheiten wie die Blätter eines Baumes sind, die zwar unterschiedlich aussehen, aber dennoch auf demselben Baum wachsen« (Ghandi). Der Baum ist in diesem Fall die umfassende Sicht, *Kasunyatan,* die letztendliche Wirklichkeit.

Der Gedanke der letztendlichen Wirklichkeit ist mit dem Gedanken der Leere verbunden.[11]

Wann immer ich einen Bewusstseinszustand erlebt habe, den Pak Wondo dann als typisch für die ›nichtleere Leere‹ *(suwung mengku ana)* bezeichnet hat, fühlte ich mich zentriert und abwesend zugleich. Mein Gefühl der Wirklichkeit war dann besonders stark und klar, aber gleichzeitig schien mein Körper keinerlei Konsistenz zu haben und meine Persönlichkeit (meine Identität als Laura) schien nicht zu existieren. All das klingt vielleicht sehr abstrakt und in einem gewissen Sinne ist es das auch, wenn man es nicht selbst unmittelbar erfahren hat. Es ist nicht einfach, diesen Zustand zu beschreiben. Während einer Meditation erhielt ich darauf bezogen einmal folgende Antwort: »Wenn die empirischen Entitäten nicht mehr existieren, kann das Wesentliche auftauchen«. Hier handelt es sich erneut um die Beziehung zwischen *kenyataan* (Wirklichkeit) und *Kasunyatan* (letztendliche Wirklichkeit), sowohl um die Entfernung, die zwischen den beiden existiert, wie auch um ihre Wechselbeziehung. Wir Menschen befinden uns in der Mitte. Das Aufeinandertreffen und das Auseinandergehen dieser beiden Wirklichkeitsebenen, die Augenblicke der Vereinigung und Trennung, ihr kontinuierliches Sich-Verknüpfen und Sich-Überlagern bilden einen der zentralen Aspekte mystischer Erfahrung. Das Individuum ist hierbei Ausgangs- und Zielpunkt zugleich; hier hat es die Möglichkeit, sich selbst zu überwinden. Sich in der Wahrheit zu üben, führt zur Wahrheit: Je mehr wir uns ihr nähern, desto mehr nähert sie sich uns.

Akzeptanz *(narimo)* ist die grundsätzliche Haltung, die erforderlich ist, das universelle Gesetz zu würdigen. Im Javanischen ist *narimo* die bewusste Akzeptanz, die auf dem Verständnis beruht, dass alle Ereignisse des Lebens nichts anderes sind als Gelegenheiten zu ›zahlen‹ oder ›zurückgezahlt‹ zu bekommen. Aus der wahren Akzeptanz *(narimo)* geht *manut,* der Gehorsam, hervor, der spontan und ohne jegliche Anstrengung geschieht. Das universelle Gesetz strebt letztlich immer nach Harmonie. Auch wenn wir Menschen, in unseren Leidenschaften

---

11| *Kasunyatan* kommt von dem Wortstamm *sunya*, was ›leer‹ bedeutet. Im Sanskrit steht *sunyata* für die Leere des Universums und in der buddhistischen Tradition wird dieser Begriff verwendet, um das Absolute, die letztendliche Wirklichkeit zu definieren.

gefangen, alles daran setzen, das Gesetz zu brechen, findet die Natur doch immer wieder Mittel und Wege, um das Gleichgewicht herzustellen. Auf unvermeidbare Weise geschieht dies so gut wie immer über den Schmerz: Das Gleichgewicht des universellen Gesetzes zu stören oder sich von ihm zu entfernen, ist etwas Gewalttätiges und zieht daher Leiden nach sich.

Der beständige Wandel ist einer der faszinierendsten Aspekte der Existenz. Nichts bleibt jemals so, wie es ist, noch nicht einmal einen winzigen Augenblick lang. Der gegenwärtige Augenblick vergeht so schnell, man könnte meinen, es gäbe nur das Vergangene. In *Sumarah* wird jedoch gelehrt, dass einzig die Gegenwart wirklich ist. Die Praxis besteht aber nicht nur darin, voll und ganz in der Gegenwart zu sein, sondern auch darin, in ihr zu handeln, indem wir von Mal zu Mal herausfinden, welchen Part wir in einem bestimmten Moment einnehmen und was unsere karmische Aufgabe ist.

Die Praxis der Meditation lehrt uns, vollständig in die Gegenwart einzutauchen, das heißt bis hin zur vollständigen Vereinigung mit unserem gesamten Sein in diesem bestimmten Moment.

Aldous Huxley schreibt:»Selig sind die, die reinen Herzens sind, weil sie Gott schauen … Die Natur dieser einzigartigen Wirklichkeit kann nur von denen direkt und unmittelbar erfahren werden, die bereit sind, voller Liebe, reinen Herzens und arm im Geiste zu sein … Nur über physikalische Experimente können wir die wahre Natur der Materie und ihr Potenzial entdecken. Und nur dank der seelischen und geistigen Erfahrungen können wir die wahre Natur des Geistes und dessen Potenzial entdecken.«[12]

Für diejenigen, die sich dazu verpflichtet haben, hinter den Schleier von *maya* zu blicken, führt der Weg dort entlang. Wir können nicht erwarten, dass sich alles ändert, und dabei nichts verändern. Soll der Blickwinkel ein ›anderer‹ sein, müssen wir unsere Haltung ›verrücken‹ und aufhören, dem Wandel Widerstand zu leisten. Kompromisse sind hierbei nicht möglich. Wenn wir uns dem Praktizieren der Wahrheit verpflichten, gibt es keine Halbheiten, denn halbe Wahrheiten sind (Be-)Trug.

12| Übersetzung des Zitates aus folgendem Werk *(Anmerk. d. Übers.)*: Aldous Huxley, *La filosofia perenne*, Adelphi, Mailand 1995.

Im Allgemeinen ist Pak Wondo feinfühlig und tolerant, wenn er lehrt und Ratschläge erteilt. Einmal aber war ich von der Unnachgiebigkeit und Härte betroffen, mit der er jemandem antwortete, der glaubte, bedeutende Fortschritte in der Praxis gemacht zu haben, weil er seltener vom Zorn übermannt wurde. Pak Wondo entgegnete: »Der Punkt ist nicht, wie oft Sie noch wütend werden. Ich hatte Sie gefragt, ob Sie noch wütend werden. Die Antwort auf diese Frage kann nur ›ja‹ oder ›nein‹ sein. Das ist wie mit der Korruption: Es ist nicht wichtig, wieviel Sie gestohlen haben, eine Million oder tausend Rupien, sondern ob Sie gestohlen haben oder nicht. Das Wieviel und das Wie hängen von der jeweiligen Situation, dem Zeitpunkt und den Umständen ab, aber ob man eine bestimmte Tat begeht oder nicht begeht, spiegelt die wahre Veränderung der inneren Einstellung wider, zeigt, ob man sich die getönte Brille abgenommen hat oder nicht.«

Wie bereits angedeutet, handelt es sich bei *Sumarah* um eine sehr sanfte Methode. Weder der zeitliche Rahmen noch der Verlauf einer Meditation sind vorgeschrieben, es gibt keine festgelegten Regeln, gut und schlecht werden nicht nach einem genauen ethischen Kodex klassifiziert. Wenn es überhaupt so etwas wie eine Regel gibt, dann ist es die, immer ehrlich zu sein. Wenngleich die Struktur in *Sumarah* äußerst flexibel und veränderbar zu sein scheint, ist doch die Lehre in ihrem Kern zutiefst subtil und unbeugsam. Pak Wondo sagt oft: »Was gut ist, muss nicht unbedingt auch richtig sein, was richtig ist, muss nicht unbedingt wahr sein, was wahr ist, muss nicht unbedingt angemessen sein, und was angemessen ist, muss nicht unbedingt wirklich sein.« Wie etwas erscheint, ist nicht von Bedeutung, sondern immer nur das, was ist … und das ist sicher kein leichter Ausgangspunkt.

Der göttliche Plan wird in der *kejawen* mit dem Begriff *kodrat* bezeichnet, *wiradat* hingegen meint die Freiheit der Wahl, die der Mensch hat. Hier stellt sich die immer wiederkehrende Frage: Wenn auch das Fallen eines Blattes im entlegensten Winkel der Welt nichts als die Manifestation des Willens Allahs ist, wie kann man dann noch von Wahl sprechen, welche Macht liegt dann in unserem eigenen Willen? *Sumarah* antwortet darauf, dass jede Handlung eine karmische Bedeutung hat. Unsere Wegstrecke wie auch die Gelegenheiten, die auf uns zukommen, sind bereits für dieses Leben vorgezeichnet. Wir werden an einem bestimmten Ort, in einem bestimmten Augenblick, von bestimmten Eltern und mit bestimmten physischen und spirituellen Anlagen geboren. Alles, auch wenn es uns nicht so erscheinen mag, stimmt mit dem überein, was unsere Seele braucht. Wir finden uns in bestimmten Situationen wieder, weil sie durchlebt werden wollen. Selbst wenn wir das Gefühl haben, dass wir es sind, die sich entscheiden, oder uns gar um diese Entscheidungen Sorgen machen, entscheiden wir uns in Wirklichkeit nur für das, was uns zugestanden wird. Pak Wondo meint dazu: »Wie wenig braucht es und unser Leben ist beendet ... Wieso bemerken wir da nicht, dass es uns ständig geschenkt wird, dass es ein Zugeständnis, eine Gnade ist? Und wenn unser eigenes Leben nicht von uns, von unserem Willen abhängt, wie können dann all die daraus hervorgehenden Dinge von uns abhängen?« Unsere *wiradat* (Wahlfreiheit) zeigt sich allenfalls darin, wie wir auf die Prüfungen des Lebens reagieren, während *kodrat* (der universelle Plan) darin besteht, dass wir diese Prüfungen (und nicht andere) durchstehen müssen.

Ich denke, dass jeder von uns ein oder zwei grundsätzliche ›Knoten‹ in seinem Leben lösen muss. All die Hindernisse, Schwierigkeiten und schmerzlichen Erfahrungen, auf die wir treffen, sind, genau betrachtet, lediglich Variationen dieses Grundthemas. In diesem Zusammenhang ist es interessant zu sehen, wie diejenigen, die an den Meditationssitzungen teilnehmen, immer mehr oder weniger dieselben Fragen stellen. Derjenige, der fragt, ist sich dessen im Allgemeinen gar nicht bewusst, weil er von seinem Problem in Anspruch genommen ist. Es sind die anderen Teilnehmer, oft Leute, die schon seit Jahren miteinander meditieren, die über die scheinbaren Verschiedenheiten hinwegsehen können und bemerken, wie dasselbe Problem immer wieder auftaucht. Wie oft habe ich selbst gedacht: »Wie kommt es, dass der noch diese Frage stellt ... nur um dieselbe Antwort zu hören und sie wieder nicht zu verstehen?« Aber so ist es mit uns allen. Einige Antworten hat Pak Wondo mir hundertmal gegeben, und ich habe sie – wenn überhaupt – erst nach vielen Jahren wirklich wahrgenommen!

Durch kontinuierliche und aufrichtige Praxis werden wir allmählich mehr und mehr des universellen Gesetzes gewahr. Unser Leben erhält eine umfassendere Bedeutung, der grundsätzliche Zweifel am Sinn des Lebens transformiert sich und wir öffnen uns dem Mysterium. Das Problem der Wahl fällt von uns ab, und der Abstand zwischen *kodrat* und *wiradat* wird durch die vollständige Akzeptanz unseres Karmas immer kleiner.

Pak Wondo sagt, dass *kodrat* und *wiradat* idealerweise in Übereinstimmung gelangen können: in der *sumarah*-Haltung des vollständig und bedingungslos dem universellen Gesetz und dem göttlichen Willen Hingegebenseins.

Wenn man seit vielen Jahren liest, denkt man nicht mehr daran, dass man liest; der Verstand beschäftigt sich allein mit dem Inhalt, und die Zweifel und Unsicherheit des Lesenlernens sind nicht mehr da. So ähnlich ist es, wenn man gelernt hat, das universelle Gesetz zu lesen: Man muss sich nicht mehr bemühen, unser Wille und unser Handeln sind nicht länger voneinander getrennt, sondern stimmen überein. Für unseren Willen, der nun vollständig im Gehorsam gegenüber der letztendlichen Wirklichkeit aufgegangen ist, gibt es keinen Grund mehr zu existieren. Er löst sich auf.

Wenn der Mensch dem letztendlichen Willen entsprechend handelt, gibt es keinen Konflikt mehr; *kodrat* und *wiradat*, die sich jetzt überlagern und zusammenfallen, werden ein Einziges.

In einem solchen Moment ist Frieden.

Die kleine und die große Welt: Mikrokosmos und Makrokosmos

> *Du wirst zu Gott zurückkehren,*
> *weil du aus dem Palast Gottes gesandt wurdest,*
> *du wirst den Palast Gottes betreten*
> *und selbst zu Gott werden (jadi pangeran),*
> *weil du bereits im Inneren des göttlichen Palastes bist.*
> *Serat Sasangka Djati*

Als ich mein Studium der *kejawen* begann, fiel mir auf – und faszinierte mich zugleich –, dass diese Weltsicht, obwohl sie äußerst vielfältig erscheint, in Wirklichkeit einheitlich und homogen ist. Sie beruht auf der Überzeugung, dass sich Makrokosmos und Mikrokosmos vollkommen entsprechen. Die Person, die mir als erstes Einsicht und Verständnis für diese Symmetrie vermittelte, war Prinz Gusti Joyokusumo, der einzige hinterbliebene Sohn von Paku Buwono X., der als der letzte große König des *keraton* Kesunanan von Surakarta gilt.[13] Der Zufall wollte es, dass ich damals in seinem ehemaligen Haus wohnte, das meine Schwiegermutter nach der großen Überschwemmung im Jahre 1965 erworben hatte. Als wir uns das erste Mal begegneten, fing Prinz Joyokusumo genau da an – bei der einzigen Sache, die wir gemeinsam hatten. Er erzählte mir die Geschichte des Hauses, das *kanjengan*[14] genannt wird, sprach davon, wie das Material für die Konstruktion ausgewählt wird, von den Zeremonien, die gehalten werden, bevor man die vier Bäume für die zentralen Säulen des Vorraumes *(pendopo)* fällt, und von der kleinen, im Zentrum gelegenen Kammer, ganz aus Glas, in der nie jemand schläft und die das Herz des Hauses verkörpert.[15]

Gusti Joyokusumo konnte über alles mögliche reden und, typisch für einen Javaner, kam er bei jedem Gespräch immer wieder auf das allumfassende große Ganze zu sprechen. Schritt für Schritt zeigte er mir auf, dass die Tatsache, eine mystische Erfahrung machen zu können, bereits auf die Einheit und Homogenität des Universums verweist und dass dem Menschen direkte Erfahrungen mit dem Göttlichen deshalb möglich sind, weil er selbst Teil von ihm ist.

In der *kejawen* gibt es keine dualistische Gegenüberstellung von Erschaffer und Erschaffenem, sondern im Gegenteil, wie bereits gesagt, eine vollkommene Entsprechung zwischen Mikrokosmos und Makrokos-

---

13| Zur Zeit existieren auf Java zwei königliche Paläste: der von Yogyakarta und der von Surakarta (ein anderer Name für die Stadt Solo). Die beiden Königreiche gingen aus einem internen Zwist hervor, der die Dynastie von Mataram, die damals ihren Sitz im *keraton* von Kartasura hatte, im Jahre 1745 entzweite. Derzeit haben die beiden *keraton* praktisch keine politische Macht mehr, führen aber dennoch ihre Lebensart und ihre Traditionen fort.

14| *Kanjengan* kommt von *kanjen*, was ›Prinz‹ bedeutet. Jedes *kanjengan* bekam seinen Namen von dem Prinz, der als erster darin wohnte.

15| Dabei handelt es sich um die *petanen* (vom Wort *petani*, das ›Bauer‹ bedeutet); es ist das Zimmer von Dewi Sri, der Schutzgöttin des Reises, ursprünglich eine Prinzessin, die die Reispflanze auf einer ihrer vielen Wanderungen durch den Wald entdeckte. Der Legende nach wurde die Prinzessin nach ihrem Tod vom Volk zur Göttin erhoben. Seitdem wird in jedem javanischen Haus eine Kammer eingerichtet, die so genannte *petanen*, für den Fall, dass Dewi Sri eines Tages zurückkehrt.

mos: Das Ganze manifestiert sich in den Teilen, und der Teil ist in gewissem Sinne schon für sich selbst das Ganze. Das Individuum ist ein Mikrokosmos, der in sich alle Möglichkeiten des Makrokosmos enthält: Das Potenzial für die Harmonie zwischen dem Ganzen und den Teilen ist in ihm angelegt. Hier trifft das Erkennbare das Unergründliche, das Rationale das Irrationale, das Menschliche das Göttliche, die Materie den Geist.[16]

In menschlicher Gestalt auf die Welt gekommen zu sein, ist eine großartige Gelegenheit, wie Pak Arymurthy immer sagt, eine Gelegenheit, für die wir dankbar sein und die wir ganz und gar zu nutzen verstehen sollten. Kein anderes Lebewesen ist der Verwirklichung der Einheit so nahe wie wir Menschen.

In der spirituellen Praxis sehen wir uns beständig Widersprüchen gegenüber, die uns zur Suche nach der Ganzheit drängen. Selbst dann, wenn wir scheinbar bei der Wahrheit angekommen sind, entzieht sie sich uns wieder: Aus irgendeiner Ecke taucht das Gegenteil dessen wir uns so sicher waren auf, und Schatten trüben die Klarheit unserer Gewissheit. Die Wahrheit entzieht sich uns in dem Moment, in dem wir sie begreifen, und wenn wir sie zu fest ergreifen, zerstören wir sie.

Das Selbst zu verwirklichen heißt, zur Einheit zurückzukehren. Wie bei allem, was man verloren hat, ist es auch hier besser, es mit der Suche nicht zu übertreiben, sondern einfach unser ernsthaftes Streben zu nähren und den Rat Kabirs zu befolgen: »Betrachtet einzig und allein das Eine in allen Dingen; es ist das Zweigeteilte, das euch vom Weg abbringt.«

Mikrokosmos und Makrokosmos werden im Javanischen mit ›kleine Welt‹ *(jagad cilik)* und ›große Welt‹ *(jagad gedhe)* bezeichnet. Es handelt sich also nicht um einen essenziellen Unterschied, sondern lediglich um einen Unterschied in den Dimensionen: Dies ist ein zentraler Gesichtspunkt sowohl in der *kejawen* wie auch in der *Sumarah*-Praxis und hat zur Folge, dass beide nicht nur eine abstrakte Sicht der Welt sind, sondern auch eine Lebensweise, eine existenzielle Ethik.

Der javanische Gelehrte Hadiwidjono sagt dazu: »Das menschliche Wesen als Mikrokosmos ist der vollkommene Ausdruck des Absoluten.

16| Außer dem besonderen Mikrokosmos Mensch gibt es in der kejawen viele andere Ebenen mikrokosmischer Wirklichkeit: Das Haus, die Familie, die Nachbarschaft, der Markt, das Dorf, das Land, all diese werden ebenfalls als vollständige Mikrokosmen angesehen, die lediglich unterschiedliche Schichten der Manifestation des Universums darstellen.

Die Seele des Menschen *(atman)* ist in Wirklichkeit das Absolute selbst, das durch seine Verschmelzung mit dem grobstofflichen und feinstofflichen Körper begrenzt ist.« Die Parallelität ist folglich nicht einfach nur spiegelbildlich, sondern ontologisch, weil beide Welten dieselbe Essenz enthalten. An die Stelle der dualistischen Sichtweise treten zwei sich ergänzende, miteinander verbundene Bereiche, die nicht nur der Interpretation der Wirklichkeit, sondern auch dem Leben selbst einen völlig anderen Sinn geben.

Die eigene Existenz ist für jeden von uns zum einen die einzige Wirklichkeit *(kenyataan)*, unsere kleine-große Welt *(jagad cilik)*, zum anderen aber, wie schon gesagt wurde, nichts anderes als »ein kurzer Aufenthalt auf dem Weg, um eine Tasse Tee zu trinken«. Vielleicht denkwürdig, aber eben immer nur ein kurzer Aufenthalt.

Weil der Mensch als Mikrokosmos vollständig und vollkommen ist, hat er die Möglichkeit, sich selbst zu erkennen und das größere Ganze intuitiv zu erfassen. In der mystischen Erfahrung erlebt er daher den Makrokosmos nicht länger als getrennt von sich selbst. »So wie du bist, so ist die Welt«, sagt Ramana Maharshi.

Den Praktizierenden aus dem Westen erscheinen die *Sumarah*-Meditationssitzungen manchmal wie Gruppentherapie. Tatsächlich sind die Psyche des Individuums, all die Tricks und Kunststücke des Ichs sowie Entscheidungen und Verhalten im Alltag oft das, wovon man in der gemeinsamen Arbeit der Bewusstwerdung ausgeht und worauf man sich immer wieder bezieht. Speziell Pak Wondo liebt es, in dem ihm eigenen Lehrstil einfache Beispiele aus dem alltäglichen Leben anzuführen – oft aus seinem eigenen –, damit sich die anderen darin wiedererkennen können. Er sagt, dass jenseits ihrer möglichen Variationen die grundlegenden Erfahrungen der Menschen identisch seien. Alle Menschen erleben Freude und erleben Schmerz. Selbst wenn die Ursachen für Freude und Schmerz den Umständen entsprechend sehr unterschiedlich sein können, bleibt das Essenzielle der Erfahrung jedoch gleich.

Der Erkenntnisprozess in der *Sumarah*-Praxis beginnt vor allem im Kleinen, von unten, ist aber gleichzeitig immer auch offen nach oben.

Wenn Pak Wondo eine Meditation leitet, nimmt er die Haltung *cuma-dhong* ein, eine innere Ausrichtung, in der sich das Ich sozusagen von unten nach oben öffnet, Gnade empfangend. Pak Ary spricht dagegen von *menyongsong:* ein Begriff, der eher die Anrufung und das Streben nach oben bezeichnet. In beiden Fällen geht es darum, die Verbindung herzustellen, den Kontakt zu ermöglich und sich einzustimmen. Meditation ist lediglich ein Mittel, um sich mit der universellen Dimension zu verbinden. Dabei wird von einer Göttlichkeit ausgegangen, die gleichzeitig immanent und transzendent ist: Indem wir am Ich arbeiten, gelangen wir zum Selbst, zum Göttlichen in uns; indem wir das Selbst verstehen und zum Ausdruck bringen und darin das Göttliche erfahren, erkennen wir uns selbst.

Eine der Geschichten, die in der javanischen Mystik sehr beliebt sind, veranschaulicht diese vollkommene Entsprechung zwischen Makrokosmos und Mikrokosmos und gibt den Charakter der auf diese Weise besonders tiefen Beziehung des Menschen mit dem Göttlichen wieder. Es ist die Geschichte über Dewaruci.[17]

Wir befinden uns am Vorabend des großen Krieges Barathayuda, der zwischen den beiden blutsverwandten Familien der Pandava und der Kaurava ausbricht. Bhima, bekannt als der Stärkste und Mutigste der Pandavas, wird von seinem Lehrer Drona dazu aufgefordert, das Elexier der Unsterblichkeit und der Vollkommenheit *(tirta amerta)* zu finden. In Wirklichkeit plant Drona im Geheimen, von den Kauravas dazu angestiftet, sich Bhimas zu entledigen, denn wenn es nach den Plänen der feindlichen Vettern geht, soll es Bhima nicht gelingen, die Gefahren dieser Aufgabe zu überleben. Durch seinen Mut und seine Stärke schafft er es jedoch, sämtliche Schwierigkeiten zu überwinden, alle Monster zu besiegen und immer eine Lösung für die unterschiedlichen von Drona ausgeheckten Fallstricke zu finden. Nur am Ufer des Ozeans wird Bhima einen Augenblick lang von Ängsten und Zweifeln gequält, allein seine Ehre als Krieger und sein Streben nach Erkenntnis lassen ihn weitergehen. Im Meer trifft er auf weitere Hindernisse, die er aufgrund seiner physischen und spirituellen Kräfte erfolgreich überwindet, bis ihm auf einmal ein mysteriöses Wesen begegnet, das nicht viel größer als sein kleiner Finger ist und ihn über die Bedeutung des Lebens und den Sinn

---

17| Die Geschichte über Dewaruci ist eine Episode aus dem Mahabharata, die man, wie übrigens viele andere auch, nur in der javanischen und nicht in der indischen Gedichtsversion findet. Auch wenn diese *lakon* sehr bekannt ist und geliebt wird, wird sie doch eher selten wiedergegeben.

des Universums ins Verhör nimmt. Es stellt sich heraus, dass dieses Wesen eine Gottheit mit dem Namen Dewaruci ist und in Wirklichkeit nichts anderes als eine Miniaturwiedergabe von Bhima selbst. Der von Erstaunen und Verwunderung überwältigte Held erklärt sich einverstanden, in das linke Ohr Dewarucis hineinzugehen und findet sich augenblicklich in einer anderen Dimension wieder, umgeben vom Ozean, vom Universum und von endlosen astralen Sphären. Dort nimmt Bhima Einblick in das Grenzenlose und lauscht der Offenbarung Dewarucis: Das Göttliche im Menschen habe keine Stimme, könne aber doch gehört werden. Bhima empfängt die verborgenen Lehren über das Leben und den Tod und erfährt die Wahrheit über die Welt und sich selbst. Danach erst gelingt es ihm, in den Palast zurückzukehren, wo er von den anderen Pandavas jubelnd empfangen wird.

Der Wagen mit vier Pferden: Das Ich und seine Werkzeuge

> *Krishna wendet sich also an Arjuna, der bei der Vorstellung,*
> *gegen seine Vettern kämpfen zu müssen, plötzlich von Angst und*
> *von unbezwingbarem Schrecken überwältigt wird:*
> *Es sind die Berührungen der Sinne mit den Elementen, o Sohn der Kuntí,*
> *die Wärme und Kälte, Freude und Leid hervorrufen. Sie kommen und*
> *gehen, sie sind unbeständig. Ertrage sie gleichmütig,*
> *o Nachfahre des Bharata!*
> *Denn der Weise, den diese nicht erregen, o Bester der Männer, für den*
> *Freude und Leid gleich sind, der ist für die Unsterblichkeit reif.*
> *Weder gibt es Sein aus Nichtsein, noch gibt es Nichtsein aus Sein.*
> *Das Wesen dieser beiden wird von den Sehern der Wirklichkeit*
> *genau gekannt.*
> *Du musst wissen, unvergänglich ist das, wovon all dieses durchdrungen*
> *wird. Niemand kann die Vernichtung dieses Unvergänglichen bewirken.*
> *Von diesen Körpern des ewigen, unzerstörbaren,*
> *unbegreifbaren Körperträgers wird gesagt, sie haben ein Ende.*
> *Deshalb kämpfe, o Nachkomme des Bharata!*
> *Bhagavad Gita*

Aus meinem Tagebuch:
> Heute Abend habe ich endlich den Mut gefunden, Pak Wondo mitzuteilen, wie betroffen ich darüber gewesen war, dass er mich nicht besucht hatte, als ich krank war. Wie es oft geschah, schien Pak Wondo sich zunächst gar nicht daran erinnern oder verstehen zu können, wovon ich überhaupt spreche … Dann erinnerte er sich glücklicherweise doch und sagte:
> »Ich erinnere mich, dass ich zweimal versucht habe, zu dir zu kommen: Das erste Mal, als ich vor dem Markt nach Süden hätte abbiegen müssen, ließ irgendetwas meinen Roller nach Norden fahren und hat mich zum Hause Pak Beis gebracht, wo ich eigentlich gar nicht hin wollte; auch das zweite Mal ist etwas Ähnliches passiert. Offenbar war es mir nicht erlaubt zu kommen.
> Der Wunsch Gutes zu tun wird *mutmainah* genannt: Auch er ist eine Leidenschaft, ist eines der vier weißen Pferde, was aber nicht heißt, dass er deshalb immer richtig ist. Denn Gutes zu tun ist nicht notwendigerweise immer und überall angemessen. Die Frage der Angemessenheit ist nicht so einfach und viel weniger offensichtlich als wir annehmen. Angemessenheit bedeutet, dass jedem das gegeben wird, dessen er bedarf. Wenn ich zum Beispiel zwei Leuten Stoff schenken möchte und gerecht sein will, dann darf ich nicht jedem zwei Meter geben, sondern dem, der dünn ist, einen Meter und drei Viertel und dem, der dick ist, zweieinhalb Meter … Mir würde es zum Beispiel nicht gelingen, aus zwei Metern ein Hemd zu nähen! Wusste ich in jenem Fall, was Laura wirklich brauchte? Mein Wille, meine Zuneigung und mein Mitgefühl waren der Anlass, um zu Lauras Haus zu fahren. Ich dachte, dass ich ihr vielleicht helfen könnte. Es war jedoch nicht gestattet. Laura musste Schmerz, Angst und auch das Gefühl der Einsamkeit allein durchleben. Das ist eine Frage von Karma. Wir müssen auch akzeptieren, dass wir das nicht verstehen. Unsere Sichtweise des universellen Plans ist sehr begrenzt. Sei dankbar für die Gelegenheit zu leiden, die dir gegeben wurde!«

Wieder einmal habe ich nicht darauf geantwortet, aber ich muss sagen, ich glaube, Pak Wondo scheint manchmal etwas zu übertreiben. Mir wäre es lieber gewesen, er wäre zu Besuch gekommen … aber wahrscheinlich hat er wie gewöhnlich Recht. Also, noch einmal Danke, Pak Wondo!

Es gibt zwei Gemälde, die man sehr häufig in den javanischen Häusern findet. Das eine stellt Bhima mitten im Ozean im Kampf gegen eine schreckliche Meeresschlange dar, das andere zeigt den Wagen Arjunas, der auf dem Weg zur Schlacht von vier ungestümen Pferden gezogen und von Krishna gelenkt wird. So wie das erste Bild vom mystischen Standpunkt aus ein Symbol für die spirituelle Suche ist, so symbolisiert das zweite den Menschen in der harmonischen Verkörperung seiner Ganzheit. Der Wagenlenker (Krishna) steht für das bewusste Ich, der Beifahrer (Arjuna) ist die Seele, die vier Pferde sind die vier Grundleidenschaften[18] und der Wagen ist das Leben. Alle Teile sind gleich wichtig und vollkommen voneinander abhängig. Der Wagen muss sorgsam behandelt werden, damit er seine Funktion als bequemes Transportmittel erfüllen kann, und auch, weil er uns nicht wirklich gehört. Die Pferde, die für den Wagen unentbehrlich sind, könnten allerdings auch sein Ruin sein: Sie könnten von einem Moment auf den anderen scheuen und ihn dadurch zerstören; mächtig und ungestüm, weise und geschickt laufen sie voran. Der Wagenlenker, das Ich, voll des guten Willens, aber auch voller Ehrgeiz, hat eine nur scheinbar vorherrschende Rolle, aber in seiner Macht ist das Potenzial zur Zerstörung angelegt. Ein

---

18| Der *kejawen* zufolge gibt es im Menschen vier grundlegende Leidenschaften, *napsu* genannt, die in den vier Elementen der Natur ihre Entsprechung finden. Jede von ihnen hat einen negativen und einen positiven Aspekt, einen bestimmten Sitz im Körper und eine für sie charakteristische Farbe. Im Folgenden wird dieser Zusammenhang dargestellt.

Name der Leidenschaft	Negativer Aspekt	Positiver Aspekt	Element	Sitz im Körper	Farbe
Amarah	Wut	Begeisterung	Feuer	Blut	rot
Aluamah	Gier	Beharrlichkeit	Erde	Fleisch	schwarz
Supiya	Wollust	innerer Frieden	Wasser	Wirbelsäule	gelb
Mutmainah	Fanatismus	Hingabe	Luft	Atem	weiß

guter Wagenlenker hat gelernt, seine Pferde zu führen, und zwar dadurch, dass er sie genau kennt und wertschätzt, ihren Rhythmus versteht und um ihre schwachen Stellen sowie um das Verhältnis ihrer Kräfte weiß. Ein allzu schwacher Wagenlenker überlässt zwangsläufig den Pferden die Führung und wird so zu deren Sklave, ein despotischer Wagenlenker hetzt sie und fügt ihnen am Ende nur Schaden zu. Der fähige Wagenlenker hingegen sieht nicht nur nach vorn, denkt nicht nur an das Ziel, sondern erinnert sich auch immer an das, was er mit sich führt: an den Wagen, dem er seine Aufmerksamkeit geben muss, und an den schweigenden Beifahrer, die Seele. Worauf es schließlich wirklich ankommt, ist, eine gute Reise zu machen!

Arjuna gehört zu den beliebtesten und sehr geschätzten Figuren des *Mahabharata*[19]: Er ist ein Prinz von edlem Geschlecht und von edlem Charakter, der Kämpfer par excellence und aus der Sicht vieler Frauen der tadellose Liebhaber. Der javanische Arjuna hat zarte und feine, fast feminine Züge, und seine Stärke kommt ganz offenkundig von innen. Arjuna gewinnt seine Kämpfe, ohne sich etwas anmerken zu lassen: Er verkörpert den Menschen, der seine Leidenschaften gezähmt hat. Somit bestimmt er Krishna, die Inkarnation Vishnus, Symbol des göttlichen Gleichgewichts und höchsten Bewusstseins, zu seinem Wagenlenker und schlägt die tausend Wagen und zehntausend Bogenschützen, die ihm seine Vettern zu Beginn des Streites angeboten haben, aus. Arjuna weiß, wie heißblütig seine Pferde sind, und als ausgezeichneter Kämpfer kennt er genau die Gefahr, die Stärke mit sich bringt und die in der Versuchung liegt, diese zu überschätzen. Man kann daher sagen, dass Arjuna in das bewusste Ich hineingewachsen ist, das seine Grenzen kennt und genau aus diesem Grunde die göttliche Führung wählt.

Die Leidenschaften sind reine und ursprüngliche Energie. Für sich genommen sind sie weder negativ noch positiv, aber oft wissen wir nicht, wie wir sie gebrauchen sollen, oder wir werden von ihnen derart überwältigt, dass wir zum Sklaven unserer Pferde werden statt der Reiter zu sein.

19| Das *Mahabharata* ist die Geschichte der beiden miteinander verwandten Familien der Pandava und der Kaurava, die sich um das Königreich Ngastina streiten. Bei der *Bhagavad Gita* handelt es sich um die lange Episode aus dem *Mahabharata*, in der Krishna Arjuna vor der letzten Schlacht die heiligen Lehren des Yoga erteilt. Das *Mahabharata* und das *Ramayana* sind die beiden großen Epen der indischen Kultur und die *Gita* ist das heilige Buch schlechthin.

Die Thematik der Kontrolle der eigenen Leidenschaften ist besonders heikel und eine Quelle häufiger Missverständnisse.

Oft kommen diejenigen, die sich auf dem spirituellen Weg wähnen, mit Menschen zusammen, die scheinbar jeglichen Enthusiasmus und jegliche Freude am Leben verloren haben, weil sie absolut ›amotional‹[20] geworden sind. Sie meinen, es sei richtig, nie wütend zu werden, niemals irgendetwas zu sehr zu begehren und besser keine genauen Ansichten oder Meinungen zu haben. Hätte die betreffende Person tatsächlich eine derartige Haltung der Losgelöstheit und Neutralität entwickelt, dann könnte man sich vor einer so weisen und ausgeglichenen Person nur verneigen; in Wahrheit handelt es sich aber in den meisten Fällen um eine vor allem mentale Haltung, die sich vom wahren Selbst entfernt hat und die damit endet, der Seele zu schaden. Noch einmal: Das, was mehr als alles andere zählt, ist Wahrhaftigkeit.

Pak Wondo spricht oft von seiner Esslust und seiner Leidenschaft fürs Essen. Einmal fragte ihn eine junge Australierin: »Weshalb haben Sie es nach so vielen Jahren der Meditation noch nicht geschafft, diese Begierde zu zügeln? Ist das nicht ein wenig seltsam?« Pak Wondo antwortete lachend: »Vielleicht hat das damit zu tun, dass ich lediglich ein Mensch bin und einen Körper habe. Ich wasche mich jeden Tag und bin abends doch wieder schmutzig, weil ich geschwitzt, gegessen und, Verzeihung, Stuhlgang gehabt habe. Was für eine Person schwierig ist, kann für eine andere sehr einfach sein. Wichtig ist, die Konsequenzen zu tragen. Wenn ich zum Beispiel zu viel esse, dann darf ich mich nicht darüber beklagen, wenn ich dick werde oder einen hohen Cholesterinspiegel habe. So ist das mit allen Leidenschaften. In diesem Sinne ist es auch nicht wahr, dass man nicht wütend werden darf. Natürlich ist es besser, dahin zu gelangen, nicht mehr von Wutanfällen beherrscht zu werden, aber wenn es geschieht, ist das Wichtigste, dessen gewahr zu sein – also nicht zu versuchen, die Wirklichkeit zu leugnen – und bereit zu sein, sämtliche Konsequenzen anzunehmen. Es ist wirklich schädlich für die Seele, wenn Leidenschaften unbewusst werden … wenn sie nicht erkannt werden, wird ihre Reinigung bzw. Läuterung zu einem entsprechend lang-

---

20| Mit ›amotional‹ meine ich einen Zustand ohne Emotionen und ohne Motivation, einen fast apathischen oder auch amorphen Zustand.

wierigen und schwierigen Prozess. In diesem ganzen Zusammenhang ist Akzeptanz grundlegend, und ich meine damit nicht nur, unsere Probleme zu akzeptieren, unsere Fehler und unsere Schmerzen, sondern auch zu akzeptieren, wenn wir uns weigern, und zu akzeptieren, wenn wir nicht akzeptieren können, wo wir uns gerade befinden. Ohne diese grundlegende Haltung verstärkt man nämlich das Hindernis und es wird auch schwieriger, es zu überwinden. Bei all dem ist wichtig, das Gemüt eines Kämpfers zu haben: Mutig zu sein bedeutet, den Mut zu haben, Fehler zu begehen und sie einzugestehen. Natürlich ist es auch hierbei wichtig, ehrlich zu sein, das heißt, wirklich Fehler zu machen *(kliru)* und nicht nur so zu tun als ob oder gar vorsätzlich etwas falsch zu machen *(ngliru)*.«

Das Missverständnis, das hinsichtlich der Frage der Kontrolle von Leidenschaften auftaucht, beruht auf einer tiefen Überzeugung: Bereits die Vorstellung, auf Leidenschaften verzichten zu müssen oder verzichten zu können, erzeugt im Allgemeinen viele Widerstände. Angesichts der Aussicht, dass man mit Hilfe von Meditation lernen kann, die eigenen Leidenschaften zu besänftigen, wird oft besorgt Einwand erhoben: »Aber wird meinem Leben dann nicht die Würze fehlen?« Diese erschrockene Reaktion ist typisch für das westliche Denken. In einer Kultur nämlich, in der der Verstand seit Jahrhunderten eine derart dominante Rolle spielt, dass er mit dem Sein verwechselt wird (man muss nur an das kartesianische ›cogito ergo sum‹ denken), scheint manchmal die einzige Lösung darin zu liegen, sich entweder auf die Seite des engstirnigen Verstandes zu schlagen oder im Rausch der Leidenschaften aufzugehen. Das geschieht tatsächlich auch, und oft sind es gerade die besonders rationalen, in der Öffentlichkeit sehr kontrolliert wirkenden Menschen, die privat oder in so genannten schwachen Momenten ganz Opfer ihrer Emotionen werden.

In der abendländischen Weltsicht ist einzig ein Leben mit intensiven Gefühlen, mit großer Freude und großen (und möglichst schnell vorübergehenden) Schmerzen ein Leben, würdig gelebt zu werden. Ein Leben ohne diese Art von emotionaler Intensität gilt als nichtssagend und unbedeutend. Hier scheint es dann nur zwei Alternativen zu geben: Die Unterdrückung der Gefühle oder das freie Ausleben der Leidenschaften. So gesehen sind die Befriedung der Sinne und die Weisheit des Gleichmuts Formen des Daseins, die höchstens im hohen Alter erstrebenswert sind. Und auch das nur bis zu einem bestimmten Punkt. Wie selten wird in der heutigen abendländischen Kultur ›alt‹ als Synonym für ›weise‹ verwendet, im Unterschied zur orientalischen Welt und zum Großteil der so genannten primitiven Gesellschaften. In unserer Gesellschaft verinnerlicht ein alter Mensch – mehr oder weniger in die Rolle des Unfähigen gedrängt – die Untauglichkeit, die die Welt auf ihn projiziert. Seine emotionalen Regungen verhärten zunehmend, und je nach Persönlichkeit werden sie stärker unterdrückt oder unbeherrschter ausgelebt. Im Gesicht alter Menschen finden wir selten ein zufriedenes Lächeln oder einen Ausdruck von Weisheit, denn unsere alten Menschen sind fast immer sehr unglücklich und sehr einsam; sie identifizieren sich mit dem physischen Verfall und schaffen es nicht mehr, ihre neue Lebenssituation zu erforschen. In einer Welt, die auf Leistung und Schnelligkeit ausgerichtet ist, gibt es keinen Raum, um ihre Entdeckungen und ihre Erkenntnisse mit anderen zu teilen.

Interessanterweise stammt das Wort ›Passion‹ von dem lateinischen Wort *pati* (leiden), und auch im Griechischen bedeutet *pathos* ›Leiden, Krankheit‹. In dem Begriff des Leidens sind Schmerz und Passivität miteinander verbunden: Leiden ist erleiden. In diesem Sinne könnte man also den Begriff der Leidenschaft neu interpretieren und eher den Aspekt des Versklavtseins sehen als den der Ausdruckskraft.

Sumarah zufolge liegt das hauptsächliche Problem hinsichtlich der Leidenschaften nicht in deren Stärke, sondern in der Anhaftung, die das Ich ihnen gegenüber entwickelt. Wenn wir von ihnen nicht lassen können und wenn wir sie verherrlichen, geben wir ihnen zusätzliche Macht. Sie entwickeln eine Eigendynamik, von der wir schließlich überwältigt werden.

In der *Sumarah*-Praxis geht es nicht darum, Leidenschaften auszulöschen. Leidenschaften werden nicht getötet, negiert, gehasst, unterdrückt und noch nicht einmal abgeschwächt, sondern akzeptiert. Sie werden als wesentlicher Bestandteil unserer Natur verstanden, wegen ihrer Kraft geschätzt und wegen ihrer Macht respektiert. Genauso wie man dem Feuer begegnet, begegnet man ihnen mit Ehrfurcht und Aufmerksamkeit. Erst dadurch werden sie zu unseren Verbündeten – wie die Pferde Arjunas, die gezähmt und mit Respekt und Erfahrung geführt werden.

Pak Wondo ist immer sehr vorsichtig, wenn es um dieses Thema geht. Ohne ihm genau zu sagen, worum es sich im Einzelnen handelte, habe ich ihn einmal um seine Meinung zu einer Erfahrung gebeten, die ich mit Wut gemacht hatte. Seine erste Antwort war: »Ja, in Ordnung, aber nutz es nicht aus.« Worauf ich ihm die ganze Geschichte erzählte: Meine mir sehr nahestehende Freundin Wied war seit zehn Tagen im Krankenhaus und ihr Zustand hatte sich immer mehr verschlimmert. Bei meinem letzten Besuch fragte ich den Arzt nach seiner Diagnose. Er gab mir zur Antwort, dass meine Freundin an einer Leberdysfunktion leide. Dies überzeugte mich nicht, und ich bat ihn, mir die Untersuchungsergebnisse zu zeigen. Es stellte sich heraus, dass die Leber, wie ich angenommen hatte, vollkommen funktionsfähig war. Mich ergriff ein mächtiger und doch gleichzeitig beherrschter Wutanfall. Ich fühlte buchstäblich das Feuer in mir. Wütend und doch völlig klar, begann ich zu schreien (ich wollte, dass mich auch alle anderen Patienten hören), es sei eine Schande, dass ein Krankenhaus so mit seinen Patienten und deren Leiden umgehe, dass die Ärzte Ausreden erfänden, wenn sie die Ursache der Krankheit nicht verstehen würden, und dass das übrige Personal sie decke und verteidige. Meine Freundin wurde immer schwächer; ich hatte den Eindruck, als ob sie selbst allmählich verlösche. Ohne zu zögern ging ich zum Leiter des Krankenhauses, unterschrieb eine Erklärung, mit der ich die Verantwortung übernahm, und brachte Wied zu mir nach Hause, wo sie sich nach vierzehn Tagen Ruhe, gutem Essen und liebevollem Umsorgen wieder vollständig erholte. Dabei machte ich mir nicht die geringsten Sorgen wegen der Verantwortung, die ich auf mich genommen hatte, und der möglichen Konsequenzen. Es war, als hätte eine andere Kraft als mein Wille und meine Vernunft von mir Besitz ergriffen und mich handeln lassen. Erst im Nachhinein, als meine Freundin endlich wieder gesund war, bekam ich es mit der Angst zu tun und mir wurde das Risiko bewusst, das ich eingegangen war. Pak Wondo meinte dazu, dies Beispiel zeige eine Möglichkeit, wie wir unsere Leidenschaften einsetzen können. In diesem Fall war ich nicht Opfer von *amarah* gewesen, sondern ganz im Gegenteil: Dieses Feuer war in mir entfacht worden, weil es notwendig war, und ich hatte es genutzt. Ich war einfach nur ein Werkzeug in den Händen des Lebens gewesen. Am Ende des Gesprächs mahnte er mich erneut, dies niemals auszunutzen.

Es ist nicht leicht, den richtigen Umgang mit den Leidenschaften *(napsu)* zu beherrschen. Aber eins ist gewiss, wir werden zu ihren Sklaven, wenn wir uns vor ihnen erschrecken oder wenn wir in ihren Bann geraten.

Frieden stellt sich nämlich weder durch Unterdrückung noch durch Übertreibung ein, sondern nur durch aufkeimendes Gewahrsein, durch das Erkennen unseres Selbst und seiner Werkzeuge, der eigenen Stärken und der eigenen Schwächen.

In der *Bhagavad Gita* steht geschrieben: »Wie die Flamme mit Rauch, der Spiegel mit Staub und der Embryo mit Fruchtwasser bedeckt ist, so ist gleichermaßen die Erkenntnis von der Begierde bedeckt.«

Die Rauchschwaden wegzublasen, die die Flamme bedecken, den Staub vom Spiegel zu wischen, bis wir unser eigenes Selbst entdecken und erkennen können, darin besteht die Praxis der Meditation.

Das ist ein langwieriger und stufenweiser Prozess, der große innere Bereitschaft, Ehrlichkeit und nicht geringe Geduld verlangt. Bevor wir zum wahren Selbst gelangen, müssen wir zunächst das eigene Ich kennen, und zwar in all seinen Aspekten. Im Hinblick auf die emotionalen Anteile, die Begierden, die *napsu*, führt Pak Wondo folgendes Beispiel an: »Tauchen wir ein brennendes Feuerzeug in ein Glas Wasser, geht es aus, tauchen wir es jedoch in ein Glas mit Benzin, gibt es eine Explosion. Betrachten wir vorher die beiden Gläser, sehen sie gleich aus … es ist die Auseinandersetzung mit der Wirklichkeit, die den Unterschied offenbart. Es kommt darauf an, die Schuld nicht dem Feuerzeug zu geben.«

Dahin zu gelangen, sich selbst zu kennen, meint, mit all den Teilen des Selbst in Kontakt zu kommen, die *Sumarah* die ›Werkzeuge‹ des Ichs *(alat-alat* oder *piranti)* nennt: Verstand, Gefühl, Gedächtnis, Instinkt, Intuition, Leidenschaften und so weiter. Sich zu kennen bedeutet, all die Konflikte zu sehen, die zwischen den ›Werkzeugen‹ des Ichs existieren, und zu begreifen, dass es in Wirklichkeit viele Ich-Anteile gibt, die oft verschiedene Dinge anstreben und auf ihre eigene Art und Weise agieren – manchmal auch gegeneinander.

Diese Konflikte zwischen den ›Werkzeugen‹ des Ichs (von Pak Arymurthy bevorzugt ›Attribute‹ des Ichs genannt) sind es, die der Angst, dem Unbehagen und dem Leid, das uns so oft quält, zugrunde liegen. Mein Verstand will eine Sache, mein Herz eine andere; mein Ehrgeiz verfolgt ein Ziel, mein Körper kann es nicht bewerkstelligen; mein Gedächtnis legt mir eine Entscheidung nahe, die mein Wille behindert; und so fort. Wenn man also davon spricht, Opfer der eigenen Leidenschaften und Begierden zu sein, dann tut man gut daran, sich zu vergegenwärtigen, dass eigentlich all unsere ›Werkzeuge‹ Opfer dieser Leidenschaften und Begierden sind. Opfer der Gefräßigkeit zu sein, lässt zum Beispiel nicht nur unseren Magen leiden, sondern auch alle anderen Teile von uns selbst; von Wut, Begierde oder Neid überwältigt zu werden, schadet sowohl dem Herzen wie auch dem Verstand, der Seele wie auch dem Körper.

Wächst unsere Wahrnehmung im Verlauf der Meditationspraxis, so wird auch die Beziehung zwischen dem Ich und seinen ›Werkzeugen‹ respektvoller, anerkennender und dankbarer. Es ist deshalb so wichtig, dieser gegenseitigen Beziehung gewahr zu sein, weil wir Gefahr laufen, sowohl den Leidenschaften zu viel Bedeutung beizumessen als auch den Eigenschaften des Ichs und seiner Kontrollfähigkeit zu viel Macht zuzusprechen.

Zu Beginn dieses Kapitels habe ich den kartesianische Satz *cogito ergo sum* erwähnt. Die Javaner würden sagen *sum ergo cogito*. Ohne das Sein, ohne das Leben, ist nichts möglich, ohne das Sein gibt es im Wesentlichen nichts. Das Sein ist die einzige Wahrheit und die einzige Gewissheit. Es ist tatsächlich so, dass ›ich jetzt bin‹.

In der Meditation werden wir zum Wesen und zum Wesentlichen von uns selbst zurückgeführt und zu all unseren Ausdrucksformen, den inneren wie auch den äußeren. Hinsichtlich der *napsu* bedeutet das, dass die Rückbesinnung auf das Wesentliche und das ›Klären‹ der Leidenschaften diese wieder in ihre ursprüngliche, reine Energieform zurückbringt und somit zu ihrer wahren Natur. Ein Beispiel dazu: *Amarah* als reine Energie ist Feuer, ist Wärme und Enthusiasmus. Durch die Begierden des Egos ›verschmutzt‹ zeigt sie sich als Wut. Wird sie jedoch zu ihrem Wesenskern zurückgebracht, dann ist sie zum Beispiel die brennende Leidenschaft der Heiligen oder Helden, die für eine Sache sterben. Ein anderes Mal können eine oder mehrere Personen zum Träger einer außergewöhnlichen Macht bzw. Kraft werden und, bewusst oder unbewusst, als Kanal für eine Energie dienen, die dem eigenen Willen überlegen ist. Die Redewendung ›Er wuchs über sich hinaus‹, die oft benutzt wird, um Heldentaten oder außergewöhnliche Kräfte zu beschreiben, drückt es ganz genau aus. In diesen Fällen sind wir nämlich nicht länger nur wir selbst, sondern wir werden in gewissem Sinne von dieser reinen Energie ergriffen und unterstützt, die, über das Ich hinauswachsend, dieses gleichzeitig ermächtigt und verwandelt. So ist *amarah,* die entartet als *marah* (Wut) erscheint, wenn sie geführt und gelenkt wird, eine außergewöhnliche und wertvolle Antriebskraft.

Ich habe Pak Wondo bei verschiedenen Gelegenheiten von dieser Art Energie ›besetzt‹ gesehen. Ich erinnere mich an einen jungen Amerikaner, der, gerade aus Boston eingetroffen, ziemlich verblüfft und auch ein wenig verstimmt war, als er Pak Wondo sagen hörte, dass wir in Wirklichkeit nichts vermögen *(tidak bisa apa-apa)* und dass es das ist, was man in *Sumarah* lernt.

Das Folgende gibt in etwa ihr Gespräch wieder:

Der junge Mann: »Aber wie kann man sagen, dass das Ich nichts vermag, wenn es doch das Ich ist, das entscheidet, versteht, handelt und auch außergewöhnliche Taten vollbringt, manchmal sogar unvorstellbare, und das immer wieder auf jedem Gebiet neue Ziele überschreitet? Meiner Meinung nach vermag das Ich alles oder zumindest fast alles. Vom Ich, von seiner Stärke und seinem Willen, kommen alle meine Taten.«

Pak Wondo: »Gut, wenn das Ich für dich so offenkundig ist, dann zeig es mir bitte.«

Der junge Mann lächelte ein wenig verlegen und zweifellos verärgert ließ er die Hand über seinen ganzen Körper gleiten: »Es ist überall.«

Pak Wondo: »Willst du damit sagen, das Ich ist dein ganzer Körper?«

Der junge Mann: »Nein, das Ich ist viel mehr als der Körper, es ist nichts Stoffliches, sondern etwas Abstraktes.«

Pak Wondo: »… und kann trotzdem all diese konkreten Dinge, die es will, in Gang setzen?«

Der junge Mann: »Aber sicher!«

Pak Wondo: »Ganz von alleine?«

Der junge Mann entgegnete: »Ja, aber sicher von alleine!«

Pak Wondo: »Nun, dann sag jetzt deinem Ich, dass es trinken soll und dass es das ganz alleine machen soll.«

Der junge Mann zögerte einen Augenblick, dann streckte er die Hand nach einem Glas Tee aus, Pak Wondo dabei ein wenig provokativ und unsicher anschauend.

Pak Wondo lachte vergnügt und unterbrach ihn: »Ah, Moment mal ... der Rücken, die Schulter, der Arm und die Hand waren dir dabei behilflich und davor auch deine Absicht, dein Wille, dein Ehrgeiz, dein Wunsch, es zu schaffen ... Und all das für eine so einfache Handlung wie das Trinken. Dein Ich allein ist absolut machtlos, es vermag nichts, noch nicht einmal etwas zu wollen.«

Wenn Pak Wondo von der Machtlosigkeit des Ichs spricht, spielt er auf die Tatsache an, dass wir nichts ohne das Leben vermögen. Die Lebensenergie, *Sang Hyang Urip,* das Leben, ist das, was immer ist. Sie hängt nicht von uns ab, wir hängen von ihr ab. Das Leben ist in uns, aber es ist viel mehr als wir. Um eine Vorstellung davon zu geben, sagt Pak Wondo, es sei ein bisschen so, als würden wir traumlos schlafen, als befänden wir uns im Tiefschlaf. Wo ist dann das Ich, wo sind unsere Gefühle, unsere Anstrengungen und unsere Begierden? Vorübergehend sind sie nicht mehr da. Das Ich ist nicht da; das, was da ist, ist das Leben *(aku tidak ada, yang ada Hidup).* Und das Leben kann mit uns machen, was es will.

Wie man übt und was man lernt

> *Die Wahrheit spricht eine einfache Sprache.*
> Euripides

Sumarah ist sehr leicht zugänglich und gewissermaßen ›offen für alle‹, da man davon ausgeht, dass man sich der Wahrheit Schritt für Schritt annähern kann. Es gibt in der Tat unendlich viele Ebenen des Verstehens, Geheimnisse aber gibt es nicht, aus dem einfachen Grund, weil das, was in einem bestimmten Moment oder für eine bestimmte Person unzugänglich ist, sich sowieso nicht offenbart oder schlichtweg nicht verstanden wird.

Im Folgenden gebe ich ein Interview wieder, das ich vor einigen Jahren zwei jungen Dänen gab, denen Meditation zwar völlig fremd war, die aber ernsthaft auf der Suche nach sich selbst und der Bedeutung ihres Lebens waren.

Interviewer (I): »Wir würden gerne mehr über diese *Sumarah*-Meditationsschule erfahren. Das Wenige, das ich in meinem Reiseführer darüber gelesen habe, hat mich bereits angezogen. Ich habe gehört, dass du diese Meditationsform praktizierst und lehrst. Handelt es sich denn dabei um eine Schule?«

Laura (L): »Ja und nein. Auf der einen Seite ist es eine Schule, weil die meisten Leute tatsächlich kommen, um etwas zu lernen, andererseits ist das, was man schließlich lernt, selten das, weswegen man gekommen ist, sondern oftmals genau das Gegenteil. *Sumarah* ist nämlich gewissermaßen eine Technik, um zu verlernen. *Sumarah* bedeutet bedingungsloses Aufgeben, totale Kapitulation. Eines der ersten Dinge, die ›gelehrt‹ werden, ist, sich dem eigenen Sein in seiner Ganzheit zu ergeben, also sich selbst zu akzeptieren, in jedem Moment und in jedem Aspekt des eigenen Wesens, im Guten wie im Schlechten. Derjenige zum Beispiel, der aufgrund einer bestimmten Bedürftigkeit hierher kommt, muss lernen, wahrzunehmen, woran es ihm eigentlich mangelt; wer von Begierde getrieben wird, muss lernen zu verzichten; wer kommt, um seinen Schmerz zu überwinden, muss vor allem das eigene Anhaften an den Schmerz erkennen und zugeben. Und so fort. Der erste Schritt in *Sumarah* besteht, so kann man sagen, paradoxerweise darin, den Wunsch etwas zu lernen loszulassen und sich im eigenen Sein, so wie es ist, zu entspannen.«

I: »Ich habe gehört, dass es in der *Sumarah*-Praxis keine Regeln oder genauen Techniken zu befolgen gibt, die man als ›Anhaltspunkt‹ verwenden kann. Das kann ich mir schlecht vorstellen.«

L: »Die *Sumarah*-Praxis beruht tatsächlich nicht auf einer Form. Andere Meditationsarten verlangen, eine bestimmte Körperhaltung einzunehmen, auf eine bestimmte Art und Weise zu atmen, geben einen Punkt vor, auf den man sich konzentrieren muss. In der *Sumarah*-Praxis legt man grundsätzlich Wert auf die Wirklichkeit, in der man sich befindet.

Die Vorstellung, die dem zugrunde liegt, ist, dass das, was man mit spezifischen Techniken erreichen würde, gewissermaßen nicht vollständig ›ursprünglich‹, nicht vollständig ›echt‹, wäre. *Sumarah* richtet sich mehr auf die reine Erfahrung an sich aus, in der Überzeugung, dass es immer besser ist abzuwarten, bis man wirklich bereit ist, einen Schritt zu tun. Dann geschieht er fast unmerklich, da er unvermeidbar geworden ist.«

I: »Auf diese Weise kann der Lernprozess sehr langwierig werden …«

L: »Ja, das ist wahr. In einem gewissem Sinne ist das der Schwachpunkt der *Sumarah*-Praxis, aber wie mein Lehrer immer sagt, können uns zehn Jahre lang erscheinen, aber im Vergleich zum gesamten Prozess sind sie fast gar nichts. Schließlich sind wir auf der Suche nach der Wahrheit, nicht wahr?«

I: »Wenn ich dich jetzt richtig verstanden habe, ist das erste, was es zu lernen gilt, sich hinsichtlich seiner eigenen Wünsche zu entspannen, also auch hinsichtlich des Wunsches zu lernen, und dass man verlernen muss, bevor man lernt. Aber was muss man denn verlernen?«

L: »Wir bemühen uns darum, von Neuem zu beginnen. *Tabula rasa* zu machen. Vergessen, verzeihen. Es nur zu sagen, gilt nicht. Man fängt von null an, so wie Kinder es tun, wenn ihnen beim Spielen etwas missglückt ist. So ist es, wir müssen in gewissem Sinne wieder Kinder werden. Es ist sicherlich nicht leicht, die ursprüngliche Reinheit wiederzuerlangen, aber ohne die getönten Brillen abzusetzen, die wir seit Jahren tragen – meist sogar ohne es zu merken –, besteht wenig Hoffnung, die Farben so zu sehen, wie sie wirklich sind.«

I: »Wenn Verlernen das erste ist, was wir lernen müssen, was ist dann das zweite?«

L: »Wenn ich mich genau an die *Sumarah*-Sichtweise und -Praxis halten will, dann darf ich streng genommen auf diese Frage gar nicht antworten. Wenn die einzig gültige Theorie die des ›Hier-und-Jetzt‹ ist, dann ist es völlig nutzlos, von der

Zukunft zu sprechen. Da du ein Anfänger bist, sollten wir auch nur vom Anfang sprechen und uns nicht in Zukunftsträumen verlieren, die irreführen könnten.«

I: »Wenn ich die Verantwortung auf mich nehme, könnten wir dann eine Ausnahme machen? Denn leider bleiben wir nur zwei Tage in Solo.«

L: »Nun, weißt du, vor siebzehn Jahren, als ich das erste Mal nach Solo kam, hatte ich nur einen Tag und eine Nacht ... Wie auch immer, also machen wir eben eine Ausnahme. Ich persönlich habe eine Schwäche für Ausnahmen!

Wenn du dich erst einmal auf diese neue innere Haltung und auf die Absicht, von vorn beginnen zu wollen, ausgerichtet hast, beginnt die Praxis der tiefen Entspannung – zunächst auf physischer, dann auf emotionaler und später auf mentaler Ebene. Der zweite Schritt, aber das sind eben auch nur Worte, wäre dann zu lernen, den Grad der Entspannung, den man in den Meditationssitzungen erlangt hat – in gewissem Sinne unter idealen Bedingungen –, auch während unserer alltäglichen Aktivitäten aufrechtzuerhalten. Das ist es, was in *Sumarah* mit *sujud harian* (›alltägliche‹ Meditation) bezeichnet wird – im Unterschied zu *sujud khusus* (›spezielle‹ Meditation), jenem Moment, in dem man sich zum Meditieren hinsetzt. Idealerweise sollte zwischen diesen beiden Momenten der Meditation ein Kontinuum sein. Jedoch ist das Gefälle normalerweise ziemlich groß und zwischen ihnen existiert geradezu eine wahre Kluft. Diesen Abstand zu verringern, darin üben wir uns.«

I: »Mir scheint, dass das, was du sagst, eine kontinuierliche Wachsamkeit, eine stete Überprüfung der eigenen Verfassung und somit in gewissem Sinne auch eine ständige Anspannung mit sich bringt. Steht das nicht im Widerspruch zur Praxis des völligen Loslassens, von der du vorher gesprochen hast?«

L: »Die Javaner sagen: ›*ngono, ning aja ngono*‹, was so viel heißt wie: ›Es ist so, mach es aber nicht so‹. Die Trennlinie zwischen positiv und negativ, zwischen dem Guten und dem Schlechten ist nicht nur sehr, sehr dünn, sondern das eine enthält das andere bereits in sich, genau wie in dem taoistischen Symbol von Yin und Yang. Ein Gefühl zu definieren, einen Zustand zu beschreiben, ohne ihn jemals auch nur ein einziges Mal erfahren zu haben, ist sehr schwer. Es besteht ein großer Unterschied zwischen einem Zustand angespannter Kontrolle in Alarmbereitschaft und einem Zustand entspannter und aufmerksamer Wahrnehmung. In der alltäglichen Meditation üben wir, zu einem Zustand der Gegenwärtigkeit und des Gewahrseins zu gelangen, der mit einer umfassenden Akzeptanz unserer Verfassung verbunden ist und der es uns ermöglicht, auch die Anspannung zu überwinden, die durch das Streben nach Veränderung verursacht wird. Aber es ist eben schwierig, von einem Daseinszustand zu sprechen. Stell dir zum Beispiel jemanden vor, der den Geschmack von Salz nicht kennt und der dich bittet, ihn zu erklären. Du könntest ihm wahrscheinlich sagen, wie Salz nicht schmeckt. Salzig ist nicht süß, nicht bitter, auch nicht sauer ... und dennoch kann sich der andere immer noch kein Bild davon machen. Die einzige Lösung besteht darin, ihn ein wenig Salz kosten zu lassen. Erst dann wirst du das Licht des Verstehens in seinen Augen aufleuchten sehen. Nun gibt es keinen Zweifel mehr, denn er weiß ein für allemal, was salzig ist. Ein einziges Mal genügt. Hier handelt es sich nur um ein kleines und einfaches Beispiel in Bezug auf eine physische Empfindung, aber dasselbe gilt für die ganze Welt des Fühlens, nicht nur für die physische.

Die mystischen Erfahrungen sind ein wenig vergleichbar mit der Erfahrung des Salzes: Ohne die unmittelbare Erfahrung bleiben sie unverständlich.«

I: »Du willst also sagen, dass du mir diesen Punkt, der mir widersprüchlich erscheint, nicht erklären kannst, solange ich nicht selbst die direkte Erfahrung gemacht habe.«

L: »Nun ja, sagen wir, dass es bis dahin jedenfalls keine zufrieden stellende Antwort geben wird. Als ich davon sprach, den Abstand zwischen der ›speziellen‹ und der ›alltäglichen‹ Meditation zu verringern, spielte ich auf einen Bewusstseinszustand an, der sich nicht im Kopf abspielt, sondern eher im Universum des Fühlens, das die Javaner mit *rasa* bezeichnen – ein Wort, das du in dieser Gegend hier oft hören wirst.

Dabei handelt sich um einen Zustand entspannten Gewahrseins, in dem schließlich der, der betrachtet, und das, was betrachtet wird, nicht mehr voneinander getrennt sind. Sich beständig darin zu üben, geistig und emotional zu entspannen, gewöhnt uns allmählich an eine neue Art zu sein. Daraus geht Veränderung hervor. Aber, wie schon gesagt, sind das alles nur Worte.

Pak Wondo bezeichnet *Sumarah* oft mit *ilmu kira-kira* oder auch als die ›Wissenschaft des So-Ungefähr‹. ›Wissenschaft‹ deshalb, weil derjenige, der eine direkte Erfahrung macht, die Erkenntnis, die daraus hervorgeht, als unwiderlegbar empfindet und doch nur ›so ungefähr‹, weil in *Sumarah* immer dem Zweifel Raum gegeben wird. Darin steckt die Weisheit des *mungkin* (vielleicht), und Pak Wondo spricht oft davon, wie wichtig es ist, immer ›im *mungkin* sitzend zu verbleiben‹.

I: »Bis jetzt hast du noch nicht von Erleuchtung gesprochen. Ist das nicht das letztendliche Ziel von Meditation?«

L: »Erleuchtung kann niemals der Zweck eines Lebens oder mehrerer Leben sein. Ob wir in diesem Leben Erleuchtung erlangen oder nicht, hängt *Sumarah* zufolge eher davon ab, an welcher Stelle wir auf unserem Weg angekommen sind als von der Intensität unseres Praktizierens – oder besser gesagt, beide Aspekte sind gleich wichtig.

In *Sumarah* spricht man jedoch nicht sehr oft von Erleuchtung und besonders mein Lehrer Pak Wondo spricht so gut wie nie davon. Wenn überhaupt, dann spricht man eher von Momenten des Lichts *(Pepadangan)*, die als göttliche Gaben, als Gnade, angesehen werden.

Außerdem versteht man in *Sumarah* unter Erleuchtung nicht diesen Bewusstseinssprung, von dem andere Traditionen sprechen, diesen Zustand, den man nicht mehr verliert, wenn er einmal erreicht ist. Erleuchtung wird vielmehr als ein Prozess gesehen, der aus kleinen Augenblicken besteht, die sich stufenweise vollziehen und in denen sich der Horizont öffnet. Ich denke, von Ausdehnung des Bewusstseins zu sprechen, ist, so gesehen, geeigneter.

Was die Probleme und Knoten betrifft, auf die wir während unserer Entwicklung stoßen, gibt es unendlich viele Erfahrungsebenen und Stufen des Verstehens. Auf den einzelnen Stufen kann die Tiefe der Erfahrung und des Verstehens sowie die Vollständigkeit des Erlebten unterschiedlich sein, je nachdem, ob sämtliche Teile unseres Wesens oder nur einige davon betroffen sind. Wir sind zum intellektuellen und rationalen Verstehen erzogen worden und daran gewöhnt. Mag es noch so tiefgründig sein, es hat doch überhaupt nichts mit Erleuchtung zu tun und genauso wenig hat es die Macht, uns zu transformieren. Da es ein lediglich partielles Verständnis ist, kann es die Ganzheit unseres Seins nicht beeinflussen. Ein umfassendes Verstehen schließt zum Beispiel den Körper mit ein und die gefühlsmäßig-empfindungsfähige Dimension des *rasa*. Wenn dieses Verstehen vollständig und unmittelbar ist, hat es eine unglaubliche Macht, die den Körper zum Zittern und das Herz zum Weinen bringt und alles auf den Kopf stellt. Das verändert uns, denn es führt uns zu einer Bewusstseinsebene, die jenseits des Verstandes liegt. Ein Teil von uns wird erhellt. Erleuchtung bedeutet wortwörtlich genommen ›Licht auf etwas werfen‹, etwas sichtbar machen also, ans Licht bringen, erkennbar machen. Wenn der Weg erhellt ist, wird er auch leichter. Vielleicht können wir dann, wenn wir auf unser ganzes Sein Licht geworfen haben, sagen, dass es erleuchtet ist. Ich persönlich denke, noch sehr weit von dieser Stelle entfernt zu sein, deshalb kann ich dir auch nichts darüber berichten … und vielleicht wird es auch nicht für jeden gleich sein.«

I: »Jede Antwort, die du mir gibst, lässt meine Vorstellungen von Meditation mehr und mehr zusammenbrechen und auch das, was ich glaubte, durch sie erreichen zu können. Ich dachte, ich könnte einfach für vierzehn Tage wiederkommen, um *Sumarah* zu erlernen. Schon das erschien mir viel. Im Westen hält man ein Seminar, das vierzehn Tage dauert, bereits für sehr intensiv … Langsam wird mir klar, dass hier ein ganz anderes Tempo herrscht und auch eine ganz andere Art vorzugehen. Gibt es denn gar keine Hoffnung, irgendetwas kurzfristig zu lernen?«

L: »Aber sicher! Alles ist möglich und nichts ist gewiss. Die Zeitabläufe in der spirituellen Praxis sind nicht wie menschliche Gesetze festgelegt. Die Suche nach Wahrheit hat einen völlig anderen Kalender. Weißt du, das ist wie in der Geschichte, in der Jesus schon seit Tagen von hunderten von Menschen erwartet wurde, die ein Wunder erleben wollten, und Jesus kam und rief den, der als Letzter gekommen war, und an ihm vollbrachte er das Wunder. Was antwortete er auf den Protest aus der Menge? Dass derjenige bereit war … dass sein Glaube reif war. Seine Zeit war gekommen. Dasselbe gilt für die Praxis der Meditation. Wenn du am Flussufer angekommen bist, kann die Meditation dir helfen, den Fluss mit nur einem Sprung zu überqueren. Bist du aber noch hundert Meter vom Fluss entfernt, kann sie dir helfen, ans Ufer zu gelangen, und verhindern, dass du nicht im letzten Moment an der falschen Seite abbiegst. Bist du jedoch tausend Meilen vom Fluss entfernt und hast dich in einem Wald verirrt, dann kann dir die Meditation wiederum Trost und Zuversicht geben, einem alten indianischen Lied gemäß: ›Hast du dich im Wald verirrt, dann hab keine Angst, der Wald weiß, wo du bist.‹ Die Stelle, an der du dich gerade befindet, kannst du also durch Praktizieren der Meditation schätzen lernen und vielleicht hilft es dir dabei, das Rauschen des Flusses in der Ferne zu hören. Das ist der Grund, warum dieselbe Straße so kurz und so lang erscheinen kann …

Schließlich sollte man noch in Betracht ziehen, dass der Weg hin zu Bewusstwerdung und spiritueller Reife nicht notwendigerweise einer stetig ansteigenden Linie gleicht. Er verhält sich ganz im Gegenteil wie eine wellenförmige Linie, ist mal breiter und mal schmaler, hat kleine und kurze Wellen, aber manchmal auch solche wie bei einem Seebeben. Der Prozess ist weder vorhersehbar noch umkehrbar und auch nicht aufzuhalten.

Pak Wondo bringt das Beispiel mit dem Alphabet und sagt, das spirituelle Alphabet gehe nicht von A nach B und dann von B nach C und von C nach D und so weiter, sondern von A nach B, dann von A nach B und nach C und dann von A nach B, nach C und nach D usw., das heißt also, man geht immer wieder vom Anfang aus. Manchmal, nach vielen Jahren der Praxis, kann man das vergessen und genau dann läuft man Gefahr auszurutschen und mit aller Macht nach A zurückgebracht zu werden, mit all den blauen Flecken, die zu diesem Fall dazugehören. Je höher man steigt, umso tiefer fällt man, sagt Pak Wondo oft. Man muss sehr Acht geben, wenn man sich in der Nähe des Gipfels wähnt. Nichts ist gefährlicher, als zu meinen, angekommen zu sein. Es ist wichtig, sich immer wieder an das Grundsätzliche zu erinnern: Es gibt immer wieder einen Anfang, und zwar deshalb, weil es immer wieder eine Gegenwart gibt. Jeder Anfang hat wahrscheinlich einen anderen Inhalt, aber der Charakter des Beginnens ist der gleiche. Ein wenig wie in der Schule: Ist der eher ein Anfänger, der in die erste Grundschulklasse geht, oder der, der die erste Realschulklasse besucht? Es gibt keinen Unterschied, beide haben ihren Anfang und die Schwierigkeiten des Grundschülers sind nicht geringer als die des Realschülers. Sie sind lediglich proportional zum Alter.

Ich spreche gern mit Menschen über *Sumarah*, die wie ihr nichts darüber wissen. Das bringt mich wieder zum Anfang zurück, zum Grundsätzlichen und zwingt mich, nichts für selbstverständlich zu halten – weder bei euch noch bei mir selbst. Und was heißt es überhaupt, Anfänger zu sein? Wo überhaupt soll der Anfang sein? In Wirklichkeit gibt es keinen Ausgangspunkt oder, besser gesagt, keinen Fixpunkt, seine Position auf dem Kreis wechselt ständig. Vielleicht gibt es sogar viele Ausgangspunkte und wahrscheinlich existiert auch kein Endpunkt, kein Ziel …

Das sind Dinge, über die man besser nicht allzu viel spricht. Wenn man ihr zu lange ins Gesicht schaut, verblasst die Wahrheit.«

I: »In fast allen Religionen oder mystischen Strömungen lehrt man, Gutes zu tun, anderen gegenüber immer großzügig zu sein, man predigt Verzeihen und Wohlwollen, Altruismus und Opferbereitschaft. Gibt es diese Lehren auch in der *Sumarah*-Praxis?«

L: »Ich höre ein klein wenig Ironie im Tonfall deiner Frage und vermutlich weiß ich, was dahinter steckt: eine Reihe von Enttäuschungen, vielleicht aufgrund von Idealismus (oder Heuchelei), den (oder die) du in der so genannten spirituellen Welt angetroffen hast. In *Sumarah* ist der hauptsächliche Übungs- und Lernstoff die Wirklichkeit in all ihren Aspekten, von den gewöhnlichsten bis zu den außergewöhnlichsten, und die dabei notwendigen Arbeitswerkzeuge sind Ehrlichkeit und Akzeptanz. Das meint, sich selbst gegenüber ehrlich zu sein und zu akzeptieren, dass es Positives und Negatives gibt, sowohl auf mikrokosmischer wie auch auf makrokosmischer Ebene. Positiv und negativ sind überall und immer miteinander verbunden. Wahre Gerechtigkeit entsteht, wenn man die Neutralität erworben hat, in beidem zu ›sein‹. In gewissem Sinne gibt es keine Wahl. Im Guten zu sein ist gut, sich zu verbessern ist gute Arbeit, aber das ist eher ein Prinzip als eine Lehre und als solches bleibt es lediglich ein Bezugspunkt. Der Lernprozess hingegen und in der Folge die Praxis bestehen vielmehr darin, das Gute und das Schlechte, das sich oft tarnt, zu erkennen und es von seinen vorübergehenden Erscheinungsformen zu trennen. Positiv und negativ verstecken sich, verführen und betrügen, aber unser ›kleines Herz‹ *(hati kecil)*, wie es die Javaner nennen, könnte uns immer genau sagen, worum es sich gerade handelt, wenn wir es nur sprechen ließen und ihm Gehör verschafften ...

Im Üben tiefer Entspannung wächst die Stille, die notwendig ist, um die Stimme unseres inneren Führers zu hören, der im ›kleinen Herzen‹ wohnt und immer die Wahrheit weiß. Mutige Erkunder von Herz und Geist zu werden: Das scheint mir nicht nur eine lobenswerte Übung zu sein, die voller Lehren ist, sondern auch eins der faszinierendsten Abenteuer.«

I: »Ich weiß, das ist eine dumme Frage, aber wie lange muss man ungefähr praktizieren, um mit seinem inneren Lehrer in Kontakt zu kommen?«

L: »Eine dumme Frage, wie du selbst gesagt hast. Warum hast du sie denn gestellt?«

I: »Ich weiß nicht genau. Ich denke mal, einfach so, um ... Man kann ja nie wissen.«

L: »Vielleicht bist du ein wenig müde geworden und weißt nicht mehr, was du fragen sollst oder hast einfach nichts mehr zu fragen. Diese Frage kam aus Trägheit, mit ihr hast du gegen deinen inneren Lehrer gehandelt, der die Antwort in Wirklichkeit schon genau wusste und sie dir ja auch bereits mitgeteilt hat. So gesehen hast du ihn, um es einmal so auszudrücken, etwas beleidigt und ganz klar übergangen. Unwissend zu sein, ist keine Schuld, aber so zu tun, als ob man unwissend sei, ist etwas anderes. Das ist natürlich nur ein kleines Beispiel, nichts von Bedeutung vielleicht, aber doch wichtig und kommt wie gerufen. In der *Sumarah*-Praxis lernt man, den großen wie den kleinen Begebenheiten, den positiven wie den negativen gleich viel Gewicht zu geben. Wir sind voller Gewohnheiten, die uns gefangen halten und belasten. So zu tun, als ob man etwas nicht versteht oder als ob man etwas nicht weiß, ist eine davon, die auf Dauer, wenn man nicht Acht gibt, damit endet, dass man tatsächlich ein bisschen stumpfsinnig wird. Oft merken wir es nicht, wenn uns gewisse lieb gewonnene Einstellungen im Griff haben und unsere Befreiung behindern. Dessen gewahr zu werden, darin liegt Bewusstwerdung.

Die Wirklichkeit ist stets im Wandel. Es gibt Zeiten zum Bleiben und Zeiten zum Gehen; es gibt einen Zeitpunkt, um zu sprechen, und einen, um zu schweigen.«

I: »Ich habe den Eindruck, dass wir uns ein wenig zu weit entfernen. Ich kann dir nicht mehr folgen.«

L: »Du hast Recht. Diesmal war dein innerer Lehrer aufmerksamer als meiner.«

I: »Eine letzte Frage. Was für eine Rolle spielt der *guru* in der *Sumarah*-Lehre?«.

L: »In *Sumarah* spricht man nie von einem *guru* (Lehrer), sondern vielmehr von einem *pamong*, was Führer meint. Dieser Begriff wurde gewählt, weil es nicht die Aufgabe des so genannten Lehrers ist, dich das, was er dir an Wissen voraus hat, zu lehren, sondern vielmehr die, dich auf deinem dir eigenen Weg zu leiten, der noch ein wenig im Dunklen liegt. Der *pamong* begleitet dich, macht dir Licht, nimmt dich manchmal bei der Hand und ein anderes Mal versetzt er dir einen Schubs.«

I: »Das gilt für den ›äußeren‹ Lehrer. Und was den inneren Lehrer angeht, was ist seine Aufgabe?«

L: »Auf deine Fragen zu antworten, ist im Grunde wirklich eine Frage von Stille. Je mehr wir dazu in der Lage wären, in uns Stille zu erzeugen, desto öfter würden wir die Stimme des *guru sejati* (des reinen Lehrers) hören. Je öfter wir auf ihn hören würden, desto öfter spräche er zu uns. Die endgültige Überprüfung wird schließlich immer in der Wirklichkeit zu finden sein, die unser Kampfplatz ist, aber auch unser Labor.«

I: »Wenn du mit zwei Worten die Praxis und Lehre von *Sumarah* definieren müsstest, wie würdest du sie dann definieren?«

L: »*Seni hidup,* die Kunst zu leben.«

I: »Das gefällt mir. Danke. Dieser Nachmittag ist für mich sehr wichtig gewesen. Und auch sehr angenehm.«

L: »Für mich auch. Ich danke euch.«

2

Sich zum Meditieren setzen
sujud khusus

Guru und *pamong* – Lehrer oder Führer?

> *Ein Philosoph sprach über das Himmelreich.*
> *Diogenes fragte: »Wann bist du vom Himmel zurückgekehrt?«*
>
> Diogenes von Sinope

Mit dem Begriff ›Lernen‹ taucht assoziativ sogleich ein weiterer Begriff auf: der des Lehrers *(guru* im Indonesischen und im Sanskrit).

In *Sumarah* gibt es keine Lehrer. In der spirituellen Praxis bedeutet Unwissenheit nämlich nicht, etwas nicht zu wissen, was ein anderer uns lehren könnte. Nicht zu wissen ist unwissend sein (ital. ignorare), ›ignorare‹ bedeutet etymologisch betrachtet, etwas nicht wahrzunehmen. Mit anderen Worten, das Wissen ist schon da, wir haben es nur noch nicht bemerkt. Wer sich auf die eine oder andere Weise auf dem Weg der Bewusstwerdung befindet, der weiß, dass Lernen und Wissen gleichbedeutend ist mit Entdecken bzw. den Schleier von dem zu entfernen, was schon immer da war. Niemand kann für uns den Schleier wegziehen und niemand kann uns sagen, was in uns verborgen ist.

So wie in der indischen Erzählung, in der sich die Götter am letzten Tag der Schöpfung trafen, um zu entscheiden, wo sie das Geheimnis des Universums verstecken sollten.

Der erste empfiehlt die Gipfel des Himalajas, den Ort, an dem kein Mensch lebt, dort, wo ewiger Schnee liegt und wohin kein Pfad mehr führt. »Nein«, antworten die anderen im Chor, »der Mensch ist so stark und so erfinderisch, früher oder später wird er einen Weg finden, um die höchsten Gipfel der Welt zu erklimmen.« Nach einer Weile hat ein anderer die Idee, das Geheimnis des Lebens auf dem Grund des Ozeans, in der geheimnisvollen Stille der tiefsten Gewässer zu verbergen. »Nein, nein«, entgegnen die anderen Götter, »wir haben einen mutigen und verwegenen Menschen geschaffen. Es wird der Tag kommen, an dem er einen Weg ersinnt, um den Grund aller Ozeane der Welt zu erforschen.« Nach langem Schweigen ruft einer der Götter, der bis zu diesem Zeitpunkt still und zurückhaltend gewesen war: »Ich weiß, wo das sicherste Versteck ist. Verstecken wir das Geheimnis des Universums tief im Herzen des Menschen. Dort wird er niemals nachschauen!« Welch bittere Wahrheit.

Lernen und Wissen geschehen in der spirituellen Suche hauptsächlich durch die Praxis, die immer eine grundsätzlich individuelle Erfahrung ist. Und tatsächlich besteht wirkliches Wissen darin, sich selbst zu erfahren: Deshalb ist der spirituelle Weg am Ende immer einsam. Gleichzeitig ist es jedoch auch wahr, dass wir nie allein sind: Wir stoßen auf unserem Weg immer wieder auf Freunde und Feinde, Götter und Teufel, Heilige und Verbrecher, Hilfen und Hindernisse …

In der *Sumarah*-Praxis erfolgt die Unterweisung hauptsächlich während der Meditationssitzungen, die immer von einem *pamong* (Führer) geleitet werden. Der Begriff *pamong* stammt vom Verb *momong*[1], was im Javanischen so viel wie ›pflegen, versorgen‹ meint, und dieser Begriff wurde gewählt, um das Merkmal der Fürsorge und Führung hervorzuheben und nicht das des Unterrichtens. Pak Wondo wird nie müde zu wiederholen: »Hier gibt es weder Lehrer noch Schüler; hier gibt es nur die Übung und die Arbeit an unserem Charakter.« Pak Wondo weiß um die Gefahr, als *guru* angesehen zu werden, und nimmt beträchtliche Mühen auf sich, diese abzuwehren. Er spricht über seine Fehler, seine Schwächen, er erzählt uns von den Streitigkeiten mit seiner Frau, be-

---

1| Der Begriff *momong* ist in der javanischen Umgangssprache sehr geläufig. Er beschreibt im engeren Sinne die Beziehung zwischen Mutter und Kind und im weiteren Sinne die zwischen dem reifen, aber nicht notwendigerweise älteren Menschen und demjenigen, der unerfahrener und jünger ist. *Momong* umfasst ein weites Spektrum an Bedeutungen – vom einfachen physischen Akt, ein Neugeborenes zu wiegen, bis hin zu den feineren Anlagen der Geduld und Toleranz jemand anderem gegenüber.

richtet von seinen Ängsten und seinen Krankheiten. All das, um uns dabei zu helfen, ihn wirklich als normalen Menschen zu sehen.

Einmal sagte ich ihm, mir scheine, er übertreibe ein wenig damit, sich selber schlecht zu machen und seine Fähigkeiten und sein spirituelles Niveau herunterzuspielen. Er antwortete mir: »Es ist besser so. Mir liegt nicht nur eure spirituelle Unabhängigkeit am Herzen, sondern ich schütze auch mein Ich. Dem Ich reicht ein Minimum an Zuwendung, um sich aufzublähen wie ein Ballon. Es ist gut zu üben, dem Ego die Aufmerksamkeit zu entziehen, damit es sich wieder auf das rechte Maß einstellt.«

Der *pamong* leitet die Meditationssitzungen mit allgemeinen Anweisungen, individuellen Hinweisen und indem er Laute oder mantraartige Wörter singt, und manchmal auch schweigend. Jeder *pamong* hat seinen eigenen Stil und seine eigene Art. Manche sind intellektueller als andere; einige sprechen viel während der Anleitung, andere wenig; einige neigen mehr dazu, Hinweise für die ›alltägliche‹ Meditation zu geben, andere für die ›spezielle‹. Selbstverständlich befinden sich auch die *pamong* in ihrer spirituellen Entwicklung an unterschiedlichen Stellen. Es sind Männer und Frauen, die ein ganz normales Leben führen, sie sind in die Gesellschaft integriert und respektieren voll und ganz deren Regeln und Gesetze. Der *pamong* verdient seinen Lebensunterhalt mit Arbeiten, die nichts mit dem Anleiten von Meditation zu tun haben, denn in *Sumarah* ist man davon überzeugt, dass die spirituelle Praxis sich in keinem Fall mit Geld vermischen darf.[2] Pak Wondo zum Beispiel arbeitet als Direktor einer kleinen Bank in Solo.

Einmal fragte ihn jemand, warum er seine Arbeit nicht aufgebe und sich stattdessen für die Meditationssitzungen bezahlen lasse, sodass er mehr Zeit habe, um sich anderen unterstützend auf ihrem spirituellen Weg zu widmen. Die Antwort Pak Wondos war kurz und einfach: »Wenn ich das tue, ist es sehr schwierig, rein zu bleiben. Wir sind alle nur Menschen. Wenn du mich bezahlst, dann hast du mir gegenüber Erwartungen und ich habe Angst oder zumindest den Wunsch, sie zu erfüllen.«

2| In *Sumarah* wird für die Meditationssitzungen kein Geld genommen. Gerade weil sich der *pamong* nicht als Lehrer versteht, wäre es nicht richtig, dafür bezahlt zu werden. Neben dem Verlangen nach Macht und den sexuellen Begierden wird Geld als eines der drei Haupthindernisse angesehen, die der für das Empfangen der Leit-Energie erforderlichen Neutralität im Wege stehen.

All das erzeugt Spannungen. Die Praxis der Meditation erfordert eine tiefe Entspannung und ein Sein, das so leicht wie möglich ist. Vor allem, wenn man die Aufgabe hat, andere zu ›führen‹. Der Weg ist schon mühevoll genug, und wir können es uns nicht erlauben, uns unnötig zu belasten. Es ist besser zu lernen, mit leeren Taschen umherzugehen.

Das mystische Wissen kann auch deshalb nicht gelehrt werden, weil wir uns *Sumarah* zufolge nicht selbst reinigen, nicht selbst klären können. Klärung geschieht, wenn wir uns den Gesetzmäßigkeiten der Leit-Energie öffnen.

Wie sieht also in diesem Kontext die Aufgabe eines *pamong* aus?

Pak Arymurthy antwortete mir einmal folgendermaßen: »Die Funktion des *pamong* ist im Wesentlichen, Raum und Stille zu schaffen, sowohl innen als auch außen. Zuallererst bereitet er ein Umfeld vor, das für die Meditation förderlich ist: einen Ort, einen Tag, einen offenen Raum, eine Atmosphäre, in der aufrichtige Suche möglich ist. Er öffnet sein Haus und reicht Tee. Dann, aus der Tiefe seines reinen Herzens *(sanubari)*, bietet er den Spiegel an, in dem er sich selbst zuvor klar gesehen haben muss. Denn nur wenn der innere Spiegel klar genug ist, kann er zu den anderen hingewendet werden, damit diese sich selbst sehen können. Zuerst muss ein gewisses Maß an Frieden da sein und dann kann man in diesem Frieden die höchste Führung empfangen. Nun haben die Menschen die Möglichkeit, mit den ›Attributen‹ ihres eigenen Seins in Kontakt zu kommen und können damit beginnen, sich selbst kennen zu lernen.«

In *Sumarah* wird die Funktion des *pamong* als Auftrag *(tugas)* und Lebensaufgabe gesehen. Sie kann weder gefordert noch zurückgewiesen werden. Wird sie angeboten, wird sie auch angenommen. Dabei gilt es jedoch zu beachten, dass der *pamong* nur *pamong* ist, solange er seine Aufgabe erfüllt. Diese besteht im Wesentlichen darin, sich verfügbar zu halten, um die Offenbarung der ›höchsten Führung‹ zu empfangen und mitzuteilen. Die Leit-Energie, die höchste Führung, die der *pamong* empfängt, wird *Tuntunan*[3] genannt.

Der *pamong* kann eine Meditation nur dann führen, wenn er in Kontakt mit der *Tuntunan* ist. Erst dann nämlich wird es ihm möglich sein, sie den Praktizierenden zu offenbaren und mitzuteilen, sodass jeder die Unterweisung erhalten kann, die er braucht.

Pak Wondo sagt oft, dass die *Tuntunan* nur eine einzige Energie ist, die aber von jedem – je nach Entwicklungsstufe und Bedürfnissen – unterschiedlich erfahren wird. Das wiederum bestätigt die Vorstellung, dass der spirituelle Weg eine individuelle Angelegenheit ist, in die niemand eingreifen kann (nicht einmal wir selbst). Sicher, die Begegnung mit einem Lehrer oder einem Führer kann entscheidend sein, aber viel hängt davon ab, in welchem Maße man bereit ist zu empfangen und bereit ist zu lernen sowie davon, Lehrer und Lehrerinnen erkennen zu können, wenn wir ihnen begegnen.

Einer Freundin, die darüber klagte, dass es ihr noch nicht gelungen sei, sich zu ›verändern‹, antwortete Pak Wondo: »Ich kann dich nicht ›können lassen‹, und ich kann auch nichts tun, damit du es kannst … und nicht einmal dein Ich kann das.« Paradoxerweise, so verdeutlichte Pak Wondo anschließend, war es gerade dieses übermäßig starke Verlangen nach Veränderung, das sie behinderte. Der Wille, durch die Frustration verstärkt, nicht das zu bekommen, was er wollte, hatte in ihr eine Art Panzer geschaffen, der verhinderte, dass sie flexibel war und wirklich die Hilfe erhielt, die sie benötigte. Denn je mehr wir davon überzeugt sind, es allein zu schaffen, desto weniger Hilfe erhalten wir. In der spirituellen Praxis stellt sich diese Stärke leicht als verdeckte Schwäche heraus. Verbergen wir hingegen unsere Lücken nicht, so öffnen wir uns der Möglichkeit, dass diese in irgendeiner Weise gefüllt werden. Hier zeigt sich die Bedeutung von Pak Wondos Satz, der so viele Meditierende aus dem Westen irritiert: »Wir lernen hier, dass wir letztendlich nichts vermögen.«

Demut wird zu wahrer Kraft, denn sie versetzt uns in die Lage, sowohl menschliche als auch göttliche Hilfe zu erhalten.

Die Tatsache, dass wir ›nichts vermögen‹, bedeutet nicht, dass wir nichts machen können. Im Gegenteil, unsere physischen, emotionalen und mentalen Fähigkeiten voll auszunutzen ist Teil der Arbeit hin zur Ganzheit. Das logische und analytische Denken wird in der *Sumarah-*

3| Innerhalb von *Sumarah* ist der Begriff *Tuntunan* zur Zeit stärker verbreitet als der Begriff *Khakiki,* das ursprünglich arabische Wort, das für letztendliche Wahrheit steht und das besonders von Pak Hardo und Pak Kino (zwei der drei Begründer von *Sumarah)* verwendet wurde. Im Allgemeinen werden die beiden Begriffe aber doch weitgehend ohne Unterschied angewandt, um die ›Stimme‹ der ›höchsten Führung‹ zu beschreiben.

Praxis nicht abgelehnt. Der Unterschied besteht lediglich darin, welcher Platz ihm zugewiesen wird: Damit sich der Verstand nicht vom Ganzen abspaltet, sondern auf das spirituelle Erwachen ausrichtet, wird er der *Tuntunan* untergeordnet.

Es wurde bereits erwähnt, dass der *pamong* nur *pamong* ist, während er seine Funktion als derjenige, der die Meditation führt, ausübt. In *Sumarah* geschieht dies hauptsächlich in den Gruppen oder bei gelegentlich stattfindenden Einzelsitzungen. Der *pamong* hält keine Vorträge, läuft nicht umher, um Ratschläge zu erteilen oder Heil zu verkünden, und antwortet im Prinzip nur dann, wenn er gefragt wird. Er führt ein normales Leben mit Freud und Leid, nimmt aktiv am sozialen Leben teil und arbeitet daran, seine Integrität in der Praxis zu vertiefen und die ›spezielle‹ und ›alltägliche‹ Meditation mehr und mehr in Gleichklang zu bringen.

In *Sumarah* spricht man von einer *pamong*-Person und von einer *pamong*-Energie, ein weiterer entscheidender Punkt, um den Unterschied zwischen *pamong* und *guru* genauer zu beleuchten. Es geschieht nämlich recht häufig, dass der *pamong* während einer Meditationssitzung fühlt, dass es diesmal nicht seine Aufgabe ist, diese zu leiten. Dieses Veto kann sich auf unterschiedliche Weise ausdrücken: über ein klares Nein, über die Mitteilung des Namens der Person, die an dem Abend dann die Meditation leiten soll, oder über das Gefühl, dass ihn etwas abhält, jedesmal, wenn er beginnen will. Es ist wichtig, auf diese Zeichen zu achten und sie lesen zu können. Pak Wondo beteuert, dass das den Unterschied zwischen der *pamong*-Person und der *pamong*-Energie ausmacht: Die Person kann ersetzt werden, die Leit-Energie hingegen gibt es nur einmal und sie wählt ihren Kanal.

Wenn der *pamong* eine Meditation führt, stimmt er sich sowohl auf die Leit-Energie als auch auf diejenigen ein, die an der Sitzung teilnehmen. Pak Wondo vergleicht das oft mit einem Radio, eine Meditation zu leiten sei genauso eine Frage der Wellenlänge. Dennoch wird bei diesem Vorgang des In-Einklang-Bringens deutlich, dass es wenig oder gar nichts ist, was der *pamong* tatsächlich macht. Die Dinge werden gewissermaßen für ihn getan. »Wenn ich leite«, sagt Pak Wondo, »ist mein einziges stilles Mantra: ›Dein Wille geschehe‹.«

Ich erinnere einen Moment, in dem Pak Wondo sich unvermittelt von seinem Stuhl auf den Boden gleiten ließ und, in Tränen, sagte: »Ihr glaubt mir nicht, aber ich bin hier unten. Ich stelle mich unter euch und euch diene ich. Ich bin ein Diener Gottes und Ihm diene ich durch euch. Dafür bin ich euch dankbar. Wenn Gott mich gebrauchen will, ist das einzige, was ich mache, mich Ihm zu überlassen, mich Ihm zur Verfügung zu stellen, und wenn dies meine Aufgabe ist, bitte ich darum, dass Er mich befähigt, sie zu erfüllen.«

Die *Tuntunan* kann sich auf unterschiedliche Art und Weise manifestieren, was einerseits von der Persönlichkeit und dem ›Stil‹ des *pamong* abhängt, andererseits von der Verfassung der Teilnehmer. Selbst unter der Führung desselben *pamong* kann sich die Energie nämlich erheblich verändern, je nach Situation und Bedürfnissen der anwesenden Personen. In welchem Ausmaß das geschieht, ist Teil des Mysteriums.

Es vergingen einige Jahre, bis ich die Auffassung, dass der *pamong* nicht ›weiß‹, von Grund auf verstand und bis ich akzeptierte, dass er oft das, von dem er Kenntnis erhält, nach kurzer Zeit wieder vergisst.

Pak Wondo beendet jede Meditation mit dem für ihn typischen Satz: »Gibt es noch Fragen? Wenn ich eine Antwort erhalte, antworte ich, sonst nicht.« Pak Wondo beharrt oft darauf, nichts zu wissen und in Wirklichkeit große Schwierigkeiten zu haben, die Dinge in Worte zu fassen. Er sagt: »Ich beschränke mich darauf zu ›fragen‹ und, falls die Person bereit ist, teile ich ihr die Antwort so mit, wie ich sie erhalte. Das ist alles, was ich mache, wenn ihr mir Fragen stellt. Aber nicht immer sind eure Fragen echte Fragen … oft habt ihr schon eine Antwort im Kopf oder ihr wünscht euch eine ganz bestimmte. Das bedeutet, nicht wirklich offen zu sein … Es gibt viele Grade der Ehrlichkeit.«

Das System von Frage und Antwort zwischen dem *pamong* und den Praktizierenden wird *cocokan*[4] genannt.

Der Kontakt, der in der *cocokan* entsteht, ähnelt der von mir bereits beschriebenen Art der Einstimmung, in der der *pamong* eine Meditationssitzung zu leiten beginnt, ist jedoch spezifischer und individueller. Jemand stellt eine Frage hinsichtlich der eigenen Erfahrung während der

---

4| *Cocokan* kommt von *cocok*, was ›geeignet, passend, entsprechend, treffend‹ bedeutet. In der javanischen Art zu denken und zu fühlen ist dies ein Schlüsselbegriff, der etwa genauso bedeutsam ist wie *rasa*. Ein Javaner sagt sehr selten, dass eine Meinung falsch sei, dass er eine Speise nicht möge oder dass eine bestimmte Atmosphäre gut sei, dass eine Person sympathisch oder ein Kleidungsstück hässlich sei. Alles und alle sind immer nur *cocok* oder nicht *cocok*.

Meditation oder in Bezug auf ein Problem, einen Seelenzustand, ein gegenwärtiges oder vergangenes Erlebnis. Der *pamong* setzt sich in Beziehung zum *hati nurani* (dem reinen Herzen) des Fragenden, er ›macht sich eins‹ mit ihm und wird in gewissem Sinne für einen Augenblick der andere. Der *pamong* kann auf die fragende Person antworten, auch ohne sie oder ihre Problematik zu kennen (vor allem ganz besonders dann). Er ›liest‹ die Antwort in ihrem *hati nurani:* In Wirklichkeit antwortet derjenige, der die Frage gestellt hat, sich selbst durch den *pamong.* Der einzige Unterschied besteht in der Tatsache, dass der *pamong* schon lesen gelernt hat und der Fragende noch nicht.

Die Antwort, die der *pamong* erhält, kann je nach den Umständen und nach Art des ›Talents‹ des *pamong* in Form von Worten, Bildern oder Gefühlen auftauchen. Das Wunder besteht in der Tatsache, dass die *cocokan* fast immer *cocok* ist. Der *pamong* wundert sich selbst darüber. Die Leit-Energie erkennt nämlich viel mehr als die Leit-Person. Manchmal passiert es auch, dass der *pamong* keine Antwort erhält: Das kann bedeuten, dass die Information, wie Pak Wondo sagen würde, noch ein ›Geheimnis des Universums‹ *(masih rahasia Alam)* ist oder die Person noch nicht bereit ist, die Antwort zu hören, oder auch, dass der *pamong* – oft aus emotionalen Gründen – nicht neutral genug war, um sich einstimmen zu können. Die Neutralität, hier im Sinne von Abwesenheit von Konzepten, Emotionen und Erwartungen, ist vielleicht der wichtigste Zustand, um *cocokan* zu ermöglichen. Deshalb gelingt *cocokan* auch umso leichter, je weniger man eine Person kennt, je weniger vertraut die Beziehung zu ihr ist.

Der spirituelle Lernprozess ebenso wie der mystische Erkenntnisprozess folgen jedenfalls eigenen, unvorhersehbaren Gesetzmäßigkeiten. Als einzige Regel gilt, dass es keine Regel gibt. Die Art der Einsicht, die durch die Praxis der Meditation erlangt wird, und die Art der Erfahrungen, die darin gemacht werden, verwirren uns zumeist, weil sie unserer üblichen Denkweise und unseren logischen Erwartungen zuwider laufen. Der *pamong* hilft uns und führt uns auf dem Weg zurück zu unserer natürlichen Ganzheit und ursprünglichen Ungezwungenheit.

Die *cocokan* wird in *Sumarah* als ein höchst wirksames Kommunikations-, Leit- und Prüfsystem erachtet. Wenn man fragt, wie es funktioniert, dann antwortet Pak Wondo: »Es ist wie mit dem Radfahren. Zu erklären, wie es geht, nützt wenig. Man muss es selber ausprobieren und auch ein paar Mal hinfallen, bevor man das richtige Gleichgewicht findet und lernt, Kurven zu fahren.« *Cocokan* hilft uns, immer wieder zu überprüfen, wo wir uns befinden, und unsere eigene Methode des Forschens und des Verstehens zu finden. Das wiederum unterstützt uns dabei, mit unserer inneren Stimme in Kontakt zu kommen, die in *Sumarah pamong pribadi* (der individuelle *pamong)* oder *guru sejati* (der wahre innere Lehrer) genannt wird.

Wie schon erwähnt, kann die *Sumarah*-Meditation manchmal einer Gruppentherapie, mit dem *pamong* als Gruppenleiter, ähneln. Zwischen den ›speziellen‹ Meditationen, die vom *pamong* geleitet werden, sprechen die Teilnehmer über ihre persönlichen Probleme. Oft gibt es Wein- oder Lachkrämpfe, es entstehen Erfahrungen tiefgehender Einsicht, und die verschiedensten Gefühle tauchen auf. Manchen erscheint dies so, als würde die psychologische Ebene die mystische Ebene überlagern. In *Sumarah* jedoch sieht man darin das Zusammentreffen bzw. die Verbindung der ›horizontalen‹ mit der ›vertikalen‹ Ebene oder, anders ausgedrückt, der menschlichen Ebene mit der göttlichen.

Die Funktion des *pamong* ist tatsächlich genau die der Schnittstelle dieser beiden Ebenen. Horizontal stimmt er sich auf diejenigen ein, die er führt, und nimmt dabei mit ihrem *hati nurani* (dem reinen Herzen) Verbindung auf. Auf diese Weise vereint er sich mit jedem und verbindet sich mit dem, was er oder sie oder wir alle gemeinsam haben. Er erkennt an, dass ›wir alle ein Ich haben‹, und doch geht er über das Ich hinaus, das, weil es als uns allen gemein erkannt worden ist, seine Bedeutung oder zumindest seine Überlegenheit verliert. Auf diese Weise wird der horizontale Kontakt bzw. die tiefe Kommunikation zwischen zwei Wesen zu einem freien und freudigen Wiedererkennen. Und damit sehen wir uns mit einem weiteren Paradoxon konfrontiert: Wenn auf der einen Seite jeder spirituelle Weg absolut einzigartig und individuell ist, insbesondere weil er die Geschichte eines jeden einzelnen enthält, führt uns auf der anderen Seite das mystische Wissen zur Erfahrung der essenziellen Ähnlichkeit aller existierenden Dinge sowie zur Erfahrung der absoluten Einheit von allem und daher auch zur Erfahrung der Einheit von dir und mir.

In diesem Zusammenhang sagte Gandhi: »Die Tragödie besteht darin, alles und jeden als getrennt von uns selbst zu betrachten und dass wir es nicht schaffen, uns selbst als [ein einziges] Bewusstsein zu sehen, das aus unendlichen Zentren besteht.« In dem Moment, in dem die horizontale Kommunikation die Nicht-Dualität erreicht, hört sie in gewissem Sinne auf, horizontal zu sein, denn sie ist dahin gelangt, das Göttliche im anderen zu berühren.

Der vertikale Kontakt, den der *pamong* kontinuierlich erneuert und aufrechterhält, ist der Kontakt mit der *Tuntunan* bzw. der Leit-Energie. Um die richtige Haltung des *pamong* darzustellen, hält sich Pak Wondo eine Hand vor die Brust, und, den Daumen in die Höhe zeigend, den Zeigefinger nach vorn gerichtet und die anderen drei Finger zu ihm selbst hingewandt, sagt er:»Wenn ich eine Meditation anleite, erinnere ich mich somit daran, dass einer für die vertikale Verbindung steht, einer für die horizontale und drei für mich selbst, für mein eigenes Ich! Das ist eine gute Gelegenheit, sich in Demut zu üben.«

Die Begegnung mit dem inneren Lehrer: *guru sejati*

> *Bildung ist eine bewundernswerte Sache.*
> *Aber es ist gut, sich hin und wieder zu erinnern,*
> *dass nichts von dem, das zu wissen*
> *der Mühe wert ist, gelehrt werden kann.*
>
> Oscar Wilde

Pak Arymurthy sagt, dass das Streben ›nach oben‹ die Suche nach dem göttlichen Teil des Menschen ausdrückt. Durch diese ›vertikale Ausrichtung‹ wird Entwicklung möglich, die Entwicklung hin zu einem geklärten Bewusstsein. Reinigung bzw. Klärung ist deshalb erforderlich, weil wir noch sehr von der Form beeinflusst sind; wir halten das für wahr, was wir sehen, und lassen uns beständig von unseren Sinnen wie auch von unseren Gefühlen, von unseren Wünschen und von unseren Gedanken täuschen.

Dennoch weiß jeder von uns, egal wie sehr er von der scheinbaren und partiellen Wirklichkeit *(kenyataan)* abhängig ist, dass es noch mehr und noch etwas anderes gibt. Die verschiedenen Religionen entstanden ursprünglich genau deshalb, nämlich um auf dieses Gefühl der Unzufriedenheit, auf das tiefe Verlangen und die Sehnsucht nach diesem ›Anderen‹, diesem ›Jenseits‹, das wir erahnen, zu antworten. Aus der Einseitigkeit von *kenyataan* entsteht das Bedürfnis, mit dem Allumfassenden von *Kasunyatan* (der letztendlichen Wirklichkeit) durch mystische Erfahrung in Kontakt zu kommen. Dieser ›vertikale‹ Kontakt bildet den Wesenskern der Meditationspraxis.

Nicht weniger wichtig ist die ›horizontale Ausrichtung‹ bzw. die Kommunikation auf der Ebene der *kenyataan* sowie die Übung, die notwendig ist, um diese Dimension in ihrer Beschaffenheit und in ihrer Fülle zur Entfaltung zu bringen. Das Zusammentreffen von vertikal und horizontal ist die Basis des ›*pamong*-Systems‹, wie es in *Sumarah* praktiziert wird. Es ist kein abstraktes Prinzip, sondern ein Schlüssel, um in das wirkliche Geschehen einzugreifen und zwischen verschiedenen Stufen der Wahrnehmung und der spirituellen Reife zu kommunizieren.

Hinsichtlich unserer Art und Weise in die Welt einzugreifen, spricht Pak Wondo oft darüber, dass es bedeutsam ist, Vertrauen in sich selbst zu haben, doch immer »innerhalb des Raumes göttlichen Willens« *(percaya diri atas kuasa Tuhan),* und er verweist darauf, dass die horizontale Kommunikation stets unter der Führung vertikaler Verbindung geschehen sollte. Das Vertrauen in uns selbst verwandelt sich dann in ein Vertrauen in die universelle Ebene, die weiß, was sie tut und was das Beste für uns ist. Wir können gewiss viel sagen, aber uns gehört nicht das letzte Wort.

In der vertikalen Dimension haben unsere Erfahrungen keine Form und werden uns oft deshalb gegeben, um von unserem Willen und von unserem Verstehenwollen und auch von unserem eigenen Entwicklungsstand abzusehen. Eben deshalb lassen sie sich so schwer mitteilen. Wenn wir aber Verstand, Wille und Gefühl auf miteinander verbundene und harmonische Weise gebrauchen, wird es auf der horizontalen Ebene möglich, ihnen auf eine Art Ausdruck zu verleihen, die dann eine erleuchtete Form sein wird. Das Formlose hat nun die Form erhellt.

Um die Entwicklung in der vertikalen Ebene und ihre Verwirklichung auf horizontaler Ebene zu erläutern, hat Pak Arymurthy die umfassende Theorie der Entfaltung der ›*trimurti*‹ ausgearbeitet. Hier an dieser Stelle möchte ich nur das vorwegnehmen, was mir im Zusammenhang mit dem *pamong*-System relevant erscheint.

Trimurti[5] bedeutet ›Dreieinigkeit‹ und wird ursprünglich von den drei Begründern von *Sumarah* als die Vereinigung von *angen-angen* (geistiges Gewahrsein), *rasa* (Gefühl, intuitives Gewahrsein) und *budi* (höheres Bewusstsein) definiert. Der *trimurti*-Zustand gilt als unerlässlich für die Offenbarung des *pamong pribadi,* des inneren Führers, der auch *guru sejati,* der wahre Lehrer, genannt wird.

Pak Arymurthy hat in der Folge seinerseits *trimurti* unterteilt in: *trimurti I, trimurti II* und *trimurti III*.

Davon abgesehen, dass diese drei Dimensionen immer feinere Grade des Einsseins, zunächst in uns selbst und später mit dem Ganzen, darstellen, spiegeln sie auch eine Ausdehnung des Bewusstseins wider. Aus der Perspektive der *pamong*-Energie, von der im vorherigen Kapitel die Rede war, bringt *trimurti I* den *pamong pribadi* oder *guru sejati* zum Erwachen; aus *trimurti II* geht der *pamong umum,* die Gestalt des ›öffentlichen‹ Lehrers, hervor, mit der Aufgabe, nicht nur sich selbst zu führen, sondern auch die anderen zu (beg)leiten. In *trimurti III* offenbart sich schließlich der so genannte *pamong jagad* (der universelle Führer), bei dem die Führung, selbst wenn sie sich noch über ein spezielles Individuum ›kanalisiert‹, dennoch keine auf einen einzelnen Fall oder zufälligen Umstand beschränkte, sondern eine universelle Bedeutung hat.

All dies kann sehr theoretisch erscheinen und das ist es tatsächlich auch, wenn es von der individuellen Erfahrung dieser Entwicklungsmomente und ihrer Anwendung im Leben losgelöst ist.

»Die *Sumarah*-Praxis«, sagt Pak Arymurthy, »bringt uns vertikal nach oben und durchläuft dabei die drei Stadien der *trimurti;* danach werden wir nach unten zurückgebracht, um, wenn es erlaubt ist, die empfange-

---

5| Der Begriff *trimurti* ist äußerst komplex. In der Geschichte von *Sumarah* wurde er auf unterschiedliche Weise interpretiert. Der Definition Pak Sukinos zufolge, einer der drei Begründer von *Sumarah,* bedeutet *trimurti* die Vereinigung von Verstand und Herz im Licht von *budi (angen-angen lan ati kesorotan dening budi)*. Pak Hardo bezieht sich seinerseits in seinem Manuskript ›Sedjarah mula-bukaning Paguyuban Sumarah‹ auf drei *Chakren, jona loka, endra loka* und *guru loka,* und definiert *trimurti* als deren Vereinigung. Pak Arymurthy schließlich hat darüber hinaus die Theorie der *trimurti* weiter ausgearbeitet, indem er sie in drei Ebenen unterteilte – *trimurti I, trimurti II, trimurti III –*, und sie sowohl mit den neun Basisprinzipien von *Paguyuban Sumarah* als auch mit einem sehr ausgefeilten Interpretationssystem der spirituellen Entwicklung kombinierte, das er ›Die acht Pakete‹ nannte.

ne Erfahrung auf physischer, mentaler und spiritueller Ebene zu manifestieren. Die Rückkehr ist wichtig, damit es im Leben Frieden gibt, damit jedes einzelne Dasein, frei von Gewalt, zu einer Quelle der Freude wird – zuerst für sich selbst und dann für die anderen. Frieden in die Welt zu bringen ist das Ideal, das bleibt.«

In Pak Wondos Ausdrucksweise ist der *guru sejati* die Stimme des *hati nurani,* des reinen Herzens. Er ist der wahre und einzige Vermittler zwischen dem Ich und der Seele. In der *Sumarah*-Praxis gibt es weder Lehrer noch Schüler, denn der *guru sejati* gilt als einziger ›wahrer‹ Lehrer. Auch wenn er uns noch unbekannt ist, ist er nicht ›jemand anderes‹. Das Gefühl der Befremdung, das man oft während der ersten Begegnung mit dem *guru sejati* hat, ist nichts anderes als ein Zeichen dafür, wie weit wir von uns selbst entfernt sind. Der innere Lehrer ist nämlich nichts anderes als die Stimme unseres wahren Selbst und somit mit uns identisch.

Der ›Wohnsitz‹ des *guru sejati* befindet sich im *hati nurani,* im Herzen der Herzen, im Zentrum unseres Seins. Pak Arymurthy verglich das *hati* einmal mit einer Endstation für Busse. Früher oder später muss jeder Bus dort ankommen und zu Protokoll geben, wie viele Fahrten er gemacht hat, welche Schäden entstanden sind und wieviel Geld eingenommen wurde. Ähnlich müssen die Handlungen und Gedanken unseres Lebens früher oder später unser Herz erreichen. Dort wird das, was gut, und das, was schlecht war, miteinander aufgewogen. Dort wohnt – oft schweigend und unbemerkt – unser Meister, derjenige, der weiß, der Hüter unserer Wahrheit.

Der erste Schritt besteht darin, mit dem in uns existierenden Lehrer Bekanntschaft zu machen. Er spricht oft zu uns und gibt uns Anweisungen, aber unser Ich setzt gemeinsam mit seinen ›Werkzeugen‹ alles ein, um die Stimme des *guru sejati* zu übertönen. Da er keine Anerkennung erfährt und ihm nicht zugehört wird, entfernt sich unser Führer immer mehr von uns und wird immer stiller, bis er schließlich vollständig verstummt und einschläft. Daher ist es notwendig, Konzepte, Urteile und Vorurteile für eine Weile einzustellen, sodass in uns ein Zustand geistiger und emotionaler Leere entstehen kann. Um die Stimme des *guru sejati* wahrnehmen zu können, müssen wir lernen Stille herzustellen, wir müssen leise werden, Ruhe ermöglichen. Das Ego mit seinen guten und schlechten Anteilen muss ein wenig zur Seite rücken.

In *Sumarah* versteht man unter Ego das partielle, nicht bewusste Ich, das vom restlichen Selbst wie auch von anderen getrennt ist. Das Ego neigt dazu, anmaßend und dominant zu sein, und gibt vor, immer Recht zu haben. Als zwar unverzichtbares Werkzeug des Menschen ist das Ich offensichtlich egozentrischer Natur: Seine Arbeit besteht nämlich genau darin, sich von anderen abzuheben, einzig und allein an sich selbst zu denken. Selbst wenn das Ego der Teil von uns ist, der Anderssein, Besondersein und Getrenntsein erzeugt, wäre es jedoch ein unmögliches Unterfangen, es auszulöschen. Außerdem, wer würde hier wen auslöschen? *Sumarah* lehrt eher eine Rückführung auf das rechte Maß: Das Ego wird zwar von seinem Thron gestoßen, aber nicht zum Tode verurteilt.

Auf die Frage, ob es wahr sei, dass die großen Lehrer kein Ego mehr hätten, antwortete Irina Tweedie, eine Mystikerin der Sufi-Tradition, dass selbst die am weitesten entwickelten Seelen ein Ego hätten, dieses aber umfassend und fein und so erweitert sei, dass es alles und alle einschließen könne.

Die Begegnung mit dem *guru sejati* ist vor allem eine Frage der Erkenntnis, die bereits in dem Moment beginnt, in dem wir uns von der Überzeugung lösen, dass unsere Wahrnehmung von der Wirklichkeit stimmt. In diesem heiklen Moment ist es wichtig, den Schritt zu verlangsamen. Das macht uns offen und empfänglich für die Botschaften des inneren und äußeren Universums und dafür, Entspannung, Zuhören und Schweigen zu praktizieren.

In der Einleitung habe ich davon berichtet, wie ich zum ersten Mal bewusst meine innere Stimme vernahm, die zu mir sagte: »Das ist dein Haus«. Ich hatte damals das Gefühl, dass diese Stimme nicht zu mir gehörte: Sie hatte nichts mit meinen Gedanken oder mit meinem Bewusstsein zu tun, folglich konnte sie ja nicht zu mir gehören. Zu dieser Zeit zweifelte ich noch nicht daran, dass die Wirklichkeit, mich eingeschlossen, anders sein könnte als das, was sie zu sein schien. Diese Erkenntnis hatte sich noch nicht eingestellt.

Wie tritt man mit dem *guru sejati* in Kontakt?

Man könnte darauf mit einem einzigen Satz antworten, und zwar mit dem, den die Lehrer aller Traditionen wiederholen: »Übe dich in Geduld und fahre fort mit der Praxis«.

Der Zeitpunkt, zu dem der *guru sejati* erweckt wird und sich offenbart, ist individuell verschieden und unvorhersehbar, genauso wie die Umstände, die dazu führen. Voraussetzung ist – folgt man dem Konzept über die Entwicklung der *trimurti* –, dass sich zumindest der Verstand und das gereinigte Herz vereint haben. Pak Wondo zufolge lernen wir durch die Meditation, unsere Sensibilität zu ›schärfen‹, und beginnen, uns weg vom analytischen Verstand *(pikir)*, hin zum intuitiven Verstand *(angen-angen)* zu bewegen, um dann von dort aus beim reinen Gefühl *(rasa murni)* anzukommen. So lernen wir als erstes, dem Verstand zu misstrauen, denn der Verstand ›verstellt sich‹ und ist, wie Vivekananda sagt, »ein optimaler Diener, aber ein sehr schlechter Gebieter«.

Unseren *guru sejati* zu erwecken, geschieht auf indirektem Wege: durch kontinuierliches ›Eingestehen‹, das immer tiefere Schichten berührt. Die eigenen Grenzen und Fehler anzuerkennen, hat nämlich eine enorm klärende und transformierende Wirkung. Wie wir genauer im Kapitel ›Die fünf Ebenen des Verstehens‹ sehen werden, genügt es oftmals zuzugeben *(ngakoni),* dass ein Problem existiert, um sich von der damit verbundenen Angst und von der emotionalen Anspannung zu befreien und auf diese Weise indirekt das Gewicht dieses Problems zu verringern. Es handelt sich dabei um einen Prozess des ›Unterscheidens‹: Durch Eingestehen wird der Schmerz, der durch das Problem entsteht, von seiner Ursache getrennt; die Ursache, einmal identifiziert und entlarvt, verliert ihre Macht und der Schmerz verliert seine Intensität, denn er ist nicht mehr an die Ursache gebunden. Sich etwas einzugestehen bedeutet, sich den Gegebenheiten hinzugeben und sich auf diese Weise der Wahrheit zu öffnen.

Das erfordert Mut. Unser Ich hingegen möchte das ganz und gar nicht, es will nicht gestört werden, sondern im Schatten, im sicherem Abstand zum Licht, verweilen. Das Ich, das fast immer Leiden verweigert, strebt danach, den Schmerz so schnell wie möglich auszuschalten, endet aber damit, doppeltes Leid zu erzeugen: das des Problems an sich und das der Verweigerung des Problems.

Durch die Praxis der Meditation machen wir uns dafür verfügbar, dass unser Ich ›auseinandergenommen‹ wird. Das Verlangen, etwas zu tun, entfällt. In dem Moment, in dem unsere Hingabe vollständig ist, wird die Arbeit für uns getan. Der indische Lehrer von Irina Tweedie,

Bhai Sahib, pflegte zu sagen: »Wenn du das Bedürfnis hast zu beten, erbitte nichts. Bitte nur um die Wahrheit.«[6] Und wieder braucht es Mut, auch deshalb, weil es ein schmerzhafter Prozess ist, das Ich zu bändigen.

Zu einer Zeit, in der es so aussah, als gäbe es in meinem Leben nichts als Leid und Ungerechtigkeit, breitete sich in mir eine derart große Traurigkeit aus, dass ich weder in mir selbst noch in meinem Leben irgendetwas Schönes oder Gutes sehen konnte. Ich fühlte keine Kraftquelle mehr. Bei dieser Gelegenheit sagte Pak Arymurthy zu mir: »Dein Ich ›siedet gerade in kochendem Wasser‹. Es schmerzt, sich zu verbrennen, aber es geschieht, damit das Gute siegt. Ertrag es, wenn du kannst.«

Sind wir erst einmal von der ›Verpackung‹ *(bungkusan)* befreit, in die unser Ich mit all seinem Ehrgeiz und seinen Emotionen eingewickelt ist, kann die Seele in all ihrem Glanz erleuchten und uns durch die Stimme des *guru sejati* ihre Bedürfnisse übermitteln. Je mehr wir ›durchgeputzt‹ werden und je mehr sich die Verwicklungen lösen, sind wir nach und nach in der Lage, unser wahres Selbst auf immer vollständigere Art und Weise zu erfahren. Das Wichtigste dabei ist im Grunde genommen herauszufinden, wer wir wirklich sind, uns wirklich kennen zu lernen. Deshalb sind wir hier in diesem Leben, und Gewahrsein ist der Kern des spirituellen Weges.

Pak Arymurthy sagte einmal zu mir, dass der *guru sejati* in Wirklichkeit unser einziger Führer sei. Vor allem deshalb müssen wir fähig werden, seine Stimme zu hören und die physischen wie auch gefühlsmäßigen Veränderungen zu erkennen, die sich in uns vollziehen, wenn er zu uns spricht. Das ist der erste Schritt. Der zweite besteht darin, das, was er uns sagt, zu verstehen, und der dritte ist der, zu lernen, ihm zu gehorchen.

Der *guru sejati* spricht meist mit leiser Stimme und vor allem bedrängt er uns nicht. Seine Botschaft kann in Form von Bildern, Träumen, durch besonders bedeutsame Ereignisse, Gefühlsregungen oder auch wirklich als Stimme empfangen werden – je nach Persönlichkeitstyp, abhängig von Erfahrungen und ›Talent‹. Auch die Tatsache, dass eine Person mehr oder weniger charakterstark ist, dass eine Botschaft mehr oder minder

---

6| (Übersetzung des Zitates aus folgendem Werk – *Anm. d. Übers.:*) Irina Tweedie, *The Chasm of Fire*, Element Books, 1979.

dringlich ist, das Maß, in dem wir für Veränderung bereit sind, sowie die Stelle, an der wir uns auf unserem karmischen Rad befinden, dies alles sind Faktoren, die auf die Art, in der sich der innere Lehrer manifestiert, Einfluss nehmen und diese mitbestimmen können. Die Sprache des *guru sejati* zu erlernen, ist ein weiterer Aspekt der Praxis, der Zeit und Geduld erfordert.

Die Stimme des *pamong pribadi* überrumpelt uns zumeist. Sie kommt überraschend, oft nicht in den Momenten der ›speziellen‹ Meditation. Ebenso wie der *pamong* wartet auch der *pamong pribadi* auf einen Augenblick der Zerstreuung, nutzt den Moment der Leere aus – wenn der ›innere Kontrolleur‹ *(tukang mangerti)* gerade nicht wachsam ist –, um uns die Wahrheit zuzuflüstern, um uns seine Botschaft zu übermitteln. Das Ich ist, wie Pak Wondo oft sagt, ein ›weißer Aal‹ *(welut putih)*, der – glatt und schlüpfrig – tausend Methoden kennt, das Selbst zu täuschen; aber die Stimme des *hati nurani* (des reinen Herzens) hat seinerseits die Kraft der Wahrheit und den Wunsch nach Befreiung.

Sumarah verweist beharrlich darauf, wie bedeutsam es ist, das Ego in all seinen verschiedenen Facetten zu erkennen, weil es in dem Moment, in dem es sich in den Prozess einmischt, das reine Herz verdunkelt. Das Ego wirft Schatten und schadet so der Reinheit des reinen Herzens. Solange das Ich in seinen Kontrollstellen noch dazu in der Lage sei, zu beobachten und zu urteilen, werde der Prozess unterbrochen, sagt Pak Wondo, und das, was geschehen könnte, geschehe dann nicht *(yen akune isih nyekseni, ora dadi)*.

Ein weiteres Merkmal des *guru sejati* ist, dass seine Botschaften oft nicht logisch sind und nicht zum Vorteil gereichen. Damit kommen wir zum dritten Schritt, dem des Gehorsams gegenüber dieser Stimme. Es ist nämlich eine Sache, sie zu hören, zu verstehen und ihr Achtung entgegenzubringen, aber eine ganz andere, ihr zu gehorchen. Manchmal macht das Angst, vor allem wenn unser Ich nicht gleicher Meinung ist. Aber dass die Botschaften und Unterweisungen des *guru sejati* uns überraschen, uns oft seltsam anmuten oder sogar unsinnig erscheinen, ist nichts anderes als ein weiterer Beweis für die Distanz, die zwischen dem Wissen unseres Verstandes und dem unseres wahren Selbst besteht. Dabei handelt es sich lediglich um fehlende Einsicht, und zugleich ist es eine Bestätigung dafür, dass, wie Pak Wondo sagt, wir nichts wissen (ohne, dass es uns gegeben wird) und letztendlich nichts vermögen (ohne, dass es uns gewährt wird).

Von diesem Gesichtspunkt aus existiert das dramatische Problem der Wahl in Wirklichkeit nicht mehr und schließlich gelangt man dahin zu verstehen, dass das Dilemma in der Ignoranz (im Sinne von nicht zur Kenntnis nehmen) des universellen Gesetzes liegt. Die Wahrheit ist immer schon innerhalb und außerhalb von uns gesetzt und ist, von Mal zu Mal, eine einzige.

Meditation ist ein Weg, unsere Lücken hinsichtlich der Wahrheit zu füllen. Obwohl *Sumarah* die Bedeutung von Disziplin nie besonders hervorhebt, wird jedoch oft daran erinnert, dass es grundlegend ist, zu praktizieren und Erfahrungen zu machen. Insbesondere gibt es fünf Gaben, die die Javaner hoch schätzen und die sie die ›Fünf T‹ nennen: *tekun* (fleißig), *teliti* (gewissenhaft), *telaten* (geduldig), *teguh* (ergeben) und *tenan* (aufrichtig). Sie sind erforderlich, um auf dem Weg bleiben zu können und um die Kraft zu haben, weiterhin ›dem eigenen Prozess zu folgen‹. Wie schon seit jeher gesagt wurde, zählt auf dem spirituellen Weg weder der Anfang noch das Ende, das, was zählt, ist der Weg; selbst wenn es anfänglich nützlich sein kann, ein Ziel oder einen Zweck zu haben oder zu glauben, dass wir ein Ziel haben, so werden wir uns doch an einem bestimmten Punkt bewusst, dass es einzig und allein darum geht, einen Fuß vor den anderen zu setzen. Denn ›der Weg‹ ist genau das, nämlich einen Schritt zu tun und dann weitere folgen zu lassen.

Bei all dem ist es allein die Stimme des *pamong pribadi,* die uns führen kann. Er werde deshalb ›privat‹ genannt *(pribadi),* erklärt Pak Arymurthy, »weil er sich mit unserem Leben beschäftigt und sich um unser Ich kümmert.« Der Prozess, in dem wir mit unserem *guru sejati* vertraut werden, durchläuft auch Phasen der Ungläubigkeit, des Widerstandes und der kontinuierlichen Auseinandersetzung mit der Wirklichkeit. So wie wir vom *pamong* über die *cocokan* Hinweise bekommen können, so ergibt sich in unserer alltäglichen Praxis genauso das Bedürfnis nach kontinuierlicher Überprüfung an der Wirklichkeit, um die Botschaften des *pamong pribadi* wirklich verstehen zu können und um zu lernen, dieser Stimme Glauben zu schenken. Die Stimme des *guru sejati* zu erkennen, zu verstehen und ihr zu gehorchen, wird somit allmählich zu einem regelrechten *modus vivendi,* zu einer Lebenspraxis und einer Ethik.

Hierbei kann sich der spirituelle Ansatz mit dem psychologischen überschneiden. In der *Sumarah*-Praxis beschäftigen wir uns mit der Seele und berühren dabei das Ich, erkennen, wie relativ, begrenzt und temporär dieses Leben ist, und gleichzeitig setzen wir uns ehrlich und respektvoll mit den kleinsten Ereignissen des Daseins auseinander. Bevor wir die Illusion der Erscheinungswelt überwinden können, müssen wir diese von Grund auf verstehen und leben; wie Irina Tweedie sagt, »bevor wir Gott erkennen können, müssen wir unser wahres Selbst erkennen.«[7] Dieser Zwischenschritt ist unerlässlich und genau deshalb gibt es in der *Sumarah*-Praxis nur wenig Verpflichtendes und kaum Vorschriften. Um das Leben in uns und um uns zu erkennen, braucht man Freiheit. Pak Ary spricht oft von der inneren wie auch der äußeren Freiheit. Er sagt, dass Freiheit das Bestreben der Seele, der Zweck des Lebens und der Erfolg der Praxis sei. Er weist darauf hin, dass wir ein Stadium zuerst gründlich kennen lernen müssen, bevor wir es akzeptieren und überwinden können. Vor allem müssen wir unser *pandum* erkennen. In der *Sumarah*-Terminologie ist *pandum* das Potenzial, mit dem ein jeder von uns auf die Welt gekommen ist. Es ist das Gepäck für unser Leben, mit all dem, was es an Gutem und Schlechtem enthält. Oft haben wir Mühe, unser *pandum* zu akzeptieren, stellen Vergleiche an, und das Gepäck der anderen erscheint uns interessanter. Das eigene *pandum* zu akzeptieren *(narima ing pandum)* ist ein bedeutender Schritt, der den Weg viel einfacher machen kann und weniger mühselig. Doch zuerst ist es wichtig, sich ihm zuzuwenden *(kenal sama pandumnya sendiri)* – das Gepäck zu öffnen und zu sehen, was sich darin befindet. Und wieder kommen wir darauf zurück, unser Gewahrsein *(kesadaran)* zu schulen – der zentrale Aspekt in der *Sumarah*-Praxis.

Um das eigene *pandum* kennen zu lernen, ist es wichtig, in der Meditation des Alltags höchst präsent zu sein, den verschiedenen Aspekten unseres Lebens und generell allem, was geschieht, beständig wache Aufmerksamkeit zu schenken. Jedes Geschehen ist eine Gelegenheit – und je weniger wir von diesen Gelegenheiten verpassen, desto mehr lernen wir. Je weniger wir das, was uns gefällt, vorziehen und je weniger

---

7| (Übersetzung des Zitates aus folgendem Werk – *Anm. d. Übers.:*) Irina Tweedie, zitiertes Werk.

wir das, was wir nicht mögen, ignorieren, desto weniger urteilen wir und desto eher gelangen wir zur Wahrheit.

Durch Gewahrsein sowie durch Erwecken des *budi* (höheren Bewusstseins) können wir lernen, »Gehorsam gegenüber dem universellen Gesetz her[zu]stellen« *(mbangun miturut),* sagt Pak Arymurthy. Uns wird dann nicht nur die Möglichkeit gegeben, unser *pandum* kennen zu lernen, sondern wir stoßen auch auf »das, dem wir gehorchen« und werden es kennen lernen.

Dabei handelt es sich um eine Rückkehr zum Ursprung, um ein Erinnern dessen, was wir vergessen haben. Wie schon Sokrates sagte: »All die Suche und das Lernen ist nichts anderes als ein Sicherinnern.« Unser *guru sejati* ist der einzige, der den Weg kennt, und er kann uns lenken. Die Begegnung mit ihm führt nicht nur dazu, dass er uns von nun an führt, sondern sie bringt auch eine große Erleichterung und ungeheure Freude mit sich, denn er weiß, was gut für uns ist.

Es folgt ein Auszug aus meinem Tagebuch.

Gestern Abend sprach Pak Wondo davon, wie wichtig es sei, mit der inneren Stimme, unserer persönlichen Führung, in Kontakt zu kommen. Er sagte, dass es nicht leicht sei, weil ihre Botschaften oftmals nicht Sinn zu machen scheinen. Wie wahr das doch ist!

Jemand fragte ihn, wie man an eine innere Stimme glauben soll, und Pak Wondo antwortete:

»Ich persönlich glaube auch nicht an sie, aber ich gehorche ihr.«

Dann fuhr er fort:

»Ich erzähle euch zu diesem Thema eine Begebenheit, die ich kürzlich erlebt habe. Hinter der Bank, in der ich arbeite, gibt es einen Raum, der mir gehört. Seit Jahren wird er von der Bank als Lager genutzt, ohne dass ich je daran gedacht hätte, Miete dafür zu verlangen. Eines Tages, ich war gerade im Bad, höre ich – schnell und unerwartet wie ein Pfeil, der wie aus dem Nichts in mein Gehirn dringt – die Worte ›vermiete ihn‹. Ich hatte den Gedanken, wie ich diesen monatlichen Zuverdienst eventuell würde verwenden können, noch nicht zu Ende gedacht, als auch schon eine andere Stimme klar und deutlich in mir sprach: ›... Aber du kannst dieses Geld nicht bekommen!‹ Ein Gefühl der Enttäuschung: Aber wieso nicht? Nach all den Jahren ... Was soll das dann für einen Sinn haben? ... Ich kann nicht ungehorsam sein, wenn ich Botschaften von der inneren Stimme erhalte. Ich bin nicht mehr so unverfroren wie damals, als ich noch jung war. Deshalb ging ich tags darauf zur Arbeit und teilte meinen Kollegen mit, dass ich das Lager vermieten würde. Als sie nach dem Preis fragten und ich ihnen sagte, dass sie das selbst entscheiden sollten, wurde eine Miete von 50.000 Rupie pro Monat festgelegt. Danach teilte ich ihnen mit, dass ich auch den ›Auftrag‹ erhalten hätte, die Summe nicht selbst einzustecken, und sie deshalb an die Belegschaftskasse gehen solle. Daraufhin erklärten sich alle Angestellten sofort bereit, die Miete auf 100.000 Rupie pro Monat zu erhöhen!

Vor einiger Zeit hatte mein Neffe, der in Jakarta lebt, meiner Frau seinen *keris*[8] anvertraut, um ihn zum ›Waschen‹ nach Solo zu bringen. Als er sich ein paar Monate später mit uns in Verbindung setzte und nachfragte, ob denn sein *keris* fertig sei, fiel uns auf, dass sich niemand mehr daran erinnern konnte, wo er sich denn befand. Wir suchten ihn überall, ohne ihn zu finden. Er war verschwunden ... und es handelte sich um einen *keris* im Wert von drei Millionen Rupie. Ich sagte meinem Neffen, er solle sich keine Sorgen machen, ich nähme die Verantwortung auf mich und würde ihm entweder

---

8| Der *keris* ist der traditionelle javanische Dolch und ist noch heute Teil des Gewandes, das die Männer bei Zeremonien tragen. Fast jeder Javaner besitzt einen oder mehrere *keris*. Sie werden als *pusaka*, als Gegenstände der Macht, angesehen. Jeder *keris* hat seine eigene Geschichte, seine besondere Eigenschaft und kann mehr oder weniger *cocok* sein. Einen *keris* im Hause zu haben, der nicht *cocok* ist, ist Quelle großen Unglücks und schwerer Krankheiten. Die *keris* werden mit viel Sorgfalt und Respekt behandelt und an einem besonderen Ort im Hause aufbewahrt. Sie zu ›waschen‹ (*nyuci*) ist eine Zeremonie, die von Zeit zu Zeit stattfindet, um sie instand zu halten. Der *keris* ist ein Gegenstand, der im Allgemeinen vom Vater an den Sohn weitergegeben wird, aber es gibt auch einen Markt, sowohl für neue wie auch für alte *keris*. Es gibt sie in allen Preislagen: Einige sind sehr wertvoll und können sogar einen Preis von zehn Millionen Rupie erreichen, andere wiederum, die als ›leer‹ *(kosong)* bezeichnet werden, können zum Beispiel auch nur 50.000 Rupie kosten.

den entsprechenden Wert seines *keris* erstatten oder ihm dafür meinen Familien-*keris* geben.

Drei Millionen sind eine enorme Summe. Ich begann also, meine Vorstellung, die ich über die Miete für das Lager hinter der Bank hatte, zu ändern und nun doch drei Jahre Miete im Voraus zu verlangen. Mein Neffe rief mich ein paar Tage später an, um mir zu sagen, dass es nicht nötig sei, ihm eine so hohe Summe zu ersetzen, und dass er auch meinen Familien-*keris* nicht haben wolle. Er bat mich, ihm irgendeinen *keris* zu kaufen und zuzuschicken. Er sagte auch, dass es vielleicht einen anderen Grund für all dies gebe.

Ich ging zum *Alun-alun Utara*[9], wo ich einen *keris* von mittlerem Wert erstand (ich gab 250.000 Rupie aus), und erneut hörte ich die innere Stimme, die diesmal zu mir sagte: ›Ich werde dir dieses Geld ersetzen‹. Wieder war ich überrascht und wieder glaubte ich nicht daran. Am Tag darauf teilte ich meinen Kollegen in der Bank mit, dass ich meine Meinung in Bezug auf die Miete noch einmal geändert hätte und erzählte ihnen die ganze Geschichte.

Eine Woche später rief mein Sohn an, um mir mitzuteilen, dass er seine Arbeit in Sumatra beendet habe und am nächsten Tag in sein Haus nach Bandung zurückkehren würde. Plötzlich, ohne zu wissen warum, fühlte ich ein ungeheures Bedürfnis, ihn zu bitten, vorher in Solo vorbeizukommen. Als mein Sohn angekommen war, erinnerte er sich an einige Unterlagen, die er brauchte, und fragte seine Mutter, wo sie sich denn befänden. Sie antwortete ihm, er solle im Geldschrank nachsehen. Dort fand er zwar nicht seine Unterlagen, aber er kam mit dem verschwundenen *keris* in der Hand ins Esszimmer zurück. Ich rief sofort meinen Neffen an, um ihm die freudige Nachricht zu überbringen. Ein paar Tage später wollte meine Schwester den *keris* kaufen, den ich auf dem *Alun-alun Utara* erworben hatte, und so wurden mir die 250.000 Rupie, wie angekündigt, ersetzt. Diese Geschichte

---

9| Ein Platz in Solo, an dem man *keris* von geringem Wert erwerben kann.

veranschaulicht recht gut, welcher Art die innere Stimme ist, wie lange es manchmal dauert, bis sie sich bewahrheitet, wie klein unser Vertrauen und wie groß unsere Unwissenheit ist.«

Wie in dieser für seinen Unterweisungsstil typischen Erzählung wählt Pak Wondo immer konkrete und relativ selten spirituelle Begebenheiten aus, um die wichtigsten Gedanken an Beispielen zu erläutern. Je feiner und metaphysischer das ist, wovon er spricht, desto einfacher werden, so scheint mir, die Beispiele, die er anführt. Pak Wondo ist nämlich sehr auf der Hut gegenüber jeglicher Form der Rhetorik oder übertriebenem Nachdruck und achtet darauf, die Anwesenden nicht zu beeinflussen.

Mich persönlich hat diese Geschichte zwei zusätzliche Überlegungen anstellen lassen: erstens, dass viel Beständigkeit und Geduld erforderlich ist, und zweitens, dass es viel wichtiger ist, unserem *guru sejati* zu gehorchen, als ihm zu glauben.

Wie die Dinge verlaufen ist im Wesentlichen jedenfalls außerhalb unserer Kontrolle.

Absicht und Wille

> *Solange sich die Aufmerksamkeit auf das Ego fixiert*
> *(das von Aufmerksamkeit lebt und nur stirbt,*
> *wenn ihm dieser Halt entzogen wird), kann sie sich nicht*
> *auf Gott ausrichten und das Ego kann sich nicht*
> *im göttlichen Licht auflösen.*
> A. Huxley

Eine dieser typischen, einfachen, aber nicht leichten Fragen, auf die der ›Experte‹ oft keine Antwort findet, ist die Frage, wo man beginnen soll.

Ich erinnere mich meiner Verlegenheit und des unerwarteten Gefühls der Leere, das in mir entstand, als Dylan, der siebenjährige Sohn einer Freundin, mir die harmlose und direkte Frage stellte: »Tante Laura, was ist Meditation?«. Ich fühlte eine Beklemmung in der Magengegend, gefolgt von dem Gedanken: ›Die Wahrheit hat eine einfache Sprache‹, und wenn das stimmt, muss ich es ihm erklären können. Ich schloss die Augen, und er machte es mir nach. Ich sagte: »Meditation bedeutet, die Augen zu schließen und im Herzen zu sagen: ›Mach, dass mein Leben immer in der Wahrheit ist‹.« – »Tante, heißt das, dass meditieren bedeutet, nicht zu lügen?« – »Ja, das auch, wenigstens dir selbst gegenüber nicht. Gott ist kein Herr, der dort oben im Himmel wohnt, sondern er wohnt in dir, ist Teil von dir: Du bist auch Gott und Gott ist auch in dir. Meditation ist, ruhig und still zu sein, mit einem Herzen wie ein großes Gefäß, und zuzulassen, dass es sich mit all den schönen Dingen anfüllt, die das Leben bereit stellen will. Meditation bedeutet, sich in seiner eigenen Haut wohl zu fühlen und alles, was ist, akzeptieren zu können.« Dylan hörte mir ruhig und aufmerksam zu. Ich hatte den Eindruck, dass er sehr wohl verstand, wovon ich sprach. Am Ende sagte er: »Dann tut Meditation also gut.« – »Ja, sehr«, antwortete ich ihm. »Tante, zeigst du mir wie man das macht?« – Dieses Gespräch ist mir immer im Gedächtnis geblieben, ungefähr so wie ich mich an meine Grundschullehrerin erinnere, als sie uns die Großschreibung beibrachte. In Dylan, der zunächst nur aus Neugier diese Frage formuliert hatte, entstand gewissermaßen eine neue ›Absicht‹, der sogleich Wunsch und Wille folgten (»Zeigst du mir, wie man das macht?«).

Genau hier, bei der Ernsthaftigkeit der ersten Absicht, setzt man in der *Sumarah*-Praxis an. Über die Notwendigkeit, den Zündschlüssel umzudrehen, um den Motor in Gang zu setzen, und darüber, wie wichtig es ist, den Anlasser nicht immer weiter zu starten, wurde bereits gesprochen. Beim Meditieren liegt der Schlüssel zu einem guten Anfang in einer intensiven, aber kurzen Absicht. Danach muss man die Führungsposition aufgeben und einfach ›dem Prozess folgen‹. Auf diese Weise wird das Risiko vermieden, in der Willenskraft und in dem Ehrgeiz, es zu schaffen, ›abzusaufen‹.

Zwischen Absicht und Wille besteht ein sehr empfindliches Gleichgewicht. In der *Sumarah*-Praxis werden sie klar voneinander unterschieden. Der Absicht *(niat)* liegt eine ziemlich leichte und vom Ergebnis noch relativ losgelöste innere Haltung zugrunde. »Sie ist das, was dich die *becak* nehmen lässt, um hierher zu kommen«, sagt Pak Wondo. Sie entsteht aus einem Bedürfnis, aber noch stellt sich nicht die Frage der

Befriedigung. Der Wille hingegen ist schon eine andere Angelegenheit. Im Indonesischen wird Wille *tekad* genannt oder auch *kemauan,* vom Verb *mau,* das ›wollen‹ bedeutet. Der Wille ist Ausdruck eines Wunsches und gleichzeitig ein Instrument, um ihn zu verwirklichen: Auch wenn man von einem ›guten‹ Wunsch und positiven Ehrgeiz geleitet wird, so endet es doch immer damit, dass man ein gewisses Maß an Anspannung und Projektion in die Zukunft aufbaut. Leider wurde uns auch beigebracht: ›Wo ein Wille ist, ist auch ein Weg‹ ... ein uralter Betrug, der uns – in den meisten Fällen ohne dass wir es bemerken – auf die eine oder andere Art mürbe macht. Doch ist diese Überzeugung die Grundlage für eine Ethik der Anstrengung, die für die zeitgenössische abendländische Kultur so typisch ist. »Sei nicht zu ernst; lass dich fallen; versuch nicht, etwas zu machen oder zu sein; erzwinge nichts; nimm dir Zeit ...« sind demgegenüber die häufigsten Anweisungen, die Pak Wondo uns Westlern gibt, gemeinsam mit einer anderen, oft wiederholten Empfehlung: »Erinnert euch an euren Rücken, fühlt euren Rücken.«

Ich spreche bewusst in diesem Buch fast nie darüber, wie man meditiert, was man macht, weil die *Sumarah*-Meditation, wie ich schon mehrmals gesagt habe, vor allem eine Praxis ohne feste Regeln ist und keine Theorie. Sie geht davon aus, dass jeder seinen eigenen individuellen Verlauf und seine eigenen Umstände hat. Es lohnt sich jedoch hervorzuheben, wie viel Bedeutung und Aufmerksamkeit dem Rücken beigemessen wird, vor allem in Pak Wondos Unterweisung. Wie schon erwähnt, wird nach javanischer Auffassung der Bereich der Brust und im Allgemeinen die Vorderseite des Körpers als Sitz der Emotionen betrachtet, während die Rückseite des Körpers, der Rücken, als Sitz des Gewahrseins gesehen wird. In der Praxis der Meditation, sowohl der ›speziellen‹ als auch der ›alltäglichen‹, bedeutet ›hinten‹ zu sein, in Kontakt mit dem eigenen Gewahrsein zu sein und – zumindest zeitweilig – eine gewisse Distanz zu den eigenen Emotionen zu haben. Den Rücken zu fühlen, ist nämlich schon für sich genommen eine ›Haltung‹, die Entspannung erleichtert und einen wohltuenden Abstand zum Geschehen erlaubt. Dadurch, dass man seine Aufmerksamkeit auf den Rücken lenkt, stellt sich auf der Vorderseite von selbst ein Gefühl der Öffnung, eine tiefere Empfangsfähigkeit und ein generelles Gefühl der Weite ein. Diese Fähigkeit der Nichtanstrengung ist zugleich die Kunst, einen Schritt rückwärts zu treten, um das, was vor uns liegt, aufmerksam zu beobachten, es aufzunehmen, ohne aber dabei unser Zentrum und unsere Ganzheit zu verlieren. Zudem ermöglicht gerade die Distanz, ganz im Gegenteil zu dem, was wir uns vorstellen, dass man besser und mehr sieht. Weit entfernt davon zu Unverständnis oder Gleichgültigkeit zu führen, erlaubt dieser Abstand eine vollständigere und weniger emotionale Sicht. Sich an den Rücken zu erinnern und sich darin zu üben, die Rückseite des Körpers zu beleben, ist deshalb so wichtig, weil wir die meiste Zeit auf die Vorderseite ausgerichtet sind: sichtbar in der ärgerlich gerunzelten Stirn, in der eingefallenen Brust, im angespannten Bauch, genauso wie in unseren Plänen, Zukunftsängsten und Erwartungen an die Zukunft. Auf diese Weise sind wir unvollständig, denn wir funktionieren nur zum Teil.

Wieder auf die Frage nach der Absicht und dem Willen zurückkommend, können wir sagen, dass sich der Wille vorn befindet und die Absicht hinten. Hängt der Wille nämlich noch sehr von den Emotionen ab, ist die Absicht vielmehr mit dem Gewahrsein verbunden und weniger starr in Bezug darauf, wie Pläne in Angriff genommen werden. Da wir uns außerdem selten das wünschen, was wir wirklich brauchen, wendet sich der Wille letztendlich oft gegen uns selbst und führt uns nicht zu dem, dessen wir wirklich bedürfen. Ein Grund mehr, unseren Willen im Auge zu behalten und ihm nicht bedingungslos zu vertrauen. Pak Wondo, der gern kulinarische Beispiele anführt, bringt dazu ein persönliches Beispiel: »Ich habe oft Lust auf Lammspieße, aber wegen meines hohen Cholesterinspiegels sollte ich eigentlich nicht danach verlangen. Mein Wille, von Begierden genährt, würde mich viele Dinge tun lassen, die eher meinem Ego als meinem übrigen Sein gut tun würden.«

Paradoxerweise verwenden wir oft die außergewöhnliche Kraft des Willens, um uns selbst zu schaden. Wir erzeugen Leid für unsere Seele und für unseren Körper und, wie wir wissen, geht kein Schmerz so tief wie der, den wir uns selbst zufügen.

Die inneren Konflikte, die uns ein Leben lang zerreißen und Unbehagen, Ängste, Verwirrung und Unglück verursachen, führen uns, wenn wir sie bis auf ihren innersten Kern freilegen, oft zu dem grundlegenden Konflikt zwischen Wille und Wirklichkeit, zwischen Begierde und Bedürfnis. Die Falle, in die die Kultur der westlichen Welt geraten ist, besteht darin, dass Wille mit Erfolg gewissermaßen gleichgesetzt wird: Uns wurde beigebracht, dass Anstrengung mit Erfolg belohnt wird und dass Konzentration, das Hauptinstrument unseres Willens, erforderlich ist, damit sich unsere Wünsche erfüllen. Aus der Sicht von *Sumarah* sind Konzentration und Meditation jedoch zwei gegensätzliche Übungsansätze: Konzentration nach innen (zum Beispiel auf den Atem) wie auch nach außen (zum Beispiel auf die Flamme einer Kerze oder auf ein Bild) bringt immer ein bestimmtes Maß an Vorsatz und Ehrgeiz mit sich, was seinerseits aufgrund der Anstrengung Spannung produziert; Meditation hingegen basiert auf Entspannung, darauf, sich nicht anzustrengen und nichts zu machen, und darauf, geschehen zu lassen.

Obwohl der Wille enorme Anstrengung von Seiten des Ichs erfordert, führt er paradoxerweise oft dazu, dass wir den Kontakt mit dem wahren Selbst verlieren und uns sogar mit dem Objekt der Begierde identifizieren. Darüber hinaus verlassen wir uns bei der Konzentration vor allem auf unsere Kräfte und somit auf unser Ego, während es in der Meditation gerade dieses Ich ist, von dem wir uns lösen und mit dem wir uns nicht mehr identifizieren wollen.

Wir haben gesehen, dass es in der Praxis darum geht, über die Begierden des Ichs und über das Diktat der Persönlichkeit hinauszugelangen; es wäre daher ein Widerspruch, sich ausgerechnet auf die Fähigkeiten des Ichs zu verlassen, das im Grunde nichts anderes ist als das Sprachrohr der Persönlichkeit und ihrer Ansprüche. Ist es das Ziel, zu verwirklichen, wer wir wirklich sind, wird es irreführend und trügerisch sein, Willen und Konzentration zu benutzen und zwar aus dem einfachen Grund, weil sie uns einschränken und uns somit in einer umfassenderen Wahrnehmung behindern.

Die so genannte eigene Verwirklichung, im Sinne eines vollständigen Ausdrucks der eigenen Persönlichkeit, ist zweifellos eine weitverbreitete Besessenheit in der westlichen Kultur, in der es als goldene Regel für ein zufrieden stellendes Leben gilt, auf die Individualität Rücksicht zu nehmen oder diese sogar zu verehren.

Die Identifikation mit der eigenen Persönlichkeit, so wie übrigens auch mit den eigenen politischen oder religiösen Ideen, dem eigenen Aussehen, dem eigenen ›Stil‹ usw., führen gewöhnlich zu einem gewissen Glücksgefühl, das bis zu dem Tag anhält, an dem einer dieser Aspekte entfällt, und wir feststellen, wie vergänglich diese Eigenschaften sind. Wenn wir uns mit einem oder mehreren Persönlichkeitsaspekten identifizieren, dann sind Enttäuschung und Leid unvermeidbar, denn eine solch eingeschränkte Sicht wird früher oder später immer zu einer Quelle des Schmerzes.

Ich habe einen Freund, der seit Jahren seine Tage vor dem Computer verbringt und dabei gleichzeitig drei Bücher schreibt, die er kontinuierlich perfektioniert und vielleicht nie zu Ende bringen wird, weil sie den Anforderungen seines Ehrgeizes niemals entsprechen werden. Eifer und Wille halten ihn an diesen Stuhl gefesselt. In der Zwischenzeit hatte er drei Frauen an seiner Seite, die ihn nacheinander aus verschiedenen Gründen verlassen haben, aber alle beschwerten sich darüber, dass er der Beziehung zu wenig Zeit gewidmet habe. Hier handelt es sich um eine einfache (und leider weit verbreitete) Form der Einseitigkeit und Identifizierung mit unserem Ich. Es gibt noch viel dramatischere Formen, alle aber zeugen vom Missbrauch der Willenskraft und von der Anhaftung an den Ehrgeiz unseres partiellen Ichs.

Setzt das Ich seine Kraft mit großem Eifer und Beharrlichkeit ein, so ist seine Macht enorm, und genau daraus erwächst die Notwendigkeit der Läuterung *(pembersihan)* – ein langer und oft schmerzlicher Prozess, der erforderlich ist, um sich dem Selbst anzunähern. Pak Arymurthy spricht oft über die Gefahr, die darin liegt, wenn die Erkenntnisse unserer Zeit nicht von einem entsprechenden Läuterungsprozess begleitet werden, und darüber, dass die Intelligenz und der menschliche Wille – ohne die Erweckung des höheren Bewusstseins *(budi)* – dazu verurteilt sind, die Menschheit zu zerstören.

Wahre Kraft, wahrer Enthusiasmus und wahre Macht haben *Sumarah* zufolge einen anderen Ursprung. Kürzlich hat Pak Arymurthy einen neuen Begriff geprägt, um die Kraft der göttlichen Inspiration zu definieren. Er nannte sie *pulsa*, ›Puls‹ – im Sinne einer treibenden Kraft. Er erklärte, dass *pulsa* etwas ganz anderes sei als Willenskraft, auch wenn sie manchmal in ihrem Ausdruck der Willenskraft ähnele. Er fügte hinzu, dass sie *budi* übergeordnet sei, aber ›unter‹ der *Tuntunan*, der höchsten Führung, stehe. Mit anderen Worten: Sie ist eine göttliche Gabe. Sie ist die Kraft und der Enthusiasmus, die uns befähigen, dem Guten nachzugehen, ohne Erwartungen zu haben. Sie ist die fast magische Energie, die uns manchmal durchdringt und die uns für einen höheren und uneigennützigen Zweck scheinbar unüberwindbare Schwierigkeiten und Schmerzen überwinden lässt. Sie ist die Kraft einer Mutter Teresa zum Beispiel, die so viele Jahre hindurch eine für ihr Alter außergewöhnliche Energie besaß und eine physische Widerstandsfähigkeit, die jenseits jeglicher Norm lag. Das, was sie führte, war offensichtlich nicht ihre Willenskraft. Hingegen befand sie sich in einem kontinuierlichen Zustand der Gnade, in der göttlichen Macht der Liebe, kanalisiert durch ein menschliches Wesen. Bei anderen Gelegenheiten definierte Pak Ary *pulsa* einfach als göttliche Liebe *(cinta kasih Tuhan)* und als die Verwirklichung der jedem von uns innewohnenden Möglichkeit, den eigenen göttlichen Teil zu offenbaren. So wie wir alle nämlich mit unserem *hati nurani* (reinem Herzen) und unserem *guru sejati* (inneren Lehrer) in Kontakt treten können, so können wir alle gewissermaßen die Kraft des *pulsa* offenbaren.

Nelson Mandela zitierte in einer Rede folgende Worte:

»Unsere tiefste Angst ist nicht die, dass wir unzulänglich sind. Unsere tiefste Angst ist, dass wir eine Kraft haben, die unermesslich ist. Es ist unser Licht, nicht unsere Dunkelheit, das uns am meisten ängstigt. Wir fragen uns: ›Wer bin ich denn, dass ich brillant, wunderbar, talentiert und großartig sein soll?‹ Aber wer bist du denn, dass du es nicht wärest? Du bist ein Kind Gottes. Es dient der Welt nicht, wenn du dich klein machst. Es ist nichts Erleuchtetes darin, sich klein zu machen, nur damit die anderen sich in deiner Nähe nicht unsicher fühlen. Wir sind geboren, um die Herrlichkeit Gottes in uns zu verwirklichen. Sie ist nicht nur in einigen wenigen Menschen, sie ist in jedem einzelnen. Und indem wir unser Licht leuchten lassen, geben wir unbewusst auch anderen die Erlaubnis, dasselbe zu tun. Sind wir von unserer Angst befreit, befreit unsere Gegenwart von selbst alle anderen.« (aus Marianne Williamson: *A Return to Love)*

In *Sumarah* ist der Gedanke des Prozesses fundamental: Alles ist ein Prozess, schrittweise, rätselhaft und überraschend. Den Prozess zu erzwingen, kann nichts anderes bewirken, als ihn zu verlangsamen. In diesem Sinne ist der Ausgangspunkt in *Sumarah* nicht der Wille, sondern die Absicht, denn sie gibt ein Gefühl für die Richtung, und statt ›sein müssen‹ oder ›machen müssen‹ lässt sie Raum und erzeugt weniger Anstrengung. Wir werden oft daran erinnert, dass wir einfach nur lernen *(belajar)* und üben *(latihan)* und dass es in gewissem Sinne nicht unsere Angelegenheit ist, Ergebnisse zu erreichen. Unsere Aufgabe besteht nur darin, dem Prozess zu folgen, mit dem Fluss zu fließen.

Während meiner Jahre auf Java musste ich immer wieder viele Lektionen über den Fluss des Lebens lernen, bis ich endlich davon überzeugt war, dass der Wille bei den wirklich wichtigen Dingen keine Hilfe ist.

Die extremen Erfahrungen, die ich manchmal durchlaufen musste, waren wahrscheinlich wegen meiner ebenfalls extremen Überzeugungen notwendig. Oft habe ich geglaubt, dass ich es nicht schaffen würde, aber Pak Wondos und Pak Arymurthys Führung ist es zu verdanken, dass es nie selbstzerstörerisch wurde, wenn ich bis an die Grenzen meiner Kräfte gegangen bin. Im Gegenteil: Die Tatsache, dass an einem bestimmten Zeitpunkt um mich herum und in mir selbst alles in Stücke ging, erlaubte mir, all die Teile von mir selbst zu sehen und zu berühren, von denen ich bislang nur eine theoretische Vorstellung hatte. Ich denke, dass ich vor allem durch die Erfahrung des Schmerzes schließlich das, worauf Pak Wondo verweist, wenn er von der Machtlosigkeit des Ichs und den Grenzen des Willens spricht, von Grund auf verstanden habe und damit auch die Wahrheit des indischen Sprichwortes: »Gott tritt meist über eine Wunde ein«.

Die Bedeutung der Entspannung

Unser Intellekt nimmt in der Ordnung der verstehbaren Dinge denselben Platz ein, den unser Körper in der Unermesslichkeit der Natur einnimmt.

Pascal

In der *Sumarah*-Praxis wird, wie bereits erwähnt, zwischen Konzentration und Meditation klar unterschieden. Der Unterschied besteht im Wesentlichen in der Entspannung.

In der Konzentration sind wir fast ausschließlich nach vorn ausgerichtet, im physischen wie auch im übertragenen Sinne. Sich zu konzentrieren, bedeutet, ›alles zum Zentrum zu bringen‹, sich intensiv in einem Punkt zu sammeln und von dort auszugehen, damit wir eine klare Sicht erlangen oder ein selbstgestecktes Ziel erreichen. Im Verständnis von *Sumarah* wird, wie wir schon gesehen haben, die Vorderseite des Körpers als der Sitz der Emotionen betrachtet. Konzentration ist fraglos mit der emotionalen Ebene und in besonderem Maße mit Ehrgeiz verbunden, während Entspannung, ein erster Schritt des Gewahrseins, mit unserer Rückseite in Beziehung steht.

In gewissem Sinne ist Entspannung das Gegenteil von Konzentration, eine Ent-Spannung. Der Wahrnehmungsradius wird ausgedehnt, nach und nach vom Punkt der anfänglichen Absicht aus erweitert, bis er alles umfasst: den Körper mit seinen Anspannungen, den Verstand mit den Gedanken, das *rasa* mit seinen Gefühlsregungen und Empfindungen und dann, ganz langsam, werden auch die Elemente, die uns umgeben, mit einbezogen: die Luft, die Gerüche, die Geräusche, die Lichter und alle anderen Wesen. Der Radius erweitert sich dahingehend, dass er sich fast auflöst und es fast keinen Radius mehr gibt. Der Kreisumfang ist dann zu einer flexiblen und zarten Linie geworden, die sich weiterhin frei ausdehnt. Von der einfachen physischen Entspannung ausgehend, kann man so zu einer Erfahrung vollkommener Vereinigung gelangen. Aber der menschliche Verstand scheint die außergewöhnliche Fähigkeit zu haben, die Wahrheit zu vernebeln. Sträubt er sich, dann behindert er uns im Geschehenlassen. Er fixiert und blockiert uns und schafft es meistens, alles zu verderben. Die Gedanken an sich sind nicht das Problem, wäre nicht unsere Anhaftung an sie.

Wenn Pak Wondo in die physische Entspannung führt, dann geht er gewöhnlich von der Rückseite des Körpers aus und er geht von oben nach unten: vom Hinterkopf über den Nacken zur Wirbelsäule. Ein Lehrer chinesischer Abstammung, Pak Darno Ong, regte dazu an, sich vorzustellen, die Haare mit den Händen zurückzukämmen, was uns dabei helfen kann, die Energie zu fühlen, wie sie von vorne nach hinten strömt und dann von oben nach unten fließt, bis sie sich schließlich – frei von Sorgen und Mühen – an der Basis der Wirbelsäule gemütlich ›setzt‹ (was man im Javanischen mit dem Ausdruck *semeleh* bezeichnet).

Es existieren unendlich viele Stufen der Entspannung. Sie sind jedoch alle durch ein und dieselbe Eigenschaft gekennzeichnet: geschehen zu lassen und aufzugeben, was wir haben oder zu haben glauben, wie zum Beispiel unsere Vorstellungen, Gewohnheiten, Emotionen, Ängste, physischen Spannungen und so fort …

Auch ist die einfache Entspannung niemals nur rein physischer Art. Um alles geschehen lassen zu können und mitzufließen, ist es notwendig, dass wir uns unseres Anhaftens gewahr werden: Wir müssen es anerkennen und akzeptieren, erst dann können wir es überwinden. Das ist nicht leicht, denn es widerstrebt unserem Bemühen, auf eine bestimmte Art und Weise zu sein (die so gut wie nie so ist, wie wir wirklich sind), und ist unserer tief verwurzelten Unfähigkeit, einfach zu sein, anstatt jemand oder etwas zu sein, entgegengesetzt. Je mehr wir unser Wissen über andere Gebiete vergrößern, umso weniger, so scheint es beinahe, wissen wir über unser Sein Bescheid.

In den Lehren der hinduistischen wie auch in der Sufi-Tradition wird oft davon gesprochen, dass wir uns irren, wenn wir das Sein mit dem Körper identifizieren. Die meisten von uns haften noch sehr an diesem Irrtum und halten den permanenten Konflikt aufrecht, der daraus erwächst. »Diese Anhaftung«, erklärt Gangaji (Schülerin und Nachfolgerin von Poonjaji), »ist nichts anderes als ein Mittel, mit dem versucht wird, den erschreckenden Gedanken, dass ich nichts bin, zu vermeiden.« Dabei handelt es sich um eine Angst, die der Unwissenheit entspringt: Dieses Nichts ist erschreckend, wenn man es nicht erfährt, sondern darüber nur Mutmaßungen anstellt; ohne Widerstand erlebt, wird es zu einer Quelle der Offenbarung, weil man genau da, wo man sich verliert, genau da, wo man denkt, dass es nichts mehr gibt, sich selbst begegnet.

Oft sagt Pak Wondo einfach: »Es ist zu spät, wir sind bereits im Leben!« Was bedeutet: Wir nutzen die Gelegenheit und entspannen uns, lassen uns nicht beirren und geraten nicht auf Abwege, indem wir uns in zweitrangigen Projekten verlieren. *Sumarah* zufolge ist allein das menschliche Herz von dieser Sehnsucht nach dem Einen erfüllt, nur der Mensch kann an seiner Trennung vom Ursprung leiden und wird von existenziellen Ängsten und kosmischen Zweifeln gequält.

Ein javanisches Lied lautet:
  Welch eine Brise da weht,
  das Gefühl des Windes,
  Pflanzen und Bäume sind erwacht,
  sind grün und frisch wie Neuvermählte.
  Hirtenknabe, Büffeljunge,
  erklimme diesen *blimbing*-Baum.
  Klettere, wenn du dein feierliches Gewand
  anlegen möchtest,
  selbst wenn du abrutschst.
  Der lange flatternde Stoff ist zerrissen,
  nähe ihn, flicke ihn,
  damit du später am Abend in der Lage bist,
  den Palast zu betreten.
  Nutze es, dass der Mond groß ist.
  Nutze es, dass sein Lichthof weit ist.
  Oh ja, stoße einen Schrei der Freude aus!

Das ist die spirituelle Arbeit. Die Übung besteht in der Schulung der Wahrnehmung. Die Javaner sprechen davon, ihrem eigenen Ich zu begegnen, und in der *kejawen*-Tradition gibt es sogar einige Meditationstechniken, die lehren, sich körperlich vor sich selbst erscheinen zu sehen.

Zu diesem Thema erinnere ich mich an eine Erfahrung, die mich seinerzeit nicht wenig erschreckte. Ich hatte mich eines Abends zum Meditieren hingesetzt. An der mir gegenüberliegenden Wand befand sich ein Schrank mit einem Spiegel. Ich hatte nicht darauf geachtet, aber nach einer Weile merkte ich, dass es mir diesmal nicht wie sonst gelang, meine Augen zu schließen. Statt dessen fühlte ich mich von meinem Spiegelbild angezogen. Ich beobachtete mich und wurde gewahr, dass ich mich mit anderen Augen sah. Nach einer Weile schien mein Gesicht sehr ernst und allmählich immer finsterer zu werden. Meine Gesichtszüge schienen sich zu bewegen, als wollten sie sich verwandeln. Ich schloss die Augen und als ich sie wieder öffnete, war es das Spiegelbild, das mich ansah. Wir waren zu zweit und es war nicht mehr klar, wer wen ansah. Es war eindeutig anders als sonst in meinem Leben, wenn ich mich im Spiegel betrachtet hatte. Der Blick in meinem Gesicht war ein anderer. Ich hatte Angst, aber ein seltsamer Magnetismus erlaubte es mir nicht, mich von diesem Anblick abzuwenden. Das Ganze dauerte, glaube ich, ungefähr eine halbe Stunde, bis ich es endlich schaffte, die Augen zu schließen und zu mir zurückzukehren. Tags darauf machte Pak Wondo mir verständlich, dass eine Trennung zwischen meinem wahren Ich und meinem Körper – dem Ich, das ich zu sein glaubte – stattgefunden habe. Er betonte die Gefahr dieser Art von Praxis und verwies auf das Risiko, nicht mehr ›zurückkehren‹ zu können. Er sagte, dass man in *Sumarah* nicht diese ›Spielereien mit dem Leben‹, wie er es nannte, mache und dass ich mich davor hüten solle, verschiedene Meditationstechniken zu vermischen. Ich versprach, es nicht wieder zu tun, aber seit damals weiß ich, worauf jemand anspielt, wenn er mir davon erzählt, in der Meditation dem eigenen Ich zu begegnen.

Aber kommen wir auf das Thema ›Entspannung‹ zurück.

So gut wie jede *Sumarah*-Meditation beginnt mit Entspannung: zuerst physisch, dann auf unsere Gefühle und schließlich auf unsere Gedanken bezogen. Pak Wondo sagt: »Setzt euch bequem hin, habt keine Eile und versucht, nicht nur die physischen Anspannungen und die vielen Gedanken gehen zu lassen, sondern auch alle Erwartungen und Wünsche, einschließlich dem Wunsch, eine gute Meditation haben zu wollen. Versucht nicht, den Prozess zu lenken, erzwingt nichts.«

In einem solchen Moment geschieht es häufig, dass jemand die Augen öffnet, verunsichert darüber, was zu tun sei. Ja wie, das ist alles? Aber ich muss doch irgendetwas machen? Nichts? Die Praxis ist genau das, nämlich nichts zu tun und nur hier und jetzt vollständig da zu sein: vollständiges Loslassen, sich bedingungslos dem Leben hingeben in genau diesem Moment. Das ist alles – und das ist nicht wenig.

Sich voll des gegenwärtigen Augenblickes und völlig im gegenwärtigen Augenblick bewusst zu sein, darin liegt das Wesentliche der spirituellen Praxis. Tiefe Entspannung, begleitet von Gewahrsein, ist der Kern dieses Zustandes des völligen Sichhingebens an das, was ich in einem bestimmten Moment bin, was du bist, was er oder sie ist. Hier ist es wieder einmal möglich, den Aspekt der Passivität in der Meditation misszuverstehen. Daher ist es wichtig, daran zu erinnern, dass Akzeptanz weder Resignation noch Unterwerfung meint, sondern den ersten

Schritt hin zu Veränderung bedeutet. »Die *Sumarah*-Meditation«, sagt Pak Wondo oft, »ist keine bloße Suche nach einem angenehmen physischen Zustand *(nglaras)*, sondern eine Praxis reinen Gewahrseins.« Scherzend nennt Pak Wondo die Entspannung manchmal ›leer‹, *sumarah ngglundhung* (entkräftet), wohingegen sie, wie er betont, ›voller‹ Gewahrsein sein sollte. Nur dann wird die *Sumarah*-Praxis aktiv, lebendig und kreativ sein. In diesen tiefgründigen Zustand der inneren Entspannung einzutauchen, ist deshalb so nötig, so langwierig und so schwierig, weil in uns eine tief verwurzelte, aber auch unlogische Überzeugung zu existieren scheint, dass es in dieser Welt keine Dinge geben sollte, die uns missfallen. Im Allgemeinen ist unser Ich zu unendlicher Akzeptanz fähig, wenn ihm gegeben wird, was es will. Es rebelliert aber und – was noch unglaublicher ist – wundert sich jedes Mal, wenn ihm das, was es sich wünscht, verweigert wird. Daran zeigt sich, dass unser Problem vor allem ein Problem der Ablehnung ist. Uns fehlt nicht so sehr die Fähigkeit der Akzeptanz an sich, sondern eher das Verständnis der Vielschichtigkeit der Wirklichkeit, der Unauflösbarkeit von positiv und negativ und der absoluten Begrenztheit unseres Ichs. Eine Frage mangelnder Einsicht also.

Wie können wir da rauskommen?

Pak Wondo gibt oft den Rat: »Sage zuallererst ›ja‹«. Akzeptiere, nimm es in dir auf, lass das Ereignis, die Wünsche, Worte und Handlungen zu. Sie sind mittlerweile schon Teil der Wirklichkeit. Du kannst sie nicht mehr verleugnen. Sie existieren. Akzeptanz bedeutet nicht, ein Geschehen, dass wir nicht billigen, zu begünstigen, feindselige Worte zu unterstützen, einem Akt der Gewalt zuzustimmen, einer unbesonnenen Aufforderung Folge zu leisten, sondern bewusst zur Kenntnis zu nehmen, dass diese Ereignisse ›sind‹ und ihnen von daher das Recht und die Würde zustehen, für wirklich befunden zu werden. Eine derartige innere Ausrichtung hat, auch wenn es unglaublich erscheinen mag, eine große Auswirkung auf die uns umgebende Wirklichkeit und verändert diese oft auf wundersame Weise.

Vor einiger Zeit, als ich an der vierten Fassung dieses Buches arbeitete, wurde das Grundstück neben meinem Haus von einem Karosseriebauer gemietet, dessen Hauptarbeit darin bestand, alte Autos, die einen Unfall gehabt hatten, wieder instand zu setzen und sie dann neu zu lackieren. Täglich – den Sonntag eingenommen – drang von morgens acht Uhr bis nachmittags um fünf entweder der Lärm, den das Hämmern auf Blech verursachte, durch mein Fenster oder (und das waren dann die guten Tage) eine Wolke aus Lack, der mit Hilfe eines geräuschvollen Kompressors aufgespritzt wurde. Ich konnte nicht mehr; ich schaffte es einfach nicht mehr, mich zu konzentrieren; oft hatte ich Kopfschmerzen, aber vor allem war ich sehr, sehr wütend, dass meine Ruhe gestört wurde und dass ›sie‹ sich dessen nicht bewusst waren. Ich wusste aus Erfahrung, dass eine Meldung bei der zuständigen Ordnungsstelle des Viertels nur Zeitverschwendung gewesen wäre, und mich direkt bei dem Karosseriebauer zu beschweren, hätte nichts anderes bewirkt, als mir sowohl meinen Nachbarn als auch die zwanzig arbeitslosen jungen Leute zu Feinden zu machen, die den einzigen beiden dort arbeitenden Männern Gesellschaft leisteten.

Es war jedoch nicht von der Hand zu weisen, dass meine Geduld am Ende war und dass meine Arbeit unter den Gegebenheiten litt. So entschloss ich mich eines Tages, voller Wut und Empörung, ihnen die Meinung zu sagen. Ich zog meinen Kampfanzug an, das heißt Jeans und ein weites, hochgeschlossenes T-Shirt, trat aus der Gittertür und sah mich folgender Szene gegenüber: Zwei junge Männer, die nebeneinander am Wrack eines Kleinbusses arbeiteten, der offenbar ein sehr abenteuerliches Leben hinter sich hatte, kauerten am Boden. Einer der beiden rauchte voller Genuss eine *kretek* (eine Zigarette aus Gewürznelken) und zog dabei den Rauch auf die für die Javaner so typische ruhige und sinnliche Art ein, während der andere, gleichgültig gegenüber dem Staub und den Lackpartikeln, ein Glas Tee schlürfte, aus dem große Eiswürfel ragten. Ein Kind, das sehr nah bei dem ersten Arbeiter hockte, wahrscheinlich sein Vater, spielte mit einer toten Grille und stellte ihm ab und zu Fragen, die dieser wiederum beantwortete. Ein kleines Stück weiter saß der Karosseriebauer an der Türschwelle, ohne irgendetwas zu tun, und – so sah es zumindest aus – berauschte sich nahezu an dieser ›Musik‹. Die Ehefrau, inmitten dieser Szenerie, säuberte den Reis, ihn immer wieder auf dem *tampah* (breites Bambusbrett) hin und herwendend, und tauschte mit notwendigerweise sehr lauter Stimme Neuigkeiten mit der Nachbarin von der gegenüberliegenden Seite aus, die ihrerseits Läuse vom Kopf ihrer Tochter entfernte. Neben ihnen fütterte eine junge Frau ihr zwei Jahre altes Kind und schaukelte es dabei in der *slendhang* (breite Schärpe). Auf der Straße vor der Tür schlief in aller Seelenruhe ein *becak*-Fahrer zusammengekauert auf seinem Sitz, ein Bein oben, ein Bein unten, und wartete darauf, dass es elf Uhr schlüge und die Dame des Hauses nebenan dann wie gewöhnlich ins Zentrum fahren würde. Niemand schien auch nur im Geringsten durch diesen kontinuierlichen und penetranten Lärm gestört zu sein, der mir hingegen so sehr an die Nerven ging. Wie war das nur möglich? Was unterschied uns so grundlegend voneinander?

Im Bruchteil einer Sekunde verstand ich: All diese Menschen waren – unabhängig von ihrer unbequemen Haltung, von der Wärme, dem Staub und dem Lärm – völlig entspannt.

Ich dagegen war total angespannt. Trotz dieser plötzlichen Eingebung und obwohl die Eindringlichkeit dieser Szene meine Überzeugung und meine Kampfstimmung gedämpft hatte, hielt ich an meinem ursprünglichen Plan fest. Ich wandte mich mit ziemlich ruhiger und freundlicher Stimme an die Gruppe und sah, wie in Zeitlupe acht Augenpaare gleichzeitig zu mir herschauten und nicht verstanden. Dem Großteil der Leute gelang es sogar, noch nicht einmal den Gesichtsausdruck zu verändern; eine der Frauen lächelte, offensichtlich verlegen, während der Karosseriebauer der einzige war, der reagierte und sagte:»Was soll ich tun, das ist meine Arbeit!«

Am Abend schrieb ich in mein Tagebuch:»Wieder einmal habe ich etwas von den Javanern gelernt. Ihre Fähigkeit zur physischen und emotionalen Entspannung ist außerordentlich, und ich denke, sie kommt aus einer Akzeptanz der Wirklichkeit, die so tief geht, dass sie zu einer zweiten Natur geworden ist, die ihnen erlaubt, auch in den schwierigsten Situationen ziemlich glücklich zu leben. In der Situation von heute hatten das Kind, die Frau, ihre Nachbarin und der *becak*-Fahrer überhaupt kein Problem mit dem Lärm, den der Karosseriebauer verursachte, weil sie dieser Angelegenheit gegenüber keine Ablehnung verspürten und auch keine besondere Meinung dazu hatten. Wir Abendländer, die wir ständig im Widerstreit und im Konflikt mit uns selbst und anderen sind, erzeugen kontinuierlich neue Spannungen und nähren in uns oft eine Atmosphäre der Negativität und Ablehnung. Das wirkt sich auf unsere körperliche und geistige Gesundheit aus und tut damit sicherlich auch unserer Seele nicht gut. Ich frage mich, ob es auch bei der scheinbar unendlichen Toleranz der Javaner eine Grenze gibt. Eines ist jedoch gewiss: Diese tiefe Entspannung gibt ihnen eine außerordentliche Kraft und eine besondere Widerstandsfähigkeit gegenüber widrigen Umständen.«

In der *Sumarah*-Praxis wird wiederholt hervorgehoben, dass der Akt der Akzeptanz vollständig sein muss. Pak Wondo betont häufig: »Akzeptiere alles, auch deine Weigerung.« Ja, auch die, denn wenn wir uns für ein definitives und lautstarkes ›Nein‹ entscheiden, wird, wenn danach ein tiefes und aufrichtiges ›Ja‹ zu den Ereignissen im Leben folgt, dieses vollständiger, mitfühlender, intelligenter und respektvoller sein.[10]

Die Frage der Akzeptanz ist immer wieder von Bedeutung, in der ›alltäglichen‹ Meditation wie auch beim Üben der ›speziellen‹ Meditation. Man kann sagen, dass es ohne Akzeptanz keine Entspannung und ohne Entspannung keine Akzeptanz geben kann. Auch hier ist es wichtig, zwischen passiver und aktiver Akzeptanz zu unterscheiden. An dieser Stelle sei ein Beispiel angeführt, das ziemlich häufig auftritt, nämlich dass wir in der Meditation plötzlich auf einen Schmerz aufmerksam werden, den wir nicht hatten oder meinten nicht zu haben, bevor wir uns zum Meditieren hinsetzten. Die erste spontane Reaktion ist für gewöhnlich Wut auf uns selbst und auf den Schmerz. Wir empfinden ihn als Eindringling, der uns bei der Ausübung unserer Meditation stören will. Indem wir den Schmerz nicht als einen Teil akzeptieren, der zu uns gehört, sind wir folglich zwei Anspannungen ausgesetzt statt nur einer: der Anspannung des Magenschmerzes zum Beispiel, der plötzlich aufgetaucht ist, und der Anspannung – die im Allgemeinen noch stärker ist – aufgrund der Verweigerung, der Ablehnung oder sogar des Hasses dem erlebten Schmerz und oftmals auch uns selbst gegenüber. Die Arbeit, diese Anspannung aufzulösen, wird somit doppelt mühselig.

10| Pak Wondo unterteilt und beschreibt den Prozess der Akzeptanz, indem er zwei Wörter aus dem Niederjavanischen *(ngoko)* verwendet, die ›wollen‹ *(gelem)* und ›nicht wollen‹ *(moh)* bedeuten.

I   Wollend und nicht wollend sind in Konflikt *(moh lan gelem tarung)*
II Das Nicht-Wollende wollend machen *(ngelemke si moh)*
III Auch das Nicht-Wollende wollen *(ngelemi si moh)*
IV Sogar das Nicht-Wollende wird gewollt *(moh ugo gelem)*
V   Nicht mehr wollen können, nicht wollen *(moh ora iso, gelem ora iso).*

Auf sehr ähnliche, wenngleich vielleicht weniger einfache Weise vollzieht sich die Entspannung auf der emotionalen Ebene. Auch hier kommt es nicht so sehr darauf an, den perfekten Zustand zu erreichen, wohl aber auf unsere innere Haltung und die Richtung, die der Prozess nimmt. Ist in Bezug auf die physische Spannung die Akzeptanz der eigenen Verfassung gewöhnlich noch relativ einfach, kann sich auf emotionaler Ebene oft schon allein das Eingestehen eines bestimmten negativen oder unangenehmen Gefühls sich selbst gegenüber als zu schwierig für das Ich erweisen. Das Gefühl wird demzufolge unterdrückt.

»Der Teil eures Körpers, der am meisten Freude und Schmerz empfindet, dieser Bereich ist der Bereich des *rasa*.« Wenn der *pamong* mit diesen einfachen Worten beginnt, auf die Entspannung des Gefühlsbereichs und der Emotionen hin zu lenken, sind im Raum auf einmal Seufzer, Wehklagen und manchmal auch Schluchzer zu hören. Das Herz zu berühren, während man sich in einer Meditation befindet, hat besonders in einer Gruppe fast immer sehr starke Auswirkungen und bringt unterdrückte oder verborgene Gefühle an die Oberfläche. Ängste, Schmerzen, Frustrationen, Enttäuschungen, Kummer, Ehrgeiz, Wut, Hass, Liebe, Wünsche, Schwärmereien, Freude, alte und neue Gefühle scheinen wie vom Boden eines Brunnens aufzutauchen. Pak Wondo führt die Meditation, indem er den Namen ›Allah‹ in verschiedenen Tonarten moduliert, und wenn die Anspannung sich nicht aufzulösen scheint, wiederholt er seit Jahren: »Versucht, auch eure Ablehnung zu akzeptieren, lehnt eure Ablehnung nicht ab.«

Vor allem für die Übenden aus dem Westen ist es besonders schwierig, den Geist zu entspannen, mit anderen Worten, den Verstand zeitweilig nicht aktiv sein zu lassen. Kaum vorstellbar, aber die meisten von uns sind in Wirklichkeit nicht bereit für diesen – wenn auch nur kurzen und vorübergehenden – Verzicht. Im Gegenteil, kaum wird der Verstand um ein wenig Ruhe gebeten, so scheint er geradezu verrückt zu spielen vor Verlangen und Bedürfnis, an alles und jeden zu denken. Die nichtigsten und dümmsten Gedanken erscheinen: kleine Tyrannen, die, so scheint es, gerade deshalb geschickt worden sind, damit sie uns stören; weit zurückliegende Erinnerungen tauchen auf, es fallen einem plötzlich Aufgaben ein, die man sich für morgen früh vorgenommen hat sowie Projekte für das nächste Jahr. Ein Teil von uns versucht verzweifelt, den

Verstand aufzuhalten. Ein anderer, wenn auch erschöpfter Teil, scheint zu flehen: »Ein bisschen noch, bitte, lasst mir doch wenigstens noch ein wenig meine Gedanken.«

Warum all dieses Durcheinander? Und warum all diese Anhaftung? Die Angst vor Stille, vor Leere, vor dem Nichts lässt uns verzweifelt an das klammern, was wir kennen. Dabei ist es völlig egal, dass es sich um belanglose Themen handelt. Wiederholungen, Langeweile und Nutzlosigkeit sind nicht von Bedeutung. Das, was bei dieser Navigation zählt, ist einzig und allein, bloß niemals die Küste aus den Augen zu verlieren. Unseren Zustand anzuerkennen, ist deshalb so wichtig, weil er nunmal den gewöhnlichen Zustand unseres Verstandes darstellt: ruhelos! Das Wohlbefinden, das sich mit der physischen Entspannung eingestellt hat, sowie die zugehörige innere Ruhe aufgrund der emotionalen Entspannung ermöglichen uns, das eindringliche Gesumme unserer Gedanken besser zu vernehmen. Der Wunsch und der Wille, unsere Gedanken aufzuhalten, dem Verstand einen Augenblick der Ruhe zu gönnen, vermögen da ziemlich wenig. Im Gegenteil, je intensiver wir es wollen, desto weniger tritt dies ein. Nichtsdestotrotz kämpfen wir weiter, wenn auch vergeblich, bis wir uns eines Tages damit abfinden, dass wir uns auf eine andere Art und Weise an die Arbeit machen müssen. Es gilt dann, unzählige verwurzelte Gewohnheiten zu verlernen und hunderte neue Übungen zu erlernen. Wir müssen den Mut haben, wieder von vorne zu beginnen, sauber zu machen, alte Möbel wegzuwerfen und Platz zu schaffen. Mit Respekt gegenüber dem Altvertrauten beginnen wir nach und nach, unsere Sicherheiten neu zu bedenken und Abstand zu dem zu gewinnen, womit wir in unserer Meditationspraxis im Laufe der Zeit konfrontiert werden – seien es körperliche Blockaden, verworrene Emotionen oder ununterbrochene Gedanken.

Schritt für Schritt lernen wir uns zu entspannen, zu sehen, ohne zu scharf hinzuschauen, zu bemerken, ohne zu urteilen. Und allmählich beginnen wir, die Illusion aufzulösen.

Die Meditation ermöglicht uns, die Tür zu öffnen, um zu erkennen, wer wir wirklich sind. Zwar haben wir die Haustür geöffnet, doch ist anfangs das Licht noch schwach und das Erkennen noch schwierig und unbeständig. Hier bedeutet ›sehen‹ noch ›undeutlich sehen‹ und es ist eher ein Erahnen als ein Verstehen.

Wenn wir uns uns selbst annähern, ›das Haus betreten‹, ist das, was wir zuerst entdecken, das, was wir nicht sind: Wir sind nicht, wer wir zu sein glaubten. Genau deshalb und (genau das) müssen wir verlernen. Es ist verständlich, dass es nicht leicht ist, unsere Gedanken und Emotionen gehen zu lassen, denn sind wir mit ihnen erst einmal identifiziert, scheinen wir unsere Identität oder sogar unser Leben selbst damit gehen zu lassen (und somit zu verlieren).

Beginnen wir, Abstand von dieser Identifikation zu nehmen, können unsere Gedanken und Emotionen freier kommen und gehen, sie können da sein oder nicht da sein, ohne uns sonderlich zu beeinflussen. Sind sie erst einmal wieder von uns geschieden, werden sie weniger interessant und verlieren ihr Gewicht.

Die Entspannung ist also auch der erste Schritt, der aus der Identifizierung des Selbst mit den Emotionen erlöst und somit die Identifikation rückgängig macht. Es besteht eine sehr feine Grenze zwischen dieser Art von Loslösung einerseits und der Unterdrückung oder der Nichtanerkennung auf der anderen Seite. Beständige Arbeit hin zu Gewahrsein und Bewusstheit wird deshalb umso notwendiger. Die Identifikation rückgängig zu machen, kann nämlich leicht dazu führen, die eigenen Gefühle oder die der anderen zu verneinen; auf diese Weise wird Loslösung zu Nichtberücksichtigung, und Distanz wird zu Gleichgültigkeit, Flucht oder Schutz. Das ist nicht der Weg des Bewusstseins und der Bewusstwerdung, sondern führt uns, ganz im Gegenteil, weiter weg von uns selbst.

Um es noch einmal zu sagen: Achtsamkeit und Aufrichtigkeit sind die wichtigsten Eigenschaften.

Die Dimension von *rasa:* Gefühl, Sensibilität und Sensitivität

Ein verräuchertes Zimmer, in dem Gangster zusammenkommen,
wird von einer anderen Atmosphäre erfüllt als das, in dem
sich alte Damen treffen, um gemeinsam Tee zu trinken.

Pirsig

»Die einzige Sprache, die zählt, ist die Sprache des Herzens. Alles andere ist nicht von Bedeutung«,[11] schreibt Irina Tweedie. Zu extrem? Nicht, wenn man über spirituelle Praxis spricht.

Die Sufis sehen in dem Gefühl des Unbehagens, das der Mensch in sich trägt, die Sehnsucht nach der Einheit mit dem Göttlichen; sie sprechen die Sprache der Liebe und behaupten, dass uns nur die Liebe jenseits des Verstandes führen kann. Schon allein auf die romantische Liebe bezogen, wissen wir doch alle, wie wahr das ist. Die Liebe nimmt den analytischen Verstand ein, erweitert ihn, widerspricht ihm, sprengt ihn und lässt uns die verborgensten Aspekte in uns selbst und in dem anderen entdecken. Die Liebe lässt uns – trotz allem, was darüber gesagt wird – mehr sehen und nicht weniger. Es gibt keine verschiedenen Arten von Liebe, sondern nur eine einzige. Im spirituellen Prozess werden die Gefühle gereinigt und zu ihrer Essenz geführt: Das Herz, von dem man in den mystischen Lehren spricht, ist in diesem Sinne nicht das physische oder das emotionale Herz, wohl aber ›das Herz der Herzen‹, das Zentrum des Seins, das gereinigte Herz also, das in *Sumarah,* wie schon gesagt, mit *hati suci* (das reine Herz) oder *hati nurani* (das erhellte Herz) oder auch *kalbu* bezeichnet wird.

Die Stimme, die wir durch die Meditation hören lernen und der wir zu gehorchen lernen, ist die des *hati nurani. Rasa* ist das Instrument der Wahrnehmung, das uns dabei unterstützt.

Rasa, wörtlich ›Geschmack, Gefühl, Empfindung, Sensibilität, Sensitivität‹, ist in der javanischen Kultur im Allgemeinen und in der mystischen Tradition im Besonderen ein absolut zentraler Begriff. Er weist auf den gesamten, nicht verstandesbezogenen Wahrnehmungsbogen hin,

---

11| (Übersetzung des Zitates aus folgendem Werk – *Anm. d. Übers.:)* Tweedie, zitiertes Werk.

angefangen bei den einfachsten physischen Gefühlen bis zu den feinsten metaphysischen Erfahrungen.

Für die Javaner ist *rasa* das, was wirklich zählt, alles andere ist zweitrangig.

Auf Java wird immer sehr viel über *rasa* gesprochen – sowohl über das eigene *rasa* als auch über das *rasa* der anderen. *Merasakan sesuatu* (etwas fühlen) ist entschieden wichtiger als *memikirkan sesuatu* (etwas denken). *Banyak pikiran* (zuviel denken) wird sogar als Krankheit betrachtet. Wenn eine Person erkrankt und sogar wenn jemand stirbt, lautet ein verbreiteter Kommentar: »Der hat sicher zuviel gedacht«. Den Javanern zufolge ist übermäßiges Denken schädlich, weil es das *rasa* behindert. Das Denken manipuliert, belügt und negiert *rasa;* von unseren Gedanken beherrscht zu werden, teilt uns in zwei Teile (wenn wir Glück haben).

In der Praxis der Meditation besteht ein großer Teil der Arbeit darin, sich von der Kopflastigkeit zu befreien, sich nicht mehr mit dem Verstand und seinen Konstruktionen – den Gedanken – zu identifizieren. Das soll nicht heißen, dass man sich den Kopf abschneiden und ihn wegwerfen soll (auch wenn dies in gewissen Momenten die einzig mögliche Lösung zu sein scheint), sondern es meint, die Gedanken zu entspannen, bis sie weniger dicht geworden sind und sozusagen weniger an uns hängen. Es bedeutet, unseren Verstand einzuladen, wieder zu einem einfachen Teil von uns selbst zu werden und nicht länger der Despot zu sein, dem alles und jeder bedingungslos zu gehorchen hat. Wenn wir uns auf die Ganzheit unseres Seins und auf eine bessere Lebensqualität ausrichten, ist dies unerlässlich.

Wie in *Sumarah* und anderen spirituellen Strömungen sind auch große zeitgenössische Denker zu ähnlichen Schlussfolgerungen gekommen. Adorno zum Beispiel sagte: »Wahre Gedanken sind einzig die Gedanken, die sich nicht von selbst verstehen.«[12] Offensichtlich dachte er ebenso an die Ganzheit. Unter anderem hat er auch gesagt: »Nichts ziemt sich weniger für einen Intellektuellen, der das üben möchte, was sich seinerzeit Philosophie nannte, als in einer Diskussion oder, ich würde

---

12| (Übersetzung des Zitates aus folgendem Werk – *Anm. d. Übers.:)* Theodor W. Adorno, *Minima Moralia*, Einaudi, Turin 1954.

fast sogar sagen, in einem Gedankengang zu beweisen, dass er Recht hat. Der Wille, Recht zu haben, ist bis in seine feinste logische Form Ausdruck jenes selbsterhaltendes Geistes, den aufzulösen gerade die Aufgabe der Philosophie.« Vom heutigen Denker fordert man nichts weniger als Folgendes: gleichzeitig innerhalb und außerhalb der Dinge zu sein.[13]

Damit es möglich wird, zu einer ursprünglichen Reinheit zurückzukehren, die nicht Naivität ist, und das Verstandesmäßige zu überwinden, ohne sich im Irrationalen zu verlieren, ist es erforderlich, sich von den tief verwurzelten Gewohnheiten des Verstandes zu lösen.

Wenn der Erkenntnisprozess über reines Feststellen hinausgehen will, taucht gewöhnlich als erstes die Angst auf, die Orientierung zu verlieren. Man fühlt sich wie mitten im Dschungel, umgeben von Geistern, wilden Tieren und tausend anderen Gefahren. An dieser Stelle müssen wir, allein um die Lähmung zu überwinden und weitergehen zu können, den Mut haben, unsere vorgefassten Meinungen beiseite zu stellen, das Denken zu verbannen und das Mysterium zu akzeptieren. Dann erst wird es uns möglich sein, jenseits des Scheins zu blicken.

Die Notwendigkeit eines Reinigungsprozesses wird dabei deutlich. In der Sprache von *Sumarah* bedeutet dies im Wesentlichen Säubern, Klären *(pembersihan),* es bedeutet, leer zu werden, wieder zur Ursprünglichkeit des ›Herzens der Herzen‹ zurückzukehren. Auch die Denker, die versucht haben, jenseits des dialektischen Verstandes zu gehen, wie Adorno, haben diese Notwendigkeit erkannt. Adorno schreibt weiter: »Die Aufgabe der Philosophie sollte eher die sein, die Einheit in den Gegensätzen von Intellekt und Gefühl zu suchen: die moralische Einheit eben.«[14] Das ist nichts anderes als eine Bestätigung der ethischen Notwendigkeit der Einheit, um das vollkommene Selbst wiederherstellen zu können.

Rasa, obgleich noch Werkzeug des *aku* (des Ichs), liegt sicherlich dem *hati* (dem Herzen) und daher dem *guru sejati* (dem inneren Lehrer) näher, als *pikir* (das rationale Denken). Bevor wir weitergehen können, ist es jedoch notwendig, den Begriff ›Gefühl‹ zu klären. Nur wenige Worte sind häufiger verwendet und missbraucht worden als dieses Wort. Lieder, Filme, Romane, Zeitschriften, die Mauern der Stadt und historische

13, 14| (Übersetzung des Zitates aus folgendem Werk – *Anm. d. Übers.:)* Adorno, zitiertes Werk

Monumente sind voll davon: Doch das ist nicht die Dimension des *rasa,* wohl aber die der Leidenschaften und Wünsche, des Hasses und der Liebe in all ihren Entartungen. Man spricht vom Herzen, aber in Wirklichkeit verwechselt man es mit dem Verstand ...

Dieses Thema ist alt und heikel und deshalb ist es notwendig zu unterscheiden zwischen *rasa,* das ein Werkzeug des Ichs ist, eine Kategorie, ein Mittel, und den Emotionen, Leidenschaften und Wünschen, die nur einige der vielen möglichen Manifestationen von *rasa* sind. *Rasa* mit den Gefühlen zu verwechseln, käme im Allgemeinen dem gleich, den Verstand mit den Gedanken zu verwechseln. Wir wissen sehr wohl, dass das nicht dasselbe ist, und wir wissen, wie sehr unser Verstand manchmal vernebelt und wirr und dann wiederum klar und frei sein kann. Die Gedanken sind zum Glück nur ein Produkt des Verstandes (noch dazu ein vorübergehendes). Der Verstand ist in Wirklichkeit ein Werkzeug des Ichs, und seine Möglichkeiten übersteigen bekanntlich im großen Maße die, die wir zur Zeit kennen und nutzen. Genau dasselbe gilt auch für *rasa:* Gefühle, Emotionen, Leidenschaften und Wünsche sind nichts anderes als dessen partielles und vorübergehendes Produkt.

Für die Javaner ist der Unterschied zwischen *rasa* und *napsu* (Leidenschaft, Begierde) eindeutig. Wir Abendländer sind hier in der Regel ein wenig verwirrt. Es ist bekannt, dass in der westlichen Welt − auch aufgrund der außerordentlichen Resultate, die über das Denkvermögen erzielt wurden − die rationale und analytische Haltung die am weitesten verbreitete Art und Weise geworden ist, um auf die Wirklichkeit einzuwirken. Ein Mensch der westlichen Welt verwendet hauptsächlich sein Denkvermögen (mit all dem Für und Wider des jeweiligen Falles), um Entscheidungen zu treffen, quälende Konflikte zu lösen und Schwierigkeiten des Lebens anzugehen. Von Natur aus? Nein, kulturell geprägt. Ein Javaner handelt in ähnlichen Situationen nahezu ›entgegengesetzt‹, verneint eventuelle Eingebungen des *pikir* (des rationalen Denkens) und folgt am Ende immer den Geboten des *rasa* (mit all dem Für und Wider des jeweiligen Falles).

Das sind die vorherrschenden Tendenzen der beiden Kulturen, immer natürlich mit gebührenden Ausnahmen und entsprechenden Widersprüchen. So gibt es im Westen Menschen, die der absoluten Vorherrschaft des Verstandes müde, von ihr enttäuscht und manchmal auch verletzt sind; Menschen, die dem rationalen Denkvermögen den Krieg erklärt haben und als Reaktion auf die Überzeugung, dass das Leben ohne die Intensität der Leidenschaften kein Leben sei, nur noch ihren Emotionen folgen. Indem sie dies tun und sich erneut nur auf eine Seite begeben, glauben sie, der klaren Stimme des Herzens zu folgen. Hingegen ist es sehr wahrscheinlich, dass ihre Wünsche in Wirklichkeit gerade vom Verstand kommen und meist im Gegensatz zu den wirklichen Bedürfnissen und den wahren Gefühlen stehen.

Ähnlich gibt es auch in Indonesien viele Menschen – vor allem Männer, aber auch viele intellektuelle junge Frauen – die, zermürbt von zu vielem Fühlen, dem eigenen Herzen den Rücken kehren und verzweifelt versuchen, eine logische und rationale Erklärung für all das zu finden, was sie bis gestern nur intuitiv verstanden haben. Dabei handelt es sich ebenso um eine Abspaltung, die ja wie jede Trennung Schmerz und Verwirrung schafft, obgleich sie wahrscheinlich bald auch ihre positiven Auswirkungen haben wird. Wie Pak Wondo uns oft erinnert: Alles hat seinen Preis ... und ihn zu zahlen ist unvermeidbar.

Um keine Angst vor den Geboten des Herzens zu haben, ist es also notwendig zu verstehen, was das Herz ist ... und gemeint ist nicht das aus den Liebesliedern.

Sri Ramana Maharshi hat Folgendes über das Herz gesagt: »Nenne es wie du willst: Gott, das Selbst, das Herz oder den Sitz des Bewusstseins – es ist das Gleiche. Wichtig allein ist zu verstehen, dass das Herz der Wesenskern des eigenen Seins ist, das Zentrum, ohne das es absolut nichts gibt.«

Es gilt also die Botschaften zu erkennen, die von diesem ›Sitz des Bewusstseins‹ herrühren, und sie von denen zu unterscheiden, die von der eigenen psychischen Verfassung stammen. Das bedeutet, den Blick für unsere emotionale und mentale Befindlichkeit zu schärfen und ehrlich hinzuschauen, Mut zu haben, die Wahrheit nicht länger zu verleugnen, um schließlich den Raum von *rasa* zu erfahren.

Obgleich die Familie, die Schule und die soziale Struktur uns sicherlich nicht zur Ganzheit erzogen haben, tun wir dennoch gut daran, uns zu erinnern, dass wir Menschen weder zur Trennung noch zur Aufspaltung verurteilt sind. Im Gegenteil, unser grundlegendes Bedürfnis bleibt das nach Einheit und Wiedervereinigung, gerade weil der natürliche Zustand des Seins (im Sinne von ›wahr‹ und ›ursprünglich‹) ganzheitlich ist und nicht partiell.

Auf dem Wege der Verfeinerung des *rasa* lehrt *Sumarah* uns, die verschiedenen Teile unseres Wesens zu erkennen und ihnen zuzuhören, umsichtig und nicht lediglich selbstbezogen zu handeln und der Einheit näher zu kommen. Wählen wir nur den einen oder den anderen Teil von uns, die Vernunft des Herzens entgegen der Vernunft des Verstandes oder umgekehrt, kann dies – da es sich um eine partielle Wahl handelt – nicht zur Wahrheit führen. Durch die Praxis versteht man allmählich, dass keine Zweiteilung, sondern einzig Wechselbeziehungen existieren. *Sumarah* lehrt uns, dass, wenn es denn jemals eine Wahl gibt, diese dann nicht eine Wahl zwischen Verstand und Herz, zwischen rational oder emotional ist, sondern zwischen erhelltem Herzen *(hati nurani)* und emotional bewegtem Herzen, zwischen lichtem Verstand und vernebeltem Verstand. Wieder einmal ist es eine Frage des ›Wie‹ und nicht des ›Was‹. Das scheint einfach zu sein, und doch sind wir so weit von der Ganzheit des Seins weggerückt, dass die Wiederentdeckung der Ganzheit eine intensive Arbeit an uns selbst erfordert. Das, was das Sein nämlich ist, ist meist nicht das, was es zu sein scheint, und vielleicht legte mir Pak Wondo deshalb seinerzeit nahe, mit diesem Buch daran zu erinnern, dass wir in *Sumarah* zu lernen versuchen, »normale Menschen zu sein, was nicht gleichbedeutend damit ist, wie die Menschen normalerweise sind«. *Rasa* ist das Instrument, das uns auf dieser Reise zur Selbsterkenntnis begleitet.

Rasa zu wecken, zu entwickeln und zu reinigen ist ein zentrales Anliegen der *Sumarah*-Praxis. Einer der ersten Schritte ist es, ›sich auf den Platz‹ des *rasa* ›zu stellen‹ *(menempati rasa)*. Im *rasa* zu sein, ist schon ein guter Anfang und in gewissem Sinne zumindest teilweise eine Garantie der Wahrheit in Bezug auf sich selbst; von dort beginnt man, die Wirklichkeit wahrzunehmen und Ereignisse mit einem anderen Instrument zu erfassen als mit dem des analytischen Verstandes. Natürlich handelt jeder von uns – der eine mehr, der andere weniger – schon oft vom Gesichtspunkt des *rasa* aus, wenn er zum Beispiel auf seine Gefühle hört, seinen Intuitionen folgt, den emotionalen Zustand anderer oder die Atmosphäre an einem bestimmten Ort wahrnimmt. Dennoch ist unser *rasa* anfangs noch eher ungeschliffen und unrein, denn es ist mit zahlreichen Meinungen, Vorstellungen und Emotionen vermischt. Oft sind diese Gefühle, die wir für die Stimme unseres Herzens halten, diese Leidenschaft, die wir so eindeutig als unsere eigene ansehen, in Wirklichkeit stark von einem oder mehreren Konzepten unseres Verstandes beeinflusst (wenn nicht sogar vollständig davon bestimmt). Wenn wir unseren Gefühlsregungen folgen, glauben wir, dem Verstand zu spotten, dabei ist es hingegen der Verstand, der sich über uns lustig macht.

Durch die Praxis der Meditation wird *rasa* schrittweise in seinen ursprünglichen Zustand zurückgeführt. *Sumarah* spricht über die geduldige Arbeit, das Glas der Öllampe zu polieren, bis seine ursprüngliche Durchsichtigkeit wieder hergestellt ist. Erst dann werden wir in der Lage sein, die Flamme zu sehen, die darin brennt. In tiefer Entspannung neigen die Emotionen dazu, an die Oberfläche des Bewusstseins zu treten. Sie als vorübergehende Erscheinungen in unserem Haus wahrzunehmen, sich ihrer bewusst zu werden und sie zu akzeptieren, bedeutet, ihnen ihre Daseinsberechtigung zuzugestehen und schafft Raum, der uns gleichzeitig ein wenig Abstand erlaubt und somit das Nichtanhaften ermöglicht.

Als mir zum ersten Mal bewusst wurde, dass meine Emotionen in Wirklichkeit nicht die Hausherren, sondern nur zeitweilige Gäste sind, überkam mich, so erinnere ich, ein Gefühl großer Erleichterung und Leichtigkeit. Nicht nur die Tatsache, dass Emotionen vergänglich sind, war für mich beruhigend, sondern vor allem auch das Verständnis, dass sie gehen zu lassen, nicht bedeutet, die eigene Sensibilität oder sogar die eigene Persönlichkeit zu verlieren. Unserem Anhaften an unseren Emotionen liegt die durch unsere kulturelle Prägung bedingte Angst vor dem Verlust unserer Individualität und unserem ›gewissem Lebensgefühl‹ zugrunde. Indem wir an unseren Emotionen festhalten, bewahren wir uns, so meinen wir, unsere sensible Seite und unsere Fähigkeit, das Leben zu genießen, doch in Wirklichkeit tun wir nichts anderes, als unser *rasa* mit Emotionen, Ehrgeiz und Begierden derart zu verschmutzen, dass es – überlastet – vielleicht sogar daran erstickt.

Kommen wir aber wieder zur Praxis zurück.

Durch Meditation betreten wir unsere dunkelsten und verborgensten Bereiche; die tiefsten und ältesten Emotionen offenbaren sich, oft mit größter Intensität. Meditation ist vor allem am Anfang noch weit vom

Zustand des idyllischen Friedens entfernt, den viele sich davon versprechen. Sie ist ein Instrument, um ›auseinanderzunehmen‹ *(bongkar)* und nicht um alles beisammenzuhalten oder sich zu betäuben. Haben sich unsere Begierden *(napsu)* und Emotionen und unser ehrgeiziges Streben erst einmal offenbart, das heißt, sind sie erst einmal aus dem Unbewussten ins Bewusstsein getreten, wird ihre essenzielle Natur sichtbar und erweisen sich als das, was sie wirklich sind. Um ein konkretes Beispiel zu geben: Wenn der Magenschmerz sich schließlich als die Wut offenbart, die ihn ausgelöst hat, verliert die Wut an Macht und dies erlaubt unserem *rasa,* sich zu befreien und sich von den Emotionen zu lösen.

Schreitet man im Prozesses der Meditationspraxis voran, wird dadurch, dass Emotionen auftauchen, erkannt und akzeptiert werden, *rasa* nach und nach entlastet und, so gereinigt, wird es wieder zu dem, was es eigentlich ist, nämlich zu einem frischen und starken Instrument, das bereit ist, dem Ich bei der schwierigen Aufgabe zu helfen, sich selbst und die umgebende Welt zu begreifen.

Paul Stange schreibt: »In der *kejawen* ist das Wort *rasa* nicht nur ein Begriff, der auf sensorische Erfahrungen angewandt wird ... sondern auch ein kognitives Organ, das aktiv in den mystischen Praktiken verwendet wird.« An anderer Stelle definiert Stange *rasa* als die »Logik der Intuition« oder »intuitives Fühlen« und unterstreicht dabei, dass dieses gleichzeitig »sowohl die Substanz, die Schwingung oder die Beschaffenheit dessen, was erfahren wird, als auch das Instrument und Organ, das erfährt« ist.[15]

In *Sumarah* wird immer wieder darauf hingewiesen, wie nötig es ist, sich von einem Zustand, der sich im Denken zentriert, hin zu einem Zustand, der im *rasa* zentriert ist, zu bewegen. Dies ist die wohl wesentlichste Voraussetzung, um mystisches Wissen zu erlangen.

In all dem bleibt ein Hauch Mysterium. Wie man weiß, gibt es Dinge, die man nicht erklären, sondern nur erfahren kann. Es ist kein Zufall, dass der Begriff *rasa* etymologisch mit dem Begriff *rahasia* (Geheimnis, Mysterium) in Verbindung steht. »... Es ist nicht leicht, genau zu sagen, auf welche Merkmale diese Mystiker anspielten, als sie sich auf den

15| (Übersetzung des Zitates aus folgendem Werk – *Anm. d. Übers.:*) Stange, *The Logic of Rasa in Java,* Indonesien, 1984.

Lieblingsbegriff *rasa* bezogen. Oft half es, das arabische *sir* (Geheimnis, Mysterium) zu übersetzen, das sich auf die feinsten, latentesten und verborgensten Elemente im menschlichen Herzen bezieht, von dem es heisst, dass Gott dort wohnt, der ›Ort‹, an dem Gott und die Seele in Kontakt sind … In den Texten der javanischen Mystik wird dieses göttliche Prinzip auch *rasa* genannt, aber nicht das gewöhnliche *rasa* … nicht das *rasa,* das wir in unserem Körper spüren, sondern das *rasa,* das im Herzen gefühlt wird. Das klare und reine Herz empfängt das höchste *rasa,* das rein und ohne Makel ist … Auf der einen Seite werden *rasa* und *sukma* (Seele) als verbundene, wenn auch nicht identische Prinzipen betrachtet … auf der anderen Seite können sie auch austauschbar sein und *sukma* wird wahres *rasa* genannt …«[16]

Rasa offenbart sich nicht unmittelbar und auch mit Worten kann es nicht erklärt werden. Daher ist *rasa* ein Geheimnis. Seine Botschaften und sein Wissen kann nur denjenigen kommuniziert werden, die es direkt erfahren haben. Zumindest einmal.

Das Folgende ist eine wahre Geschichte, die ein wenig wie ein Märchen klingt. Um die Magie des Ereignisses nicht zu vergessen, hatte ich es auf einer Kassette aufgenommen und einem Freund geschickt.

Heute ist *Satu Suro,* der erste Tag im javanischen Jahr, ein heiliger Monat, der traditionell den asketischen Praktiken geweiht ist. Heute Morgen habe ich Pak Wondo zur Feier des Tages zu einem dieser Meditationstreffen begleitet, an denen ich wegen ihres offiziellen und ein wenig formellen Charakters nicht sehr gern teilnehme. Aber gestern bestand Pak Wondo darauf … und schließlich ist heute ja mein Geburtstag.

Angekommen sehen wir, dass bereits alle versammelt sind und auf uns warten. Nach ungefähr einer Stunde verschiedener Anfangsformalitäten und Danksagungen wird Pak Wondo gebeten, die Meditation zu leiten. Die Leit-Energie ist sofort klar und fließend. Es entsteht sehr schnell eine Atmosphäre des Friedens und der Einheit, obwohl wir uns im Frei-

---

16| (Übersetzung des Zitates aus folgendem Werk – *Anm. d. Übers.:*) Auszug eines Zitats Gondas, Essay von Paul Stange, *The Logic of Rasa in Java,* 1984.

en befinden und mehr als zweihundert Personen anwesend sind. Pak Wondo leitet die Meditation mit ungewöhnlicher Sanftheit. Ich folge ihm ohne Schwierigkeiten und erlebe, wie sich eine innere Bewegung aufbaut: Zunächst werde ich von einer nicht greifbaren Mattheit durchdrungen; dann habe ich den Eindruck, dass sich meine Grenzen auflösen und auch die Grenzen zwischen mir und den mich umgebenden Menschen; ich fühle in mir einen Raum entstehen, der sich immer mehr ausdehnt und schließlich nicht mehr mein Raum ist. Und genau während ich all das empfinde, sagt Pak Wondo: »Das hier ist der Platz für alles und alle, es ist das, was Pak Hardo *bait Allah* nannte, es ist das *rasa murni,* das reine Herz. Hier gibt es nichts Persönliches mehr.« Dann, ganz allmählich, verwandelt sich mein Raumgefühl in ein Gefühl unendlicher Leere, neu und altvertraut zugleich. In mir ist alles in ständiger Bewegung: Einem Gefühl der Frische folgen Wogen der Hitze, und die Leere scheint zeitweise von einem sanften See angefüllt zu werden, der jeden Winkel meines Wesens erreicht.

Ich fühle mich vollkommen leicht und leer und zugleich voll, von absoluter Wonne durchdrungen. Dann plötzlich tauchen nacheinander wie aus heiterem Himmel fünf meiner besten Freunde und Freundinnen auf. Jeder kommt mit seinem Schmerz, und sie betreten einer nach dem anderen diesen Raum, diese nicht leere Leere. Es ist, als würden sie ein reinigendes Bad der Liebe nehmen. Es fühlt sich so an, als gehe es dabei um Heilung. Alles ist sehr real, und ich weiß in diesem Moment, dass diese Energie auch sie berührt hat: Sie hat sie und mich geheilt. Ich fühle sehr starke, aber auch sehr unpersönliche Liebe.

Bis zu diesem Moment ist mein Ich noch präsent, ich bin mir dessen bewusst, was passiert, und höre vollkommen deutlich Pak Wondos Anweisungen. Dann, so wie sie aufgetaucht waren, verschwinden meine Freunde wieder, die Stimme Pak Wondos entfernt sich, und ich nehme immer weniger die Gegenwart der anderen Menschen wahr, bis ich schließlich nicht einmal mich selbst mehr spüre. Das Gefühl der Leere durchdringt alles. Ich weiß, dass ich lebe und anwesend bin, aber ich kann mich selbst nicht mehr fühlen. Ich warte ab, woraufhin alles verschwindet, auch meine Wahrnehmung von Liebe, und Liebe allein bleibt. Ich empfinde nicht mehr Liebe, ich bin Liebe. Kurze Momente der Glückseligkeit, das Herz hält inne, ich atme fast gar nicht mehr. Eine fast zu tiefe, zu vollständige Freude erfüllt mich. Ich erschrecke plötzlich und mir entweicht ein kleiner Schrei. Er bringt mich zum Bewusstsein meiner selbst zurück. Kurzer Zeit später beendet Pak Wondo die Meditation.

Ich erinnere mich, dass es offensichtlich für alle ein wenig schwierig war, zur alltäglichen Verfassung zurückzukehren. Die Stille hielt ziemlich lange an. Ich fühlte mich strahlend und leicht zugleich und in Kontakt mit dem tiefsten Teil meiner selbst. Es ging mir durch den Kopf, dass dieser Zustand wohl die Vereinigung von vertikal und horizontal ist, von der Pak Ary immer sprach.

In diesem Moment wandte sich Pak Wondo an mich und mit fragendem Blick forderte er mich auf, meine Erfahrung mitzuteilen. Mir war bewusst, dass er es nicht gerade gern hört, wenn man ihm dankt, aber dieses Mal, so dachte ich, muss er mir zuhören. Tief bewegt sprach ich mit gesenktem Kopf, während mir Tränen in den Schoß fielen. Ich kannte so gut wie niemanden, spürte aber das Verlangen und den Wunsch, allen zu danken. So habe ich vor allen Anwesenden Pak Wondo für die Freigebigkeit seiner Unterweisungen und für die Klarheit seiner Führung gedankt. Ich sprach flüssig und spontan; trotz der Ergriffenheit flogen mir die Worte nur so zu, und ich schaffte es, meine Erfahrung mitzuteilen. Später entnahm ich dem, was die anderen sagten, dass die Stimmung der Meditation – wie es oft passiert – für alle ziemlich ähnlich war. Das Gefühl der Einheit und der äußersten Verbundenheit im *rasa* hielt während der ganzen Zeit der Zusammenkunft an und begleitete mich auch noch auf meiner Rückreise.

Heimgekehrt empfängt mich ein kleines Wunder. An diesem ziemlich frischen und luftigen Abend habe ich mich zum Schreiben in die Nähe des Fensters – meine bevorzugte Ecke – gesetzt. Sogleich nehme ich den eindringlichen Duft von Blumen wahr und denke dabei an den Jasmin, der das Haus umgibt. Aber dieser Duft ist viel intensiver als sonst, anders, wärmer, weniger frisch als *melati*. Also gehe ich in den Garten hinaus und da sehe ich ihn: Der kleine *kemuning*-Strauch, der noch nie geblüht hat, steht dort ganz unschuldig und ist mit sehr vielen kleinen, weißen Blüten übersät – er hat tatsächlich mehr Blüten als Blätter! Der Duft ist sehr stark und das reine Weiß scheint die Dunkelheit des Gartens zu erleuchten. Ich halte den Atem an. Dann fällt mir ein, dass ich ihn vor sieben Jahren, genau an meinem Geburtstag, mit dem Gedanken gepflanzt habe, mir einen guten Duft zu schenken, der für immer andauern sollte. Aber er hat niemals Blüten getragen, und ich dachte schon, man hätte mich betrogen. Das alles hatte ich vollkommen vergessen, aber jetzt fügt es sich auf einmal zusammen: dass heute Nacht die Nacht meines Geburtstages ist und dass all diese Blüten heute Morgen noch nicht da waren und daher heute Abend aufgeblüht sein müssen, während ich dort in jenem Dorf war, eingetaucht in die Reinheit des *rasa murni* und in die Freude der allumfassenden Liebe. Alles scheint mir so vollständig zusammenzupassen. Nichts geschieht jemals zufällig, wieso also sollte dieses Blühen Zufall sein? Es ist so klar und so völlig unbegreiflich.

Die Javaner lieben es, die rätselhafte Natur des *rasa* hervorzuheben, und es gibt eine ganze Reihe äußerst lautmalerischer Wörter, um seine Eigenschaft zu beschreiben. Wörter wie: *sir, kenyut, sreg, plong* sind nahezu unübersetzbar und geben auf äußerst wirksame Art und Weise den ›Klang‹ wieder, den das Herz macht, wenn es entweder eine Vorahnung hat *(sir)*, einverstanden *(sreg)* oder erleichtert ist *(plong)* oder wenn es sich zusammenzieht *(kenyut)*.

Sowohl im Alltagsleben als auch in der Meditationspraxis werden diese Begriffe häufig gebraucht, um bestimmte Erfahrungen zu beschreiben. *Plong* zum Beispiel ist sowohl der Klang, der entsteht, wenn ein Stein leise und sanft ins Wasser fällt und danach auf den Grund sinkt, beschreibt aber auch den Zustand, wenn sich eine Blockierung gelöst hat, eine Phase vollständig zu Ende gegangen ist und sich endlich etwas verändert. *Sreg* ist sowohl das Geräusch, das entsteht, wenn zwei Teile, nachdem sie aufeinander geschraubt wurden, endlich gut zusammenpassen, beschreibt aber auch eine Situation, in der man sich wohl fühlt, und den Zustand, wenn man zur richtigen Zeit am richtigen Ort ist. *Sreg* vermittelt immer ein Gefühl der Befriedigung und der Zufriedenheit sowie das Gefühl, auf das, was man gesucht hat, gestoßen zu sein.

Rasa ist mit dem *hati,* dem Herzen, verbunden, das das Zentrum der Meditationspraxis ist. In der Art, wie Pak Wondo es ausdrückt, kann man mit *pikir* (Denkvermögen) begreifen, mit *cipta* (Hellsichtigkeit) sehen und vorhersehen, aber nur mit *rasa* wirklich *manggon,* das heißt ›zu Hause sein und sich wie zu Hause fühlen‹.

Das Bewusstsein auszudehnen, das ist – *Sumarah* zufolge – der Angelpunkt, um Wissen zu erlangen: So sehr auch das Verstehen unerlässlich und Hellsichtigkeit nützlich sein kann, so ist doch das, was wirklich zählt, das wahre Selbst kennen zu lernen, nach Hause zu kommen. Das kann nur im *rasa* geschehen. Auch wenn *rasa* in der spirituellen Entwicklung zentral ist, so ist es dennoch nicht das Ziel, sondern höchstens Ausgangspunkt der spirituellen Entwicklung.

Es wurde darauf hingewiesen, dass das *rasa* verschmutzt oder ungeschliffen *(kasar)* sein kann und wie es – durch die Meditationspraxis geschärft und geschliffen – zu einem besseren, wirksameren und nützlicheren Werkzeug wird. Aber vor uns liegt noch ein langer Weg. Während wir durch das Praktizieren der Meditation und durch ein Leben in Gewahrsein ganz allmählich das Glas unserer Öllampe polieren, dehnt unser *rasa,* das zunehmend durchlässig und verfeinert *(halus)* wird, unsere Grenzen aus: Mutig lassen wir alte Gewohnheiten und alte ›Arbeitswerkzeuge‹ hinter uns, und unsere Wahrnehmung der Wirklichkeit wird reicher und tiefer. Je öfter wir vom *rasa* aus handeln, desto mehr wird unser *rasa* sowohl zum Instrument als auch zum Objekt unserer Erkenntnis, bis zu dem Moment, an dem der Erkennende und das Erkannte eins werden.

Frei von Emotionen, die es ersticken, wird *rasa* zu *rasa murni. Rasa murni* ist das gereinigte, befreite, erhellte *rasa.* Es ist das reine, ursprüngliche *rasa,* vielleicht der höchste Zustand an Neutralität, der für den Menschen möglich ist. Im *rasa murni* zu sein *(menempati rasa),* bedeutet, auf der einen Seite noch vom Ich abhängig, auf der anderen Seite aber schon mit der ursprünglichen Quelle verbunden zu sein. Aus diesem Grund ist *rasa murni* der ›Ort‹ der *cocokan,* das Werkzeug und der Raum, der von unserem *guru sejati* (inneren Lehrer) verwendet wird, um wahrzunehmen und um zu kommunizieren. Da *rasa murni* sich nah der Seele und in Kontakt mit der Quelle befindet, nimmt es das, was ist, wahr, so wie es ist, und hat die Möglichkeit, die letztendliche Wirklichkeit *(Kasunyatan)* zu erkennen.

Indem *rasa* sich reinigt und dadurch entwickelt, offenbart es sich folglich als *rasa murni.* Im entgegengesetzten Fall – von Gefühlen und Emotionen verschmutzt – verdirbt und entartet es und entfernt sich von der Sicht der *Kasunyatan* und wird immer mehr zum Gefangenen der eingeschränkten Wirklichkeit *(kenyataan)* des eigenen Ichs. *Rasa murni* vereint in sich aktive und passive Eigenschaften. Es ist passiv in seinem Aspekt der Empfänglichkeit (als Instrument des Fühlens) und aktiv in seinem Aspekt des Schöpferischseins (als Instrument der Erkenntnis und des Wissens). Es fühlt und erkennt gleichzeitig und ist daher auch die Stelle der Vereinigung von Verstand und Herz. Hier ist die Liebe die reine Liebe *(tresno sih);* es ist die Liebe, die uns über den Verstand hinausführen kann. Wenn *rasa murni* endlich erstrahlt, offenbart sich ›das Herz der Herzen‹, *kalbu* oder *bait Allah,* von dem Pak Hardo, Pak Wondos Lehrer, sprach.

Wenn wir dorthin gelangen, tauchen wir ein in die Quelle großen Glücks und tief empfundener Sicherheit. Wir fühlen Freiheit, weil die Freude, die wir empfinden, keinen äußeren Grund hat. Es ist die reine Freude des Seins, die unabhängig, unendlich und frei ist. Unendlich frei, in der Sicherheit, dass man – einmal den Weg gefunden – immer an diesen Ort zurückkehren kann und immer willkommen ist.

Das weiße Pferd: die Leidenschaft, Gutes zu tun

Schließe keine Freundschaft mit einem Elefantenwärter,
wenn du nichts hast, wo du einen Elefanten unterbringen kannst.
Saad von Shiraz

Ein Aspekt hat mich von Anfang an an *Sumarah* angezogen, nämlich dass die Unterweisungen, obgleich moralisch, keineswegs moralistisch sind. In der Sichtweise von *Sumarah* besteht die Wirklichkeit unabdingbar aus einem positiven und einem negativen Element. Es gibt jedenfalls nichts, was immer und endgültig gut ist. Der Begriff *baik,* gut, wird, wie man feststellen kann, sehr oft durch den Begriff *cocok* ersetzt. Alles befindet sich nämlich in beständiger (Weiter-)Entwicklung, und die kleinste Abweichung (zum Beispiel durch eine Absicht) genügt, damit sich das, was eben noch gut war, ins Gegenteil verwandelt.

Kürzlich habe ich darüber gelesen, wie Bären ihre Jungen entwöhnen. Bis diese zweieinhalb Jahre alt sind, sind die Bärenmama und ihr Kleines unzertrennlich. Sie schlafen und essen zusammen und laufen immer gemeinsam durch den Wald. Sie lehrt, wie man sich Futter verschafft und wie man Gefahren vermeidet, und das Kleine lernt es. Auch haben sie eine gemeinsame Sprache und eine Art Pfiff, den die Mutter als Lockruf und als Zeichen dafür, dass keine Gefahr besteht, verwendet. Die Bärenmama bringt dem Kleinen bei, auf Bäume zu klettern. Dann steigt sie als erste hinab und das Kleine wird darauf trainiert, nur dann dasselbe zu tun, wenn es den bekannten Pfiff hört. Eines Tages aber, genau nach zweieinhalb Jahren, bringt die Bärenmama das Kleine auf einen Baum und geht, ohne das bekannte Zeichen zu geben und ohne zurückzukehren. Der kleine Bär muss eine Lösung finden, muss nun lernen, es allein zu schaffen.

Was kann uns grausamer erscheinen, als eine Mutter, die ihr Junges verlässt? Und doch wendet sich hier das, was offensichtlich schlecht ist, ins Gute, wenn man es in einem größeren Zusammenhang sieht, der die Entwicklung des Kleinen berücksichtigt und auch die Zukunft respektiert, statt sich an die Vergangenheit zu klammern.

Sumarah lehrt uns, das Gute vom Schlechten in jeder Situation erneut zu unterscheiden, im Bewusstsein, dass die Wirklichkeit unweigerlich kontinuierlichen Veränderungen und beständiger Entwicklung unterworfen ist. Obwohl sich diesbezüglich fast alle einig sind – da es sich um eine empirisch feststellbare Tatsache handelt –, leisten die meisten von uns doch heftigsten und eigenwilligsten Widerstand, wenn es darum geht, sich dieser Tatsache unterzuordnen oder sie auch einfach nur zu akzeptieren. Man weiß, dass das menschliche Unbewusste äußerst konservativ ist; so auch das emotionale Herz. Deshalb hegen wir im Allgemeinen so viel Antipathie gegenüber (und haben Angst vor) Veränderung. Wir wollen nicht altern, wir finden es schwer zu ertragen, dass unsere Kinder heranwachsen, wir akzeptieren noch nicht einmal so leicht die Tatsache, dass Menschen ihre Ansichten ändern.

Dieselbe Unbeweglichkeit und denselben Konservatismus finden wir auch im Bereich der Moral wieder. »Man gebe uns Gebote, zehn an der Zahl und nicht mehr. Lasst sie uns in Stein meißeln, damit sie auf ewig so bleiben und nichts und niemand sie jemals ändern kann.« Welch eine Flexibilität!

Das Gesetz des Universums zu interpretieren erscheint oft als zu schwierig und die Unbestimmbarkeit der Abgrenzungslinie zwischen gut und böse, zwischen göttlich und menschlich kann unerträglich sein. Vielleicht ist das Ich deshalb, verwirrt und erschrocken, auf die Idee gekommen, fixe Gesetze zu schaffen, ohne zu merken, wie sehr es sich dadurch vom Gesetz des ewigen Wandels und der Freiheit der Transformation entfernt. Wahrscheinlich ist es auch so, dass der Mensch das Paradies und die Hölle erfunden hat und – im Glauben, er würde sich schützen – hat er sich in Wirklichkeit zu Angst und Unglücklichsein verurteilt. Die Angst, eigenständig zu unterscheiden und sich festzulegen, das Bedürfnis, Ruhe und Sicherheit aufrecht zu erhalten, führen oft dazu, dass wir künstliche Schemata konstruieren, die einseitig und starr sind. Die Wirklichkeit macht sich einen Spaß daraus, sie kontinuierlich zum Scheitern zu bringen, auch wenn wir es manchmal nicht einmal bemerken.

Beispielhaft dafür ist die Geschichte jenes weisen chinesischen Bauern, der mit seinem Sohn auf einer kleinen Farm in einer entfernten Gegend Nordchinas lebte. Sie waren arm, konnten aber überleben und besaßen ein Pferd, das ihnen half, die Erde zu pflügen. Eines Nachts durchbrach das Pferd den Lattenzaun und lief davon. Tags darauf sagte der Nachbar, der ein wenig missgünstig war: »Oh, ihr Armen, was sollt ihr jetzt nur tun, alles, was ihr hattet, war ja dieses Pferd. Ohne seine Hilfe, die Erde urbar zu machen, sitzt ihr ganz schön in der Patsche.« Der Bauer, ein wortkarger, aber weiser Mann, antwortete: »Wer weiß schon, was schlecht ist und was gut!« Nach einiger Zeit kam das Pferd zurück und brachte ein wildes Pferd mit sich, mit dem es sich angefreundet hatte. Der Nachbar rief überrascht: »Ihr habt aber wirklich Glück. Zuerst hattet ihr ein Pferd und jetzt habt ihr zwei. Der Himmel ist euch wirklich wohlgesonnen.« Und der Bauer antwortete, die Schultern zuckend: »Wer weiß schon, was gut ist und was schlecht!« Beim Versuch das wilde Pferd zu zähmen, stürzte der Sohn eines Tages und brach sich ein Bein. Wieder kam der Nachbar und meinte mit scheinbarem Mitleid: »Du Armer, du hast nur einen Sohn, der dir hilft, das Feld zu bestellen, und jetzt musst du alles allein machen!« Der unbeirrbare Bauer wiederum antwortete: »Na ja, wer weiß schon, was gut ist und was schlecht!« Krieg brach aus und in der Gegend wurden alle jungen Männer rekrutiert, einschließlich der drei Söhne des Nachbarn. Nur der Sohn des Bauern, der ein gebrochenes Bein hatte, blieb zu Hause. Der Nachbar platzte voller Neid los: »Na, du hast ja ein grenzenloses Glück! Alle meine Söhne mussten in den Krieg ziehen und man weiß nicht, ob sie je zurückkehren werden. Dein Sohn hingegen ist hier bei dir in Sicherheit!« Der weise Bauer antwortete: »Wer weiß schon, was gut ist und was schlecht!« Und so könnte diese Geschichte bis in alle Ewigkeit weitergehen.

Auch *Sumarah* lehrt, genauso wie der alte chinesische Bauer, eine Weisheit zu praktizieren, die die Veränderung respektiert. Sie lehrt, hinter das Gute zu blicken und in das Schlechte hineinzuschauen, den Samen zu entdecken, sich des Schattens gewahr zu werden, am Schein zu zweifeln und äußerst flexibel zu bleiben, da sich alles in einem einzigen Augenblick ändern und ins Gegenteil kehren kann. Und dies geschieht tatsächlich oft so.

Das italienische Sprichwort ›Mi spezzo ma non mi piego‹ (Auch wenn ich zerbreche, ich beuge mich nicht) ist genau das Gegenteil der *kejawen*, die einen derartigen Widerstand keineswegs als Synonym für Stärke ansieht. Sie geht vielmehr davon aus, dass es wichtig ist zu lernen, sich zu beugen, ohne zu ›zerbrechen‹, sich mit starken Wurzeln und weichen Zweigen im Wind zu wiegen und keine Angst zu haben, sich zu neigen.

Pak Wondo spricht von der ›*ilmu padi*‹, von der Weisheit der Reisähre, die, wenn sie leer ist, stolz und aufrecht steht, je reifer und reicher an Körnern sie hingegen ist, umso mehr beugt sie sich dem Wind, der Sonne und dem Regen … dem Leben also, ohne sich dabei zu erniedrigen, einfach dadurch, dass sie sich mit Sanftheit und Eleganz dem Gesetz der Natur anpasst. Zu anderen Gelegenheiten weist Pak Wondo uns an, wie das Wasser zu sein, das fließt und fließt und niemals stehen bleibt, genauso wie der Fluss Bengawan Solo, der niemals müde wird, die Richtung zu wechseln und hier und da lang zu fließen, weil er weiß, der Weg zum Meer verläuft weder immer geradeaus noch ohne Hindernisse.

Mit der ›speziellen‹ und der ›alltäglichen‹ Meditation üben wir uns in Flexibilität und Geschmeidigkeit. Wir stärken die Fähigkeit, Ungewissem zu begegnen und mit wachsendem Vertrauen erlauben wir auch den Zweifel, denn *maya* ist unvorhersehbar, unsere Unwissenheit ist groß und immer erst im Nachhinein gelingt es uns, den wahren Sinn der Ereignisse zu begreifen. Sich dem Leben zu fügen, bedeutet, darauf zu verzichten, es kontrollieren zu wollen. Es bedeutet, das, was geschieht, zu akzeptieren und der Evolution sowie der Weisheit der Ewigkeit Raum zu geben.

Im Alten Testament heißt es:

Für alles gibt es eine Zeit;
für jedes Ding da unterm Himmel eine Stunde.
Für das Geborenwerden gibt es eine Zeit und
eine Zeit fürs Sterben;
fürs Pflanzen gibt es eine Zeit und
eine Zeit, Gepflanztes auszureißen.
Fürs Töten gibt es eine Zeit und eine Zeit fürs Heilen;
fürs Niederreißen gibt es eine Zeit und
eine Zeit fürs Aufbauen.
Fürs Weinen gibt es eine Zeit und eine Zeit fürs Lachen;
fürs Klagen gibt es eine Zeit und eine Zeit fürs Tanzen. […]
Fürs Schweigen gibt es eine Zeit und eine Zeit fürs Reden.
Fürs Lieben gibt es eine Zeit und eine Zeit fürs Hassen;
für Kriege gibt es eine Zeit und ein Zeit für Frieden.[17]

17| Prediger, 3,1–8

Es ist schwer zu verstehen und schwer zu akzeptieren, dass auch das Böse seine Zeit hat, dass auch der Teufel gebraucht wird. Erneut sehen wir uns einem Paradoxon gegenüber.

Warum ist es nicht immer gut, Gutes zu tun? *Sumarah* antwortet: Weil es sich mit dem Karma einer anderen Person überschneiden kann. Zu helfen ist nicht immer helfen. Das mag unmenschlich erscheinen, aber den Schmerz eines anderen auf sich zu nehmen, bedeutet in Wirklichkeit manchmal, ihm seine Möglichkeit des Wachsens und der Transformation zu nehmen sowie die Gelegenheit, seine Schulden zu zahlen. Andere Male hingegen verknüpft sich unser Schicksal gerade deshalb mit dem eines anderen Menschen, weil es unsere Aufgabe ist, in sein Leben einzugreifen. Um zu lernen, die eigene Aufgabe in der jeweiligen Situation zu erkennen, muss man zu unterscheiden verstehen, das heißt eigenständiges Unterscheiden üben, und den Mut entwickeln, für die eigene Sichtweise einzustehen.

Der Wunsch, Gutes zu tun, der einerseits zu den höheren Stufen der Hingabe führt, andererseits leicht zu Arroganz und Fanatismus werden kann, wird als eine der Leidenschaften, nämlich *mutmainah*[18], angesehen. Dieses ›weiße Pferd‹ ist in gewissem Sinne das am schwierigsten zu zähmende. Die Welt ist voller Beispiele an ›wild gewordenen weißen Pferden‹: angefangen beim *guru*, der dadurch, dass er seine Schüler zur Erleuchtung führen möchte, diese manipuliert oder abhängig macht, bis hin zum Ehemann, der seine Frau ins Haus sperrt, weil er sie schützen möchte. Das weiße Pferd täuscht uns oft und führt uns in die Irre, gerade aus dem Grund, weil es weiß und gut ist und scheinbar sanftmütig. Sanft, rein und ruhig wie es ist, scheint es niemals zu scheuen. Dabei hat es nur verschiedene Arten, sich durchzusetzen. Von *mutmainah* überwältigt, verliert unser Ich den Kontakt zur Gesamtheit unseres Seins, genauso wie jemand, der seiner eigenen Wut ausgeliefert ist. Daher wird *mutmainah* in der *kejawen* als *napsu* betrachtet – als eine Leidenschaft wie alle anderen auch.

Während der Meditationssitzungen im Hause Pak Wondos passiert es häufig, dass einer der Teilnehmenden für einen kranken Familienangehörigen um Hilfe bittet. Üblicherweise kommt die Person mit einer Wasserflasche, die sie vor Pak Wondo auf den Tisch stellt und öffnet. Pak

---

18| Zum Thema »Grundlegende Leidenschaften des Menschen« siehe Kap. 1, Fußnote 18, S. 58

Wondo fragt nach dem Namen der kranken Person, nach der Art der Beschwerden und dem Namen der Person, die das Wasser mitgebracht hat. Es wird darum gebeten, dass sich dieses Wasser während der Meditation mit positiver und heilender Energie ›anreichert‹ *(diisi)*. Aber nicht immer akzeptiert Pak Wondo diese Bitte. Manchmal spürt er, dass es seine Aufgabe ist einzugreifen, andere Male schlägt er jemand anderen vor, einen der Familienangehörigen oder die Person, die das Wasser mitgebracht hat. Dann gibt es auch noch die Fälle, in denen er niemanden empfiehlt und sanft zu verstehen gibt, dass diese Krankheit in Wirklichkeit ihren Verlauf nehmen muss und es besser ist, nicht einzugreifen.

Mitgefühl, Güte und Nächstenliebe sind zweifellos Tugenden, die in *Sumarah* aber kein starres Vorbild für das Verhalten anderer gegenüber sind, sondern vielmehr als innere Haltung entwickelt werden. Pak Wondo spricht von den ›anderen draußen‹ und den ›anderen drinnen‹ und erinnert uns daran, dass barmherzig zu sein, zum Beispiel nicht nur bedeutet, gut zu unserer Nachbarin zu sein, wenn sie krank ist, sondern auch großzügig und liebenswürdig zu sich selbst. Er meint:»Nicht nur außerhalb von uns, sondern auch in uns gibt es viele ›andere‹. Im Allgemeinen tendieren wir dazu, nur unserem Ego wirklich zuzuhören, und behandeln alles andere – ein Gefühl, einen Schmerz, ein Bedürfnis, eine Erinnerung, eine Empfindung, einen Teil unseres Körpers – wie nicht zu uns gehörend.«

Es passiert vor allem, wenn uns diese anderen nicht gefallen, uns nicht zufrieden stellen, nicht das tun, was wir wollen.

In Beziehung zu uns selbst und zu den anderen stiftet das große Verwirrung, denn das, was wir jeweils für gut und richtig erachten, stützt sich oft noch zu sehr auf unbewegliche, partielle und beschränkte Prinzipien. So treiben wir, auf dem Rücken unseres weißen Pferdes sitzend, voller Entschlossenheit und guter Absichten unsere ›Kreuzzüge für das Gute‹ für uns selbst und die anderen voran …

Sumarah lehrt uns, langsam mit den Kreuzzügen umzugehen, auch mit der Nächstenliebe und mit der Angewohnheit, allen um jeden Preis helfen zu wollen; erst dann zu handeln, wenn wir um Hilfe gebeten werden, und auch dann immer erst die innere Stimme zu fragen, um zu verstehen, ob es in diesem bestimmten Moment unsere Aufgabe ist, in das Leben und das Leiden dieser Person einzugreifen.

Gewöhnlich gibt es auch hierbei Ausnahmen, aber die grundsätzliche Ausrichtung, auf das universelle Gesetz zurückzugreifen und nicht bei unserem persönlichen Wunsch zu verweilen, bleibt. So lernen wir, uns nicht in eine Haltung zu begeben, in der wir andere kommandieren oder für andere entscheiden, sondern uns führen zu lassen, denn, wie bereits gesagt wurde: »Das, was gut ist, ist nicht immer richtig, das, was richtig ist, ist nicht immer geeignet, und das, was geeignet ist, ist nicht immer stimmig.« *(Sing apik durung karuan bener, sing bener durung karuan pener, sing pener durung karuan nyata.)*

Es ist sicherlich weise, dabei dem Rat von Irina Tweedie zu folgen. Als sie einmal gefragt wurde, wie man es schaffen solle, immer im Namen der Liebe zu handeln, antwortete sie: »Gebrauche nicht die Liebe, sondern lass zu, dass die Liebe dich gebraucht.«

Meditation und Mysterium

> *Die Ewigkeit kann nicht eingreifen, solange der individuelle Wille*
> *nicht einen Akt des Verzichts auf sich selbst vollbringt, indem er*
> *gewissermaßen eine Leere schafft, in die die Ewigkeit einfließen kann.*
> Aldous Huxley

Es ist nicht einfach, sich von der Liebe gebrauchen zu lassen oder von einer anderen Göttlichkeit. Normalerweise leisten wir Widerstand, weil wir Angst haben, passiv zu werden oder die Kontrolle über die Situation zu verlieren. Aber die Frage lautet: Welche Situation? Welche Kontrolle?

Abgesehen von dem, was mir gelehrt und erzählt wurde, stelle ich fest, wenn ich aufmerksam hinschaue, dass die wirklich wichtigen Ereignisse in meinem Leben – die positiven wie die negativen – niemals von mir selbst hervorgerufen wurden, sondern einfach eingetreten sind, mich oft überraschten, wenn nicht sogar gegen meinen Willen auftauchten. Das bedeutet nicht, dass wir keine Entscheidungen treffen können oder dass es keine Situationen gibt, in denen wir dazu beitragen, den Verlauf der Ereignisse zu bestimmen. Es bedeutet auch nicht, dass wir keine Verantwortung für unsere Handlungen haben oder dass hier eine fatalistische Haltung nahegelegt wird. Wahr scheint mir jedoch zu sein, dass wir nur partiell und vorübergehend Macht besitzen und dass wir niemals das letzte Wort haben. Vielleicht antworten die Javaner deshalb nie mit ›nein‹ *(tidak)*, wenn eine Frage an sie gestellt wird und die Antwort darauf nicht positiv ausfällt, sondern immer nur mit ›noch nicht‹ *(belum):* Der Lauf der Dinge im Leben ist mysteriös und unvorhersehbar.

Somit kommen wir wieder auf die Frage des karmischen Gesetzes zurück, in dem Sinne, dass es oft völlig unverständlich und unbegreiflich ist, warum, wann oder wie bestimmte Ereignisse eintreten und warum bestimmte Dinge gerade uns passieren. Marcel Proust, der kein Mystiker war und aus einem vollständig anderen Blickwinkel schaute, sagte, dass unsere verworrene Art, gewünschte Ereignisse herbeizuführen, dadurch, dass sie den freien Lauf der Ereignisse (hinsichtlich des gewünschten Geschehens) verändert, geradezu den gegenteiligen Effekt erzielt und somit die Wahrscheinlichkeit eines günstigen Ausgangs verringert.

Proust spricht vom natürlichen Fluss der Ereignisse und vom Zufall, *Sumarah* von der Harmonie des universellen Gesetzes. Das, was diese beiden Sichtweisen verbindet, die an anderen Stellen so sehr voneinander abweichen, sind die begrenzte Macht, die dem menschlichen Willen zugestanden wird, und die vernebelnde Eigenschaft der Leidenschaften. Ob der Verlauf der Dinge als göttlich oder natürlich angesehen wird, ändert nichts daran, dass er wahrhaftig unergründlich und die Wechselbeziehung zwischen unseren Entscheidungen und dem Fließen des Flusses, dem Lauf des Lebens, komplex ist.

Durch die Praxis entdecke ich, dass es eigentlich keine Wahl gibt, sich dem göttlichen Eingriff des Lebens anzuvertrauen oder nicht. In gewissem Sinne haben wir keine Chance oder zumindest nicht diese. Unsere Freiheit ist vielmehr eine Frage von Wann und Wie, nicht aber eine Frage der Essenz. Wenn wir eine gewisse Erfahrung durchleben müssen – ein bestimmtes Gefühl, einen Schmerz oder eine Freude – dann werden wir sie früher oder später durchleben, ob wir wollen oder nicht. Wie Pak Wondo oft sagt, wenn wir nicht die Kraft dafür haben, können wir auch davonlaufen *(kalau tidak kuat, boleh lari juga)*, aber nicht für immer und wahrscheinlich auch nicht sehr weit. Wir können auch bis ans andere Ende der Welt gehen, um nicht zu heiraten, aber wenn die Erfahrung, einen Ehemann zu haben, Teil von dem ist, was unsere Seele braucht, dann werden wir einen Ehemann haben. Wir können unser ganzes Leben lang eine makrobiotische Diät einhalten und niemals ein Antibiotikum einnehmen, wenn wir aber dazu bestimmt sind, an einem Magengeschwür zu leiden, dann wird uns das trotzdem passieren – vielleicht aus anderen Gründen als im Zusammenhang mit der Ernährung. Genauso wie wir andererseits zwanzig Jahre lang Eis und Fertiggerichte zu uns nehmen können und nie unter Magenschmerzen zu leiden haben. Wir können auch ohne Meditation die ruhigsten und harmonischsten Menschen der Welt sein, fünfzig Zigaretten am Tag rauchen und mit neunzig Jahren eines natürlichen Todes sterben, lediglich ein wenig heiser. Und diese Beispiele sind sogar alle wahr. Wie oft ist es uns schon passiert, dass wir uns über das Schicksal einer befreundeten Person wunderten und gedacht haben, dass es ungerecht oder sinnlos sei? Wie oft haben wir selbst dagegen protestiert, wie das Leben uns behandelt?

Aber wieder einmal handelt es sich lediglich um Unwissenheit. Uns fehlt die umfassende Sicht, aber auch das ist Teil des Menschseins, genauso wie das Gefühl, unerschöpfliche Möglichkeiten zu haben, und das Bedürfnis, wählen zu können. Wie ein Sprichwort der Sufis jedoch sagt: »Die wahre Freiheit besteht in der Abwesenheit der Wahl.« Das bedeutet nicht, dass das, was wir für uns und andere tun, nutzlos ist und dass unsere einzige Möglichkeit darin besteht, alles, was passiert, passiv zu durchleiden. Im Gegenteil, im universellen Plan haben sicherlich auch unsere Handlungen eine Daseinsberechtigung und auch das Eingreifen der anderen hat einen Sinn, abgesehen von der Tatsache, dass man in einer karmischen Kette von Ereignissen sowieso niemals wissen kann, welches nun das ausschlaggebende sein wird. Unsere Teilnahme ist wichtig, da sie einzigartig und in diesem Sinne wesentlich ist. Aber sie ist eben nur ein Teil. Es genügt, sich an diese Tatsache zu erinnern und all die Momente zu beherzigen, in denen wir intuitiv das Ganze wahrgenommen haben. Denn dieser besonderen Erfahrung Aufmerksamkeit zu schenken und uns von Zeit zu Zeit daran zu erinnern, hilft uns, uns wieder zu beschränken und gleichzeitig unseres göttlichen Ursprungs gewahr zu sein.

Es heißt, dass man an Wunder glauben muss, damit sie passieren. Ich glaube, das stimmt. Nicht so sehr, weil wir mit einer eindringlichen Autosuggestion darauf einwirken, damit das, was wir uns am meisten wünschen, tatsächlich eintritt oder was wir am meisten fürchten, nicht passiert (was an sich auch keine Kleinigkeit wäre), sondern eher, weil dadurch, dass wir uns gegenüber der Möglichkeit des Außergewöhnlichen, des Unerwarteten und des Irrationalen öffnen, sich unsere Kontrolle und unser Eingreifen schmälert, sich unser Herz (und unsere Augen) öffnen, den Ereignissen Raum gelassen wird und somit das erlaubt wird, was Marcel Proust den natürlichen Fluss der Ereignisse nennt. Die Wunder sind schon alle da, wir sind es, die sie blockieren. Es geht also darum, wie eine Freundin einmal sagte, zu lernen, sich auf die Wunder einzustimmen.

Dazu könnte ich viele Episoden erzählen. Die folgende habe ich nicht deshalb ausgewählt, weil sie die außergewöhnlichste ist, sondern weil sie bezeichnend dafür ist, wie sich das Schlechte zum Guten wenden kann, wenn man ihm etwas Zeit lässt. Darin besteht das Wunder: in der Transformation, die ihrerseits nur möglich zu sein scheint, wenn sie von einem aufrichtigen und vollkommenen Loslassen begleitet wird und von dem Mut, die Meinungen, Vorstellungen und Ängste gehen zu lassen, die den Durchgang zum göttlichen Willen versperren. Oft gelangen wir in diesen Zustand vollständiger Öffnung nicht freiwillig, sondern wir werden von der Wirklichkeit dazu getrieben, gewissermaßen dazu gezwungen.

Üblicherweise wird ein außergewöhnliches Ereignis als Wunder betrachtet. Für *Sumarah* hingegen ist ein Wunder nichts anderes als einer der vielen Aspekte der geheimnisvollen Beziehung zwischen Mikrokosmos und Makrokosmos. Es hat mich immer beeindruckt, wie die Javaner sich fast nie über irgendetwas zu wundern scheinen. Ihre tiefe Überzeugung, dass wirklich alles möglich ist und dass das Unerwartete jeden Augenblick eintreten kann, schützt sie und macht sie zugleich verwundbar.

Pak Wondo spricht oft über unsere Begrenztheit als menschliches Wesen und darüber, dass unser Bitten nur dann wirklich ein demütiger Akt der Einsicht, eine Verbeugung, ein Gebet ist, wenn wir die begrenzte Natur unseres Zustandes anerkennen. *»Aku tetap kawula«* (Ich bin ein Diener), sagt Pak Wondo oft. Alles, was wir erhalten, ist ein Zugeständnis, eine Gabe. In diesem Sinne ist das Außergewöhnliche, auch wenn es rätselhaft ist, normal, weil es nichts anderes ist als die Offenbarung des Göttlichen.

Es stimmt, dass man dazu neigt, die hässlichen Dinge zu vergessen und sich an die schönen zu erinnern, aber ich denke, dass das Folgende wirklich die schwierigste Zeit meines Lebens beschreibt. Weder zuvor noch danach war ich je so vollständig von den Ereignissen überwältigt worden, niemals habe ich mich physisch wie auch psychisch so schwach gefühlt. Obgleich mir viele Menschen auf die eine oder andere Art nahe waren, fühlte ich mich doch mit meinem Schmerz völlig alleingelassen. Oft wachte ich mitten in der Nacht auf und, überwältigt von etwas, von dem ich letztlich selbst nicht wusste, was es war, brach ich in Tränen aus. Ich war völlig erschöpft.

Eines Nachts erreichte die Spannung ihren Höhepunkt, und ich kam an die äußerste Grenze meiner Lebenskraft. Wie so oft in jener Zeit, war ich mitten in der Nacht aufgewacht, aber dieses Mal war die Angst unerträglich, und ich fühlte mich von einer seltsamen Macht besessen, die mich in sämtliche Richtungen zu ziehen schien. Ich fühlte, dass ich in Gefahr war. Ich ging in den Garten hinaus und lief im Kreis, während ich mir ein Kissen, das ich mitgenommen hatte, fest an die Brust drückte. Meine Verwirrung erreichte ihren Höhepunkt, mein Verstand verlor vollständig die Kontrolle. Als würde ich einen Kreis um ein unsichtbares Objekt ziehen, drehte und drehte ich meine Runden. Ich war kurz davor zusammenzubrechen, vielleicht zu sterben oder verrückt zu werden. Ein riesiger Sauger schien mir das Gehirn leer zu saugen. Es gab nicht einmal mehr Platz für Angst. Völlig unerwartet begann ich auf einmal, den Satz *Allah Ahkbar*[19] zu zitieren. Seit acht Jahren war ich auf Java, hatte drei Monate zuvor aufgehört, zu den Meditationssitzungen zu gehen und hatte weder eine besondere Sympathie noch irgendeine Affinität zum Islam. Ich lief immer weiter im Kreis, unendlich lange, wie mir schien. Mein Verstand war nicht mehr da, mein Körper empfand fast nichts mehr. Ich wusste nicht mehr, wo ich war, noch wer ich war. Ich hätte mich auflösen können.

In einem bestimmten Augenblick fühlte und sah ich plötzlich von oben einen gelben Lichtkegel auf mich zukommen, der mich wie eine Dusche mit einer derartigen Kraft überschüttete, dass ich auf die Erde fiel. In dem Moment, in dem ich den Boden berührte, kehrte ich zu mir

---

19| *Allah Ahkbar* bedeutet ›Allah ist groß‹.

selbst zurück und sah – wie am Ende einer psychedelischen Reise – die Wirklichkeit wieder so wie gewöhnlich; ich erkannte den Garten, das Haus, den Kissenbezug, ich erinnerte mich, wo ich war, mit wem ich lebte, wer ich war und was in meinem Leben passierte. Ich brach in Tränen aus, weinte lange und intensiv, ganz greifbar und heilsam und kehrte dabei wieder in die Wirklichkeit zurück. Ich berührte das Gras, berührte meinen Körper, sah mich um und erkannte die Pflanzen. Ich küsste die Erde, aß sogar ein wenig davon und verharrte ermattet, bis ich schließlich von Müdigkeit überwältigt wurde. Ich betrat wieder das Haus, aber etwas hielt mich davon ab, ins Schlafzimmer zurückzukehren. Ich schlief in einem kleinen Bett im unteren Stockwerk ein. Als ich am Morgen aufwachte, entdeckte ich, dass mein Körper voller Verbrennungen war: an den Handgelenken, auf der Stirn, am Hals und an anderen Stellen meines Körpers; einige waren dunkelrot, andere waren offen und eine dickliche Flüssigkeit trat aus. Seltsamerweise erschrak ich nicht allzu sehr darüber. Ich wusste – um was für eine physische Reaktion es sich auch immer handeln mochte –, dass dies mit der Erfahrung der vergangenen Nacht zusammenhing.

Ich setzte mich zum Meditieren hin und dankte Allah, wobei ich ihn zum ersten Mal bei diesem Namen nannte. Ich fühlte ganz deutlich, dass ich einer Gefahr entronnen war. Ich dankte Java, ich dankte der Erde, ich dankte *Sumarah* und Pak Wondo, der mich mit dieser anderen Dimension der Wirklichkeit bekannt gemacht hatte. Ich fühlte, es war die Meditationspraxis gewesen, die mir das Leben gerettet hatte.

Tags darauf ging ich zu Pak Wondo und erklärte ihm erneut (ich hatte ihm bereits einen Brief geschrieben), warum ich aufgehört hatte, zu den Meditationssitzungen zu gehen, und warum ich wütend auf ihn gewesen war. Ich bat ihn um Entschuldigung und sagte ihm, dass ich verstanden hätte, warum ich durch diese Prüfung hatte gehen müssen. Pak Wondo lachte; es schien fast so, als hätte er meine Abtrünnigkeit gar nicht bemerkt und als ob er sich nicht einmal an den Brief erinnerte, den ich ihm geschickt hatte. Ich bat um eine *cocokan* in Bezug auf die vorangegangene Nacht. Er antwortete mit seiner üblichen Einfachheit: »Du hast eine starke Energie erhalten, eine Gnade *(anugerah)*. Manchmal, wenn wir wirklich an unsere Grenzen gestoßen sind, wird uns ein Wunder *(keajaiban)* gewährt. Sei dankbar und versuche nicht, es zu verstehen.«

Erst danach erzählte ich ihm, was passiert war, und zeigte ihm meine Verbrennungen. Nun ein wenig besorgt, lächelte er und sagte: »Gut, jetzt bist du hier. Erinnere dich immer daran, dass wir letztendlich nichts vermögen *(kita tidak bisa apa-apa)* und sei dankbar. Kannst du Mittwochabend kommen?« – »Ja sicher, Pak Wondo«, antwortete ich voller Freude, wieder zurückgefunden zu haben, und mit ein klein wenig Genugtuung darüber, dass er schließlich erkannt hatte, dass ich an meine Grenzen gelangt war.

Die Verbrennungen brauchten fünfzehn Tage, bis sie verheilt waren. Mein Staunen und mein Respekt gegenüber der Magie des Lebens blieben jedoch für immer.

3

Meditation mitten im Leben
sujud harian

Aku, der weiße Aal

> *Seele und Geist haben verblüffende Ressourcen.*
> *Wie Wölfe und andere Geschöpfe sind Seele und Geist in der Lage,*
> *mit sehr wenig zu gedeihen und zu wachsen, und*
> *manchmal über lange Strecken hinweg mit rein gar nichts.*
> *Dass das so ist, ist für mich das Wunder der Wunder.*
> Clarissa Pinkola Estès

Die meisten Menschen nähern sich der Meditation aus dem Bedürfnis heraus, die Qualität des eigenen Lebens zu verbessern. Das Bedürfnis ›sich hinzusetzen‹, wie man gewöhnlich sagt, entsteht aus dem Gefühl, sich schon zu lange bemüht zu haben, es allein zu schaffen, versucht zu haben, alles zu verstehen und die eigene Unabhängigkeit unter Beweis zu stellen. Wenn man dann eines Tages darauf stößt, dass – wie jemand gesagt hat – das Flügelschlagen eines Schmetterlings im Regenwald des Amazonas das Verhalten eines Passanten auf den Straßen Tokios beeinflusst, beginnen ernsthafte Zweifel an der eigenen Unabhängigkeit und an der eigenen persönlichen Macht aufzutauchen. Da kann es passieren, dass man plötzlich feststellt, sehr müde geworden zu sein, und man beschließt, dass es vielleicht an der Zeit ist, sich zu setzen und sich endlich zu entspannen. Man beginnt auf eine andere Art und Weise nach innen und nach außen zu schauen; vielleicht sucht man einen Lehrer, einen

Führer, versucht im eigenen Herzen zu lesen, fängt an, Unterscheidungs-
vermögen zu erwerben, zwischen der Ebene der Emotionen und der
Ebene des reinen Fühlens zu differenzieren, erkennt die eigenen Grenzen
an, die eigene Menschlichkeit und die eigene Göttlichkeit, und entdeckt,
dass man einzigartig und universell zugleich ist. Eines Tages dann, des
Mysteriums gewahr werdend, merkt man, dass mittlerweile schon viel
mehr geschehen ist, als man erwartet hat. Dann geschieht es, dass uns
das Leben genau in dem Moment, in dem wir unsere ›Lotosposition‹ zu
genießen beginnen, zu verstehen gibt, dass es wieder an der Zeit ist sich
zu bewegen und dass der Tanz weitergeht. So ahnen wir, dass wir nicht
mehr zurückkönnen und dass es von jetzt an nicht mehr nur entweder
das eine oder das andere geben wird, sondern immer nur alles, und dass
nichts mehr so sein wird wie zuvor. Das ist eine gute Nachricht, kann
uns aber auch erschrecken. Es ist nicht schlimm, Angst zu haben.»Das
ist erlaubt«, sagt Pak Wondo, aber mittlerweile haben wir verstanden,
dass die Zeit gekommen ist, uns wieder auf die Füße zu stellen und einen
neuen Tanz zu lernen.

Das ist *sujud harian,* die ›alltägliche‹ Meditation, der Moment, in dem
wir unsere neuen Errungenschaften und unser neues und stets erneuer-
tes Gewahrsein ins alltägliche Leben einbringen. Einen Moment lang
können wir der Illusion erliegen, es wäre einfacher oder irgendwie weniger anstrengend, mitten im Leben zu meditieren, ohne sich zum Meditieren hinzusetzen. Aber schon recht bald erkennen wir, dass genau das
Gegenteil der Fall ist, denn gerade in der so genannten Normalität des
alltäglichen Lebens passiert es, dass unser Ego sich mit all seinen hoch
entwickelten Tricks und Zauberkünsten in Szene setzt.

Wie bereits an anderer Stelle erwähnt, bezeichnet Pak Wondo *aku*
(das Ich) als einen weißen Aal *(welut putih). Aku* ist lang und schlüpfrig
wie ein Aal, scheint weder Kopf noch Schwanz zu haben und lässt sich
nicht fassen, sondern entschlüpft den Händen im letzten Moment. Es ist
weiß, weil es immer eine unschuldige Forderung hat und in der Überzeugung lebt, fortwährend im Recht, immer gut und jederzeit aufrichtig
zu sein. Jedes Ich, so Pak Wondo, habe seinen eigenen Stil und seine
eigene Persönlichkeit, aber seine ihm innewohnende Natur und seine Art
zu funktionieren seien nahezu bei allen gleich. Obwohl jeder ein einzig-
artiges Wesen ist, das es genau so nicht noch einmal geben wird, haben

wir als Menschen doch alle ein Ich. Das vereint uns und macht uns in unserer Unterschiedlichkeit in Wirklichkeit doch sehr ähnlich – viel ähnlicher als wir glauben. Zu diesem Thema haben die Javaner eine höchst eindrucksvolle Redensart. Wenn man zum Beispiel über jemanden spricht, der ein wenig seltsam ist oder irgendwie vom Gewöhnlichen abweicht, lautet ihr Kommentar:»Im Grunde genommen ist auch er ein ›Neunmonatiger‹!«

So sehr das Ich auch, wie gesagt, notwendig ist, um unseren Wagen zu lenken, so will es doch immer viel mehr sein als das, was es ist, und wird somit zu einem Hindernis statt zu einer Hilfe. Seine Überheblichkeit und sein Bedürfnis zu kommandieren verbergen in Wirklichkeit seine Angst und seine Schwäche sowie seine Unwissenheit in Bezug auf sich selbst.

In der westlichen Gesellschaft sind wir mit der Vorstellung aufgewachsen, immer für alles eine Lösung finden zu müssen, sowie mit der Überzeugung, dass wir alle potenziell in der Lage sind, alles zu verstehen:»Wenn du einen Augenblick lang darüber nachdenkst, wirst du sehen, dass du verstehst«, wurde uns immer wieder gesagt. Schon als Jugendliche haben wir uns also den Kopf zerbrochen, um immer und alles zu verstehen, bis wir letztendlich erschöpft die fundamentalen Fragen der Existenz beiseite geschoben und uns nur noch mit den Aufgaben beschäftigt haben, die uns mehr oder weniger autoritär oder manipulativ auferlegt worden sind. Unsere Zweifel hinsichtlich Leben und Tod wurden von der Welt der Erwachsenen als ›Obsession der Jugend‹ vom Tisch gefegt und unsere tiefsten Bedürfnisse und Sehnsüchte sowie unsere Vorstellungen von einer besseren Welt mit dem Etikett ›Idealismus‹ versehen. Allmählich überzeugten wir uns davon, dass es auf die ökonomische und politische Realität ankommt, was dazu führte, dass sich viele von uns mit Geld und Krieg beschäftigten. Nicht nur die Logik des »Wenn du genügend nachdenkst, wirst du sehen, dass du verstehst«, sondern schlimmer noch die des »Wenn du wirklich willst, dann wirst du sehen, dass du es schaffst« hat uns jahrelang systematisch von der Wahrheit abgelenkt. Die Enttäuschung darüber, entdecken zu müssen, dass das so nicht stimmt, dass ›denken‹ nicht mit ›verstehen‹ und ›wollen‹ nicht mit ›können‹ gleichzusetzen ist, hat uns verwirrt und bitter werden lassen. In diesem Kontrast von Machtträumen auf der einen und existenziellen Enttäuschungen auf der anderen Seite hat unser Ich – um zu überleben – gelernt, sich selbst zu belügen, indem es sich je nach Notwendigkeit tarnt und windet, bis es schließlich zu diesem verworrenen Knäuel wird, den wir so gut kennen und der so schmerzhaft zu entwirren ist. Genau deshalb ist Schmerz für den spirituellen Fortschritt gewissermaßen immer notwendig, denn er wirkt auf uns ein, sprengt die Schemata, von denen wir noch nicht einmal wussten, dass wir sie besaßen, wirft uns zu Boden und lässt uns nur unter bestimmten Voraussetzungen wieder aufstehen. Das bedeutet nicht, dass der Prozess nicht auch freudvoll sein kann oder dass es erforderlich ist, von sich aus Leid als ein Mittel zu wählen, um zu wachsen, sondern dass der Schmerz wichtig ist und dass er mit viel Respekt angenommen werden sollte, dass er Teil des Lebens ist – so wie auch der Tod zum Leben gehört. Eine derartige Bejahung ist kein Akt trauriger Resignation, sondern eine wahre Hymne an die Fülle des Lebens jenseits von Lügen und Selbsttäuschungen. Um ein extremes Beispiel anzuführen: Nicht das Herannahen des Todes erzeugt Schmerz, sondern unsere Verweigerung ihm gegenüber. Da unser Ego die Wirklichkeit immer nach seinem Belieben verändern will, verbringt es die meiste Zeit damit, verzweifelt gegen die Ereignisse des Lebens anzukämpfen, all die Beweise, die seine Vorherrschaft und sein Vergnügen in Frage stellen, negierend. Gelingt es ihm nicht, ein Hindernis auszuschalten, dann überspringt oder umgeht es dieses, um sich natürlich dann das nächste Mal vor einem noch viel größeren wiederzufinden. In diesem ungleichen und mühseligen Kampf gegen die Wirklichkeit leidet das Ego unter den immer wieder auftretenden Niederlagen und wird schwach. Es fällt und unzählige Male steht es wieder auf, bis es eines Tages nicht mehr kann. Pak Wondo zitiert in diesem Zusammenhang oft die Worte seines Lehrers: »Wenn man sich nicht mehr bewegen kann, wenn man nicht einmal mehr ›Warte einen Moment‹ sagen kann, dann offenbart sich Gnade.« An dieser Stelle überkommt uns dann blitzartig die Erkenntnis des kolossalen Irrtums: der Gleichsetzung unseres Wesens mit unserem Ich.

Das Ego leidet schrecklich in diesem Prozess der Zähmung, und wir sind derart identifiziert, dass der Eindruck entsteht, wir seien es, die leiden. In Wirklichkeit freut sich unsere Seele, während unser Ego leidet, und unser Selbst beginnt aus den tiefsten Untiefen aufzutauchen, in die es verbannt worden war. Genau hier beginnt der Prozess der Befreiung. Wenn der Mensch wirklich an seine Grenzen stößt, so sagte Pak Ary einmal zu mir, und ganz deutlich seine Begrenztheit bis zum äußersten erfährt, dann könne er nichts weniger tun, als seine Sehnsucht hinauszuschreien und Lobpreisungen der höchsten göttlichen Einheit anzustimmen. Wie bereits gesagt wurde, bedarf es der Stille, um die Stimme der Seele zu hören. Die Stille, von der in der *Sumarah*-Meditation gesprochen wird, ist nicht so sehr die der Worte, sondern vor allem die des Verstandes und insbesondere die der Meinungen und Ansichten. Das gilt sowohl für die Praxis der ›alltäglichen‹ Meditation als auch für die der ›speziellen‹.

Ansichten sind die Säulen des Ichs. Jeder von uns konstruiert über die Jahre hin allmählich sein Gebäude an Ideen und Überzeugungen und läuft durch die Welt, um Bestätigungen für deren Wahrheit zu suchen, dabei sammelt er die Daten, die ihm dienlich sind, und erklärt alle anderen für untauglich. Das, was wir unter anderem ›unsere Ansichten‹ nennen, sind meistens noch nicht einmal wirklich die unsrigen. Es sind die unseres Jahrhunderts, des Landes, in dem wir aufgewachsen sind, der Familie, die uns erzogen hat, die von Mama und Papa, wenn nicht sogar die von Oma und Opa!

Unsere Ansichten sind unsere Verteidigungsmaßnahmen. Indem wir uns in der Wirrnis unseres Daseins an diese Pfeiler klammern, glauben wir in der Lage zu sein, uns nicht zu verlieren. Wie jeder weiß, hat jeder seine eigenen Vorstellungen, wie jeder auch seine eigene Persönlichkeit hat. Und das ist an sich auch nichts Schlechtes. Eine Meinung ist eine Meinung, und wenn sie als solche und somit in ihrer Begrenztheit anerkannt wird, dann kann sie auch sehr nützlich sein. Schwierg wird es, wenn Fixierung beginnt, wenn es zur Gewohnheit geworden ist, unsere Abhängigkeit von bestimmten Ansichten nicht wahrzunehmen und an den eigenen Auffassungen – oft noch dazu in der Überzeugung, dass diese richtig seien – anzuhaften.

Wer sich auf den Weg des Bewusstseins begeben hat, hat, so scheint es, gelernt, dass es weise ist offen zu bleiben, aufmerksam die Ansichten anderer zu betrachten und bereit zu sein, die eigenen zu überprüfen; er hat die Bedeutung davon schätzen gelernt, genau zuzuhören, wenn ein anderer spricht, hin und wieder zuzugeben, im Unrecht zu sein, sich aufrichtig zu entschuldigen und aufrichtig zu danken. So hat sich ein ethischer Verhaltenskodex entwickelt, der uns schweigen lässt, bis der andere zu Ende gesprochen hat, der uns in der Diskussion Sätze sagen lässt wie:»Ja, vielleicht hast du Recht ...« oder »Für mich ist das jetzt so ... vielleicht denke ich morgen aber schon anders darüber ...« und ähnliche Bemerkungen. Wir haben gelernt, offen für Kritik und niemals beleidigt zu sein, im Gegenteil, wir sind in der Lage, sogar demjenigen zu danken, der einen unserer Mängel oder eine unserer negativen Verhaltensweisen ans Licht bringt. Leider ist das oft nur eine neue Etikette, eine neue Moral. Meistens, während ein Teil von uns sagt:»Ja, sicher, vielleicht hast du ja Recht«, klammert sich, sozusagen im Schutz dieses Aktes der Demut, ein anderer Teil noch fester an seine Überzeugungen, hält an seinen Ansichten fest. Und so entschlüpft uns der weiße Aal erneut in all seiner Reinheit und all seinem Hochmut. Wieder einmal ›gerettet‹.

Ein Sprichwort der Sufis lautet:»Gott ist stille Leere und deshalb ist es leichter, ihn in der Stille zu erreichen.« Diese Stille ist das Reich, in dem alles möglich ist, eine Oase in der Wüste, der Raum jenseits des Persönlichen und jenseits der Persönlichkeit, dessen Existenz wir noch nicht einmal vermutet haben. Die Praxis der Stille ist die Praxis, in der das Urteilen aufhört – ehrlich und vollständig. Wenn wir dazu bereit sind, wirkt sich das unmittelbar auf unser Verhalten aus und unsere Haltung wandelt sich; die anderen merken das und folglich ändern sich unsere Lebensumstände. Dadurch, dass wir bereit sind, uns von unseren Gewohnheiten und Ansichten zu lösen, machen wir uns bewusst verletzlich und in uns entsteht Licht und Raum.

Der interessanteste Aspekt der von Pak Wondo empfohlenen Praxis, immer zuerst ›ja‹ zu sagen, ist, dass eine derartige Ausrichtung uns dazu anregt, uns auf das Verschiedenartige einzustimmen, auf das Andere, auf Dinge, mit denen wir gewöhnlich nicht einverstanden sind. Das hilft uns dabei, den Griff um unsere Ansichten zu lockern.

Erfährt das Ich keine Befriedigung, so beginnt es sich aufzulehnen, bis es schließlich – nachdem es durch die Ereignisse dazu gebracht wurde, die eigene Unwissenheit und die eigene Machtlosigkeit zuzugeben, und nachdem es tausendmal vom Leben beiseite geschoben wurde – schrittweise lernt, von sich aus zur Seite zu treten. Die Wahrheit des

Selbst beginnt also, sich ihren Weg zu bahnen, das ›Herz der Herzen‹ offenbart sich und die Bedürfnisse der Seele werden endlich vernommen.

Ist nämlich der Widerstand des Ichs schon wirklich verblüffend, dann ist die Beharrlichkeit der Seele, uns an ihre Existenz zu erinnern, mindestens ebenso erstaunlich.

Sumarah zufolge gründet diese Beharrlichkeit darin, dass die Seele sich eigens zum Zweck der Reinigung, der Klärung inkarniert hat. Es ist unsere hauptsächliche Aufgabe genau dafür Sorge zu tragen, dass diese Klärung geschehen kann. Und das *hati nurani* ist immer wieder geneigt, uns daran zu erinnern.

Einmal bat Pak Tholib, der den Beruf des *becak*-Fahrers ausübt, während einer Meditationssitzung um eine *cocokan* zu einer bestimmten Erfahrung. Pak Wondos Antwort in der *cocokan* war: »*Yang momong ora narima*«, was wortwörtlich heißt: »Diejenige, die sich um dich kümmert (die Amme, die Nährmutter), akzeptiert das nicht«. Verblüfft erzählt Pak Tholib daraufhin seine Erfahrung: »Als ich gestern mit meiner *becak* in Richtung des zentralen Marktes fuhr, wurde ich plötzlich von einer unendlichen Traurigkeit überwältigt. Es war sehr warm, und ich hatte nicht viele Fahrgäste transportiert, aber das war nicht der Grund meiner Traurigkeit. Kurz zuvor, als ich mit einem Freund plauderte, während wir uns unter dem *ringin Semar*[1] ausruhten (Gott sei Dank haben sie den noch nicht gefällt), hatte ich mich an meine Wohnung im Osten erinnert und daran, dass mich meine ›alte‹[2] Ehefrau um 10.000 Rupien für die Schuluniform unserer zweiten Tochter gebeten hatte. Heute war der letzte Tag, und ich hatte noch nicht einmal das Geld für die Miete der *becak*[3] beisammen. Ich wusste wirklich nicht, was ich tun sollte. Daher entschloss ich mich, am *Alun-alun Kidul* mein Glück im Spiel zu finden, in der Hoffnung, wenigstens 15.000 Rupien zu gewinnen, da ich schon

---

1| Der *ringin Semar* ist einer der wenigen großen Bäume der Gattung *ficus benjamina*, der in Solo übrig geblieben ist.

2| Die Javaner haben oft zwei Frauen und nennen die erste ›alte‹ Frau und die zweite ›junge‹ Frau. So werden auch, wenn sie von den verschiedenen Wohnungen sprechen, von der Wohnung der Eltern, von der mit der ersten Frau, von der mit der zweiten usw., die Hauptbezugspunkte verwendet (meine Wohnung im Norden, meine Wohnung im Osten usw.) und alle verstehen, auf was oder wen man sich bezieht.

3| Einige *becak*-Fahrer besitzen eine *becak*, die meisten aber mieten sich eine.

allein 5.000 davon zu meiner Wohnung im Norden bringen musste. Bei dieser Idee krampfte sich mein Herz zusammen, denn ich habe, seit ich *Sumarah* folge, aufgehört, Glücksspiele zu spielen … Auf der anderen Seite war dies jedoch auch ein Notfall … immer noch besser als zu stehlen.

Nach dieser Entscheidung passierten mir eine ganze Reihe von kleinen Missgeschicken. Als Allererstes hatte ich sofort eine Reifenpanne und benötigte schon mal eine Stunde, um das Rad zu flicken; dann traf ich einen Freund, der mir sagte, dass Pak Manto am Abend zuvor gestorben sei und dass das Begräbnis in zwei Stunden stattfinde; schließlich, genau in dem Moment, in dem ich den *Alun-alun Kidul* betrete, erreicht mich mein ältester Sohn – der, den ich mit meiner ersten Frau habe – und sagt mir, dass mein Bruder aus Jakarta da sei und dass ich nach Hause kommen solle, weil mich meine Familie erwarte. Jetzt wollte ich von Pak Wondo wissen, ob es möglich ist, dass all diese Umstände zufällig waren oder ob sie etwas mit meiner Entscheidung zu tun hatten, wieder mein Glück im Spiel zu suchen.«

Pak Wondo antwortete erneut: »Eben, *yang momong ora narima,* mit anderen Worten, deine Seele wurde vor dem Verlangen und vor der Verwirrung deines Egos geschützt. Und wie ist es dann ausgegangen mit dem Geld, das du brauchtest?« – »Mein Bruder hat es mir geliehen.« – »Siehst du, die Lösung ist trotzdem zu dir gekommen … Die Seele wie auch das Leben gehören uns nicht, wir sind einfach nur ihre Hüter. Wenn wir ihnen weh tun, werden wir immer auf die eine oder andere Art ermahnt; wenn wir wirklich hinhören, ist der richtige Rat für uns da, und unser Kontakt zur Quelle und zu der, die sich um uns kümmert *(yang momong),* wird lebendiger und geübter und die Botschaften werden umso klarer sein.«

Die eigene Lebensaufgabe erkennen

Die Liebe zur Wahrheit schafft heiligen Müßiggang;
das Bedürfnis nach Liebe lässt richtiges Handeln entstehen.

(unbekannt)

Pak Wondo erzählt oft Anekdoten aus seiner Familie. Meistens um uns zu vermitteln, dass auch er ein ganz normaler Mensch ist, der mit seiner Ehefrau streitet und sich über die Kinder ärgert; aber manchmal auch, um uns zu sagen, wie schwierig es ist, zu akzeptieren, dass gerade die Menschen, die uns am nächsten sind und die uns am meisten am Herzen liegen, unseren Weg nicht respektieren, kein Vertrauen in unsere Praxis haben und unsere Anweisungen nicht annehmen.

»Meine Frau«, erzählt er, »hatte die Angewohnheit, die Meditationssitzungen hinter der Tür mitzuverfolgen, um mich dann danach zu kritisieren: ›Ich habe gehört, dass du gesagt hast, dass … Wie ist das nun aber damit, dass du mit mir …‹«« Pak Wondo sagt, dass dies die nützlichsten Lektionen für das Ego seien, und er betont immer wieder den Unterschied zwischen der Pak Wondo-Person und dem Pak Wondo-*pamong,* das heißt zwischen seiner Person und der Energie, die durch ihn fließt, während er eine Sitzung leitet.

»Meine Frau gibt mir nie irgendeine Art von Genugtuung«, sagt er lachend, während seine Frau mit einem unergründlichen Ausdruck im Gesicht in der letzten Reihe sitzt. »Letzte Woche hatten wir eine heftige Auseinandersetzung mit unserem jüngsten Sohn. Am Abend war er dann nicht zum Schlafen nach Hause gekommen, auch nicht am folgenden oder am darauf folgenden Abend. Ibu Wondo machte sich große Sorgen und merkwürdigerweise nahm sie meinen Vorschlag, gemeinsam mit mir zu meditieren und Allah um Hilfe zu bitten, gern an … wenn wir verzweifelt sind, entzündet sich unser Glaube plötzlich wieder und taucht aus seinem Versteck auf. Am Ende der Meditation fragte ich sie, was sie erlebt hatte, und sie antwortete mir wie gewöhnlich: ›Na ja, nichts Besonderes.‹ ›Aber wie fühlst du dich jetzt?‹, fragte ich sie. Sie antwortete: ›Normal.‹ Also insistierte ich: ›Kein Unterschied zu vorher?‹. ›Gut, ja‹, gab sie schließlich zu, ›ich fühle mich ein bisschen entspannter.‹

Wir hatten darum gebeten, dass unser Sohn heil und unversehrt nach Hause zurückkehren und dass Allah ihn beschützen möge. Unter den Anweisungen, die wir empfangen hatten, befand sich auch eine Ermahnung, seine negativen Seiten zu akzeptieren, weil sie ja schließlich von uns stammen. An diesem Abend kehrte unser Sohn nach Hause zurück. Tags darauf sprach ich mit meiner Frau noch einmal über das Vorgefallene und erinnerte sie daran, wie wichtig es sei, dankbar zu sein. Sie antwortete mir: ›Es war seine Freundin, die ihn davon überzeugt hat, nach Hause zurückzukehren!‹ Seht ihr, was ich damit meine, wenn ich sage, dass meine Frau mir niemals irgendeine Art von Genugtuung gibt! ... All das ist für mein Ego jedenfalls sehr lehrreich, das versichere ich euch.«

Einmal habe ich einen Satz von einem Sufi-Lehrer gelesen, der mich erschauern ließ: »Wenn wir den spirituellen Weg gewählt haben, dann müssen wir früher oder später genau das loslassen, an dem wir am meisten hängen.« Ich sprach mit Pak Wondo darüber und fragte ihn, ob er mit einer derart drastischen Aussage einverstanden sei. In Anbetracht dessen, dass in *Sumarah* oft betont wird, wie wichtig es ist, ein normaler Mensch zu sein, der ein normales Leben führt, erwartete ich eine negative Antwort. Pak Wondo überraschte mich jedoch damit, dass er sagte, ja, dies gelte auch für *Sumarah,* nicht so sehr in Bezug darauf materielle Güter aufzugeben, sondern vielmehr hinsichtlich der inneren Haltung gegenüber Anhaftung und Abhängigkeit. »Zum Beispiel?«, fragte ich ihn. »Zum Beispiel die Anhaftung, die du an deine Meinungen und Ansichten hast. Früher oder später wirst du sie loslassen müssen. Ich will damit nicht sagen, dass du sie ändern sollst, sondern einfach, dass du gar keine Meinungen mehr haben wirst!«

Diese Antwort versetzte mir damals einen kleinen Stich ins Herz. Inzwischen denke ich, zumindest so viel verstanden zu haben, dass damit gemeint ist, niemals im Namen unserer Vorstellungen und Wünsche die Wirklichkeit abzuweisen. Es ist notwendig, den Mut zu haben, sie mit offenen Augen anzuschauen und sich auf diese Weise in ihr zu sehen. Nur so werden wir entdecken können, was unsere Aufgabe in diesem Leben ist. Das bedeutet nicht, dass man keine Ideen oder Ideale haben kann, sondern nur, dass man nicht zu sehr von ihnen eingenommen sein oder dass man sie nicht zu ernst nehmen sollte. Sie werden sonst zu Projektionen in die Zukunft und entfernen uns von der Gegenwart beziehungsweise davon, unseren Anteil an der Wirklichkeit zu entwickeln.

Die Wellen kümmern sich nicht um die Unermesslichkeit des Ozeans. Jede Welle kräuselt sich, steigt an, fällt, trennt und vereint sich wieder; jede Welle weiß, dass sie Ozean ist, und weiß auch, dass sie nur eine Welle ist, die sich in kurzer Zeit auflösen und am Ufer brechen wird.

Die eigene Lebensaufgabe zu verwirklichen und das zu tun, was uns im Leben angenehm erscheint, sind oft zwei verschiedene Dinge. In der westlichen Gesellschaft heutzutage sagt man im Allgemeinen, dass sich jemand selbst verwirklicht hat, wenn er eine gewisse soziale Position erreicht hat, einen gewissen wirtschaftlichen Wohlstand oder allgemeiner, wenn jemand seine Wünsche erfüllt hat, also das erhalten hat, was er vom Leben wollte. Wenn wir einen Augenblick bei dieser Art von Behauptung bleiben – die übrigens landläufig sehr üblich ist – dann merken wir sofort, wie irreführend sie hinsichtlich der Suche nach sich selbst ist. Das Wort ›verwirklichen‹ stammt von ›Wirklichkeit‹; es hängt also alles von der Wirklichkeit ab, auf die man sich bezieht: *kenyataan* oder *Kasunyatan*. Das, was nämlich in der einen eine Verwirklichung darstellt, ist es in der anderen oftmals nicht.

Bewusstsein ist vor allem eine Frage der Wahrnehmung und taucht immer wieder auf, überrascht uns mit Bildern, Visionen und plötzlichen Ahnungen. So wie es passieren kann, dass man – wenn man einer anderen Person in die Augen sieht – sich plötzlich selbst im anderen erkennt, so wird uns manchmal – betrachten wir die Welt ohne Angst und ohne Projektionen – eine klare Sichtweise auf unseren Platz in ihr gewährt, wenn auch nur für den Bruchteil einer Sekunde.

Unser *hati nurani* (reines Herz) lässt uns oft über die Stimme des *guru sejati* wissen, wer wir sind, und erinnert uns daran, welchen Platz und welche Aufgabe wir haben. Um auf sich aufmerksam zu machen, ist der innere Lehrer subtil und einfallsreich – er spricht zu uns im Schlaf, durch Träume oder durch den ersten Gedanken, der am Morgen im Halbschlaf auftaucht.

Das Folgende ist eine Seite aus meinem Tagebuch.

Gestern Abend hat mir Mayima ein Bild gezeigt, das sie vor ungefähr eineinhalb Jahren nicht ganz zu Ende gemalt hatte. Es stellt sie selbst dar, man sieht sie zu drei Vierteln von hinten, wie sie über einen Bambuszaun auf einen Garten blickt. Sie sagte mir, dass ein Teil von ihr das Bedürfnis verspüre, es zu Ende zu malen, damit sie dann wirklich ›darüber hinausgehen‹ könne, aber in Wirklichkeit habe sie nicht mehr allzu viel Lust dazu. Ich antwortete ihr, dass es mir so vorkomme, als sei sie schon längst ›dort drüben‹ angekommen, und dass das Bild zu beenden vielleicht ein wenig einem Rückschritt gleichkäme. Wir sprachen dann über andere Dinge, hörten die eine Hälfte der Kassette von Ram Dass und gingen danach schlafen. Ich schlief zwar nur wenige Stunden, dafür aber gut, und wachte mit einem klaren und lebendigen Traum im Kopf auf. Heute Morgen in der Küche fragte mich Mayima als Erstes, ob ich einen Traum gehabt hätte. So erzählte ich ihr, ich hätte von ihrem Gemälde geträumt, dass aber ich die Hauptfigur gewesen sei. Ich hatte im Traum den Bambuszaun passiert und jenseits davon eine vollkommen neue und wunderschöne Welt entdeckt: eine Art verzauberten Garten. Dann sagte mir eine Stimme auf eine sehr sanfte und poetische Weise etwas darüber, dass ich mich selbst gefunden hätte. Daraufhin fragte ich: »Aber wohin sind denn die anderen 3 Milliarden und 749.000 Menschen gegangen? Ich möchte sie suchen gehen.« Dann bin ich aufgewacht. Nachdem ich den Traum zu Ende erzählt hatte, sah Mayima mich mit Tränen in den Augen an und sagte: »Aber du hast von dem Bodhisattva-Gelübde[4] geträumt, verstehst du das nicht?«. »Was für ein Gelübde?«, fragte ich sie mit einem vagen Gefühl der Angst. »Die Entscheidung, nicht aus dem Reinkarnationszyklus auszusteigen, bis nicht auch das letzte menschliche Wesen befreit ist.« Dem blieb nichts hinzuzufügen. Wir verbrachten einen großen Teil des Morgens schweigend.

4| Der Begriff ›Bodhisattva‹ meint im Buddhismus einen Menschen, der über fortschreitende Stadien der Erleuchtung zur Schwelle des Nirwana gelangt und darauf verzichtet, darin einzugehen, damit er anderen Wesen helfen kann, die Befreiung zu erlangen.

Ich denke, dass ich noch weit von einer Entscheidung derartiger Tragweite entfernt bin – und es ist ja auch nur ein Traum gewesen; dennoch habe ich deutlich gespürt, dass dieser Traum etwas ganz Besonderes war und dass er auf irgendeine Art und Weise etwas mit der Frage nach meinem Platz in der Welt zu tun hatte. Ich blieb in diesem Gefühl und wagte nicht, weiter daran zu rühren.

Nach Auffassung der *kejawen* ist jeder von uns mit unterschiedlichen Aufgaben auf die Welt gekommen, die es zu bewältigen gilt. In Kontakt mit dem eigenen inneren Führer zu sein ist wichtig, denn ihn können wir immer fragen, was das Richtige für uns, was gerade unsere Aufgabe ist. Die Existenz des freien Willens (in der *kejawen wiradat* genannt) macht die Dinge komplizierter. Die Wahrheit ist eine einzige und doch vielfältig zugleich und oft benutzen wir diese Vielfalt als Ausrede dafür, dass wir nicht wissen, wofür wir uns entscheiden sollen. Wir müssen jedoch den Mut haben hinzufallen. Zögern bedeutet selten Weisheit. Meistens ist es Angst. Wir sagen, dass wir nicht wissen, was das Richtige sei, aber in Wirklichkeit weiß es unser Herz immer; was es nicht weiß, ist, was die Konsequenzen einer bestimmten Handlung sein werden ... aber auf diese Gewissheit müssen wir verzichten lernen. Wir müssen es dem Leben überlassen – vertrauen.

In *Sumarah* wird gesagt, dass im Stadium des Nichtbewusstseins das Leben von unserem Ich, von unseren *napsu,* eingehüllt ist *(kebungkus)* und dass wir durch die Praxis der Meditation und des Gewahrseins an einen Punkt gelangen, an dem hingegen es das Leben sein wird, das uns einhüllt.

Einmal sagte mir eine Freundin im Zusammenhang mit einer wichtigen Entscheidung, die sie treffen musste: »Weißt du, wenn ich sicher wäre, dass es das ist, was der Himmel von mir will, dann täte ich es, ohne zu zögern.« Wir mussten beide lachen. Zu einfach ... Eines ist gewiss: Wir wissen nie etwas ganz sicher. Die Wahrheit enthüllt sich, wann sie es will, was in einem gewissem Sinne auch bedeutet, wann wir es wollen, nämlich dann, wenn wir bereit dafür sind, sie zu sehen und zu erfahren.

Wieder einmal stehen wir vor einem Paradox. Es ist an uns, das Leben zu erfahren, indem wir voll und ganz die Verantwortung für unsere Handlungen und Gedanken übernehmen. Die freie Wahl ist nicht das Gegenstück zum göttlichen Willen, sie ist darin enthalten.

Zu verstehen, wofür wir geboren wurden, bedeutet sicherlich auch zu entdecken, ob wir ein Talent zur Familienmutter oder zur Guerillakämpferin haben – aber eben nicht nur. Auch im Alltäglichen gilt es, den eigenen Auftrag zu erkennen. In allen Beziehungen, in allen Begegnungen, jeden Tag neu gibt es Raum für unseren Beitrag, der einzigartig ist, Raum, auf unsere Art und Weise die Wirklichkeit zu bereichern, in genau diesem unwiederholbaren Augenblick. Pak Wondo spricht von *leladi,* dem Dienst – ein wichtiger Aspekt auf dem spirituellen Weg. Der Sinn und die Freude unseres Lebens ist nämlich eng mit der Fähigkeit verbunden, über unsere festgesetzten Grenzen und Gewohnheiten hinauszugehen, Mut zu haben, auf die eigenen Bedürfnisse und die der anderen einzugehen, dabei immer wieder klärend, wann und wie wir anderen begegnen, welche Prioritäten und Grenzen wir setzen, um schließlich zu lernen, so zu handeln wie die Javaner sagen: »Erloschen im Eigennutz und entflammt im Handeln« *(sepi ing pamrih, rame ing gawe).*

Leladi meint nicht Entsagung, sondern lediglich die eigene Verantwortlichkeit und die eigene Aufgabe *(tugas)* von Augenblick zu Augenblick zu erkennen. Wie Gandhi sagte: »Wir sind auch für das verantwortlich, wofür wir nicht verantwortlich sind«, und jede Situation ist eine Gelegenheit, die uns geboten wird, damit wir wir selbst sein und dem Leben dienen können.

Frieden in der Welt schaffen

> *Der Mensch denkt, Gott lacht.*
> *(Hebräisches Sprichwort)*

»Hari ini hati saya tidak enak«, wortwörtlich übersetzt: »Heute schmeckt mein Herz nicht gut«, was wiederum meint: »Heute fühle ich, dass irgendetwas nicht stimmt«. So oder so ähnlich drückt ein Javaner sich oft als Erstes aus, wenn er morgens aufwacht.

Aber was ist es, was nicht stimmt? Alles und nichts. Ich weiß es nicht, ich weiß nicht, aber mein Herz weiß. Eines ist jedoch gewiss: Wenn heute *»hati saya tidak enak«,* dann unternimmt man besser nichts. Heute macht man gar nichts, man ist auf der Hut, man wartet ab, man bleibt da, wo man ist.

Die Javaner sind sehr feinfühlig, sowohl sich selbst wie auch anderen gegenüber. Es ist, als würden sie sich stets lauschend dem, was sie empfinden, zuwenden. Auf diese Wachsamkeit stützen sie ihr Leben, der Stimme des Herzens großen Glauben schenkend und tief davon überzeugt, dass der Verstand ›sich verstellt‹ und das Herz weiß. Ihr Handeln und alle ihre Entscheidungen, bis hin zu den kleinsten, sind davon bestimmt: sich so gut wie ausschließlich auf *rasa* zu stützen.

Es wurde bereits davon gesprochen, dass die *kejawen,* die javanische Weltsicht, auf der Überzeugung der Spiegelbildlichkeit von Mikro- und Makrokosmos beruht und darauf, das Gesetz zu achten, das über diese Entsprechung herrscht. Dasselbe Konzept zeigt sich auch in den zwischenmenschlichen Beziehungen, das heißt in den Wechselbeziehungen zwischen verschiedenen Mikrokosmen.

Ein Grundprinzip in der Ethik der *kejawen* ist das Prinzip des *tepa sliro,* was ›sich gleichmachen‹ bedeutet. *Tepa sliro* ist der Vorgang des Sicheinfühlens in den anderen, nicht nur unter Berücksichtigung seiner Verfassung, seiner Stimmung und seiner potenziellen Reaktionen, sondern vielmehr in dem Sinne, sich – wenigstens einen Augenblick lang – tatsächlich mit dem anderen zu identifizieren. Dabei handelt es sich sozusagen um eine konstruktive Projektion, nicht in der Absicht die eigenen Ansichten und Erwartungen auf den anderen zu projizieren, sondern eins zu werden mit ihm, den anderen in sich ›hineinzunehmen‹, um so in Kontakt mit seiner Wahrheit zu kommen und ihn dadurch verstehen zu können. Wenn diese Haltung nicht aufrichtig und vollständig erfolgt und wenn sie sich lediglich auf oberflächlichen Respekt beschränkt, spiegelt sie natürlich nur eine Art guter Erziehung wider, die uns nicht sehr weit bringt, weil sie sich als kühl und nichtssagend erweist, weder Freude noch Liebe kommuniziert, noch wahres Verständnis ermöglicht. Gehen wir jedoch von einem reinen Herzen aus, von unserem eigenen Wesenskern, dann wird der Kontakt authentisch und spontan sein: Es bedarf keinerlei Anstrengung, um uns so zu fühlen, als wären wir der andere, da wir in jenem Augenblick wirklich der andere sind. In dem Moment, in dem wir uns nämlich dazu entschließen, diese Art von Identität loszulassen, in der wir uns als einzigartig begreifen und die wir somit für unser Heil halten, entdecken wir auf einmal eine andere, tiefgründigere und umfassendere Identifikation: die von uns selbst mit dem Ganzen und somit auch von uns selbst mit dem anderen. Es ist interessant, wie in diesem Licht betrachtet die Erfahrung des ›Verzichtens‹ einen völlig anderen Charakter und eine ganz andere Bedeutung erhält. Der Verzicht ist nur solange ein Verzicht, wie wir an unserer Andersartigkeit und Getrenntheit festhalten. Lassen wir diesen Halt los, löst sich das Gefühl des Verzichtens auf und wird von der Erfahrung der Einheit und des Wiedererkennens abgelöst. Man verliert dabei nichts, noch wird irgendetwas gemindert, denn die Einheit wird immer wieder neu hergestellt. Wahre Einheit ist wahre Liebe und unzerstörbar, denn Liebe wird nicht geringer, wenn sie sich (ver-)teilt.

Eines meiner liebsten indischen Sprichwörter lautet:»Die Liebe sagt mir, dass ich alles bin. Die Weisheit sagt mir, dass ich nichts bin. Dazwischen bewegt sich mein Leben.« So lernen wir, uns ohne Widerstand diesen beiden Dimensionen des Seins zu überlassen und uns daran zu erinnern, dass ich alles bin, dass ich nichts bin und vor allem, dass ich nicht das Ich bin, das ich zu sein glaube.

In der Meditation, insbesondere bei den Gruppentreffen, übt man, genau über dieses berühmte Ich hinauszugelangen. Wenn wir die Augen schließen, verblassen ganz langsam diese hellblauen Augen hier und jene dunklen Augen dort, die blonden und die schwarzen Haare. Während sich das Bewusstsein in der Meditation ausdehnt und uns der Auflösung der Getrenntheit zwischen Individuum und Universum näherbringt, lösen wir uns ganz allmählich von unserem personifizierten Ich.»Die illusorische Trennung, die durch das Ichbewusstsein geschaffene, scheinbare Trennung zwischen Individuum und Universum, löst sich in dieser Dimension der Stille auf«,[5] sagt Vimala Thakar.

Natürlich reicht es nicht aus, still zu sein und die Augen zu schließen. Es ist notwendig loszulassen *(pasrah)*. Dieses Schlüsselwort, das in den *Sumarah*-Meditationssitzungen hunderte Male wiederholt wird, bezieht sich auf die Absicht und auf den Mut, zumindest zeitweilig auf die Erwartungen und Ansichten zu verzichten, die wir in Bezug auf uns selbst

---

5| (Übersetzung des Zitates aus folgendem Werk – *Anm. d. Übers.:)* Vimala Thakar, *Il mistero del silenzio*, Ubaldini, Roma 1988.

wie auch in Beziehung zu anderen haben, in Bezug auf unsere spirituelle Praxis, was gut und was schlecht ist, was Erfolg meint und was vielleicht geschehen könnte. Wenn wir unsere Erwartungen, unsere Interpretationen und unsere vorgefertigten Lösungen loslassen, entfernen wir uns schrittweise auch von all den reichlich festgelegten Vorstellungen, die wir von uns selbst haben.

Im Folgenden gebe ich den Traum eines Freundes wieder, den er während der Fragen und Antworten, die üblicherweise auf die Meditation folgen, mitteilte. »Ich bin sardischer Herkunft, meine Mutter ist Sardin. Heute Nacht habe ich geträumt, dass ich einen Nuraghen[6] Stein für Stein niedergerissen habe, bis der Boden ganz eben war. Es war ein ganz alter Steinquader. Danach ging ich in Richtung meiner Arbeitsstätte weiter. Ich stieß auf moderne Gebäude, die mich irgendwie am Weitergehen hinderten, und so zerstörte ich auch diese. Wutschnaubend kam ich endlich in meinem Büro an. Zu meiner Überraschung kritisierten mich die anderen nicht, im Gegenteil, ich hatte sogar den Eindruck, dass sie mich für das, was ich getan hatte, achteten. Ich bin gut gelaunt aufgewacht – wenngleich ein wenig müde – mit dem Eindruck, dass ich heute Nacht schwer gearbeitet habe!«

Es überrascht mich immer wieder zu erleben, wie sich der größte Teil der Anwesenden miteinander meist in einem ziemlich ähnlichen Zustand befindet. Die Intensität oder die Tiefe, mit der jeder die Meditation erlebt, kann variieren, aber der ›Geschmack‹ der Erfahrung ist oft ein und derselbe. In jener Sitzung zum Beispiel teilten auch andere ihre während der Meditation oder im Verlaufe des Tages gemachten Erfahrungen mit, die mit freiwilliger oder unfreiwilliger Auflösung des Ichs zusammenhingen, und erwähnten Widerstände und Ängste, die sie dabei empfunden hatten.

Pak Wondo wiederholt oft, dass während einer Meditation nur eine Art von Energie, eine bestimmte Qualität der Führung existiert und dass diese spezifische Färbung einer Sitzung, selbst wenn sie von den Teilnehmern auf unterschiedliche Weise erfahren wird, doch gewöhnlich von fast allen gespürt wird.

6| Der Nuraghen ist ein kegelförmiger neolithischer Bau, der normalerweise als Fort- oder Wachturm diente. Es gibt davon noch ungefähr 7.000 in Sardinien.

Je weiter ich in der Praxis voranschreite und je mehr Menschen mir auf meinem spirituellen Weg begegnen, desto bewusster wird mir, dass wir uns sehr ähnlich sind – allerdings sehr, sehr viel ähnlicher als wir denken. Der Gedanke und die Praxis von *tepa sliro,* die Kunst, sich in den anderen hineinzuversetzen, beruhen auf dieser Ähnlichkeit.

Die javanische Ethik ist klar strukturiert in Bezug auf den Platz, den jeder von uns in Beziehung zu anderen einnimmt, und hat einen genauen Bezugs- und Leitkodex hervorgebracht, der auf drei grundsätzlichen Prinzipien basiert: *unggah-ungguh, papan-nggopan* und *duna-dungkap.*

Unggah-ungguh bezieht sich auf die Stufe, die jeder gesellschaftlich auf der Skala des Lebens einnimmt. Diese Stufe ist nicht festgelegt und noch weniger ist sie absolut (wie das hingegen in einer Gesellschaft passieren könnte, die eine Kastenstruktur aufweist), vielmehr kann sie sich ständig verändern, je nach Situation und auch abhängig von den Personen, mit denen man in Beziehung steht. *Unggah-ungguh* ist die Kunst, jeden Moment zu wissen, welches – auf einer vertikalen Wertetreppe, von unten nach oben – die eigene Ebene in Beziehung zu der Ebene einer anderen Person ist. Dieser ›Platz‹ hängt von vielen Faktoren ab: Alter, sozialer Status, kulturelle Bildung, wirtschaftliche Situation, Beruf, familiäre Herkunft, Macht, spirituelle Reife und andere spezielle Gegebenheiten. Um die Bedeutung des Begriffs *unggah-ungguh* und die Notwendigkeit, ihn zu respektieren, zu unterstreichen, gibt es in der javanischen Sprache, wie bereits erwähnt, drei Ebenen (Niederjavanisch, Mitteljavanisch und Hochjavanisch), die, je nachdem wie man sich an die Person wendet, mit der (oder über die) man spricht, zum Ausdruck kommen.[7]

Auch *papan-nggopan* bezieht sich darauf, den richtigen, den eigenen Platz finden zu können, aber nicht im vertikalen Sinne von *unggah-ungguh,* sondern vielmehr horizontal gesehen in Bezug auf den Raum, der einem überlassen wird oder den man einnehmen kann. *Papan-nggopan* ist die Kunst, sich am eigenen Platz aufzuhalten, weder zu nahe noch zu weit entfernt, weder zu aktiv noch zu passiv.

Duna-dungkap schließlich bedeutet ›den rechten Blick haben‹ und meint diesen instinktiven Sinn für das Maß, der uns zum Beispiel erken-

---

7| Zum Thema ›Javanische Sprache‹ siehe Einleitung, Fußnote 1, Seite 7

nen lässt, ob wir unser Auto an einer bestimmten Stelle parken dürfen oder nicht, und der uns mit der erforderlichen Leichtigkeit und Geschmeidigkeit durchs Leben gehen lässt. Den rechten Blick zu haben bedeutet ein Gefühl für die Proportionen zu haben und ist wesentlich, um weder sich selbst noch anderen Leid zuzufügen.

Um das feine Gleichgewicht dieser Form der Achtsamkeit anderen gegenüber zu erlernen, haben die Javaner eine wahre Kunst entwickelt: die Kunst, in jedem Augenblick dem ›Geschmack‹ des Herzens zu lauschen *(rasanya hati)*. Dabei ist das Bezugskriterium für angemessenes Verhalten und für die zu treffenden Entscheidungen nicht so sehr eine Sache von gut oder schlecht, richtig oder falsch, sondern von *cocok* oder nicht *cocok*[8].

Sich in jeder Situation und mit jeder Person *cocok* verhalten zu können, bedeutet, die Kunst des *unggah-ungguh, papan-nggopan* und des *duna-dungkap* zu kennen. Es bedeutet, die Komplexität der Wirklichkeit gründlich zu erfassen, und es zu verstehen, sich auf harmonische Art und Weise zum Gesamten in Beziehung zu setzen.

Damit das Akzeptieren unseres richtigen Platzes in der Welt kein Akt stumpfsinniger Resignation oder passiver Unbeweglichkeit ist, lehrt uns *Sumarah* die wundersame Wahrheit zu entdecken, dass alles, was uns passiert, eigens für uns bestimmt und immer das Beste ist. Wie auch immer unsere Haltung ausfällt: Weigerung, Akzeptanz, Wut, Enttäuschung, Protest, Freude – das Geschehene bleibt dennoch erhalten. Es ist mittlerweile Teil unserer Wirklichkeit, unseres Schicksals geworden und erscheint uns wieder und wieder, bis wir bereit sein werden, es anzunehmen. Es abzulehnen ist nichts anderes als es aufzuschieben. In diesem Sinne sind die Haltung des *tepa sliro* und die Regeln des *unggah-ungguh, papan-nggopan* und *duna-dungkap* lediglich eine Landkarte, um uns inmitten all der Ereignisse unseres Lebens zu orientieren. Es sind Hinweise darauf, wie man geben und empfangen, sprechen und zuhören sollte und wie man lernt, sich selbst und anderen gegenüber gerecht zu sein.

Keine Konflikte zu erzeugen, Harmonie *(rukun)* aufrechtzuerhalten, um so für sich selbst und für andere einen Zustand der Sicherheit und

---

8| Zur Bedeutung des Begriffes *cocok*, siehe Kapitel 2, Fußnote 4 , Seite 85 des Wohlergehens *(slamet)* zu gewährleisten, ist das Ideal, dem in der javanischen Ethik wohl am meisten Beachtung geschenkt wird. Besteht zwischen zwei Personen, in einem Haus oder in einem Dorf Harmonie, so weist das darauf hin, dass sich alle am richtigen Platz befinden und genau das tun, was sie machen sollten. Harmonie wird mit Ausgewogenheit und Wohlergehen gleichgesetzt. Jeder Javaner ist sich seiner Verantwortlichkeit, dieses Gleichgewicht aufrechtzuerhalten, bewusst und leidet zutiefst, wenn es – aus dem einen oder anderen Grund – gestört wird, vor allem wenn er annimmt, dass er der Grund für eine derartige Störung war. Friede *(rahayu)*, Gelassenheit *(ketentraman)* sowie körperliches, geistiges und emotionales Wohlergehen, die aus dieser Balance heraus entstehen, werden nicht nur als für ein glückliches Leben unerlässlich angesehen, sondern beweisen auch, dass der göttliche und der menschliche Wille in dieselbe Richtung gehen und sozusagen dasselbe wollen.

Sind wir in der Lage, die Andersartigkeit der anderen einfach als eine Erscheinungsform anzunehmen und nicht als Bedrohung, schaffen wir es, uns jenseits der Widersprüche zu begeben, erkennen wir die Wahrheit auch in den Unterschiedlichkeiten wieder und lernen wir, den Platz der anderen wirklich zu respektieren, dann wird es *Sumarah* zufolge auch leichter sein, unseren eigenen Platz zu finden.

Gandhi pflegte zu sagen:»Dein Feind wird sich nicht in dem Augenblick ergeben, in dem seine Kräfte erschöpft sind, sondern erst dann, wenn dein Herz den Kampf verweigert.«

Wer ist der Feind? Pak Wondo sagt:»All das, was uns nicht gefällt, alles, was wir ablehnen, nicht nur außerhalb von uns selbst, sondern auch in uns selbst.« Dadurch dass wir den Feind akzeptieren, gehen wir über sein Ich hinaus und gelangen zum wahren Selbst – und während wir das tun, geschieht dasselbe in uns. Dringen wir zum Wesenskern von uns selbst und der anderen vor, entdecken wir seine Reinheit. Die Wahrheit des Seins berührend werden wir selbst von seinem Glanz erleuchtet.

In der *kejawen* spricht man von davon, ›den eigenen Frieden erstrahlen zu lassen‹. Wie für die javanische Weltsicht typisch, dehnt sich diese Betrachtung in konzentrischen Kreisen vom Kleinen bis hin zum Großen aus und führt dazu, Frieden zu schaffen, Frieden innerhalb der eigenen

Familie, des eigenen Dorfes, des eigenen Landes ... Frieden in der Welt *(memayu hayuning bawana)*. Durch die Ausdehnung unseres Bewusstseins entfernen wir uns vom Getrenntsein und nähern uns der Einheit, wir überwinden Unterschiede und Aufspaltungen und erleben Gleichheit. Bei uns selbst beginnend gelangen wir so zum wahren Wesen aller Dinge.

Dort berühren wir *hayuning,* den Glanz des Friedens. Unsere Aufgabe ist es, das Feuer zu hegen, das Licht zu schützen und die Wahrheit zu ehren.

Durch Reinigung zum Göttlichen zu gelangen, ist unser Anliegen, und Reinigung ist immer auch Klärung. Somit besteht die Bedeutung, die der Praxis im Alltag zukommt, darin, Frieden zu schaffen – im Kleinen wie im Großen, innen wie außen. Mit Pak Wondos Worten: »Innerhalb des Äußeren und außerhalb des Inneren.«

Pflanzen, um zu pflanzen, gießen, um zu gießen: die Praxis des *ikhlas*

> *Das, was uns wirklich gehört, ist allein das,*
> *was wir bei einem Schiffbruch nicht verlieren können.*
>
> *Rumi*

Pak Wondo ist immer sehr berührt, wenn er über die Natur spricht. Oft erzählt er von den Tamarindenbäumen, die, als er jung war, die Hauptstraßen von Solo säumten. »Die Radfahrer konnten damals anhalten, um sich auszuruhen«, seufzt er sehnsüchtig. »Jetzt jedoch ist derjenige, der anhält, verloren. Jedes Jahr wird es wärmer, die Erde verändert sich, und wir stehen da, stolz auf unsere Fortschritte, und schauen entzückt auf die schönen dekorativen Blumen, die die großen Bäume abgelöst haben. Je mehr wir der Gegenwart vorauseilen und das, was uns gegeben wird, in dem Moment, in dem es uns gegeben wird, nicht respektieren, übergehen wir uns selbst. Es gab eine Zeit, in der die Mangobäume zehn oder fünfzehn Jahre brauchten, bis sie Früchte hervorbrachten. Wenn der Bauer sie pflanzte, dachte er noch nicht an die Zukunft. Die Person,

die den Baum pflanzte, war fast mit Sicherheit nicht die, die dann die
Früchte erntete. Wenn die Leute pflanzten, dann pflanzten sie. Sie
pflanzten, um zu pflanzen, und dann hegten sie ihre Pflanzen, damit
diese überleben und gedeihen konnten. Wenn dann Früchte kamen, war
dies immer eine Überraschung und eine göttliche Gnade. Rituale und
Zeremonien für das Säen und Ernten entstanden eigens, um für die
Gaben zu danken und um die Gunst des Himmels zu erlangen. Heutzutage werden neue Techniken entwickelt und die Mangobäume bringen
in nur fünf Jahren Früchte hervor. Alle haben es sehr eilig. Die Leute
haben die Dankbarkeit vergessen und sind immer stärker auf die Zukunft
ausgerichtet.«

Sumarah stellt die Gegenwart in den Mittelpunkt. Oft zitiert Pak
Wondo mitten im Gespräch die javanische Maxime:»Das, was war,
wurde bereits wieder zurückgenommen, das, was ist, wird uns nur
geliehen, und das, was sein wird, wurde uns noch nicht gewährt.« Dann
schweigt er, mit einer Miene, die besagt: ›Das ist doch klar, oder?‹. Die
Javaner nicken zustimmend: Ihnen ist wirklich klar, dass wir nur die
Gegenwart haben und alles andere in den Händen Allahs ruht. Nicht
ganz so klar hingegen ist das den Anwesenden aus dem Westen, die
nicht so sehr daran gewöhnt sind, etwas einfach nur um seiner selbst
willen zu tun, sondern daran, Handlungen hauptsächlich funktional
auszuführen und beständig auf die Zukunft zu schauen. Das ist eine völlig andere Perspektive. Im Abendland sagen wir über das Leben:»Mein
Leben ist eben so«,»Ich bin zufrieden mit meinem Leben«,»Etwas läuft
in meinem Leben nicht gut« und sogar:»Ich mache in meinem Leben,
was ich will.« Für einen Javaner sind dies alles Lästerungen. Der *kejawen*
zufolge gehört uns nichts, erst recht nicht das Leben. Allenfalls sind wir
es, die ihm gehören.

Etwas zu tun, um etwas anderes zu erhalten, pflanzen, um der Früchte
willen, ein Geschenk zu machen, um etwas zurückzubekommen, einen
netten Satz zu sagen, um zu gefallen, einen bösen, um zu verletzen, all
das entfernt uns von der Gegenwart und verlagert uns auf eine Zukunft
(oder Vergangenheit), die uns letztlich nicht gehört. Solch eine von der
Wirklichkeit getrennte Haltung schwächt, lässt uns nach dem verlangen,
was bereits gewesen ist, erzeugt Angst vor Missgeschick und Abhängigkeit von Resultaten.

Im Folgenden gebe ich eine Seite aus meinem Tagebuch wieder, in der ich von einer besonders berührenden Art und Weise, über die Gegenwart zu sprechen, berichte.

Gestern Abend hörte ich den Vortrag eines Amerikaners, der kürzlich zum Zen-Mönch geweiht geworden war. Claude Thomas ist ein Veteran aus dem Vietnamkrieg, der als 18-Jähriger hundertfünfzig Menschen getötet hat. Er hat uns von der Angst, von seinen schlaflosen Nächten, von der Unmöglichkeit zu vergessen und von seinem neuen Weg berichtet. Angst oder besser gesagt Ängste waren das vorherrschende Thema an diesem Abend und auch die meisten Fragen wurden dazu gestellt. Als eine Frau während der Diskussion, die seinen Ausführungen folgte, darüber sprach, wie gern sie es schaffen würde, ihre Ängste und ihre Traurigkeit zu überwinden, antwortete Claude Thomas:»Ängste werden nicht überwunden, sondern empfangen, in die Arme genommen und liebevoll umarmt. Als ich heute Abend hierher kam, hatte ich Angst, Angst, mich unter Menschen wiederzufinden, die ich nicht kenne, Angst, nicht die richtigen Dinge zu sagen, Angst, nicht auf eure Fragen antworten zu können und Angst, Angst zu haben. Also habe ich einen Arm um die Schultern meiner Angst gelegt und bin hierher gekommen. Jetzt sitze ich hier vor euch und auch wenn ihr sie nicht seht, sitzt meine Angst hier zu meiner linken und meine Nichtangst zu meiner rechten, denn auch sie ist immer anwesend. Ich atme ein und atme aus, ich atme ein und atme aus, ich atme ein und atme aus ... und so erwerbe ich Präsenz im gegenwärtigen Moment und Gewahrsein meiner Präsenz in der Gegenwart.«

Wenn wir uns wirklich im gegenwärtigen Moment befinden, verlieren wir die Anhaftung an das, was wir für gut halten, oder das, was wir für schlecht halten, und wir klammern uns auch nicht mehr an unsere Ängste und unser Heldentum, weil all das mit der Zukunft zu tun hat, mit dem, was passiert, wenn ..., und somit ohne Belang für den Augenblick ist.

Ich glaube, dass mir Claude heute Abend endgültig verständlich gemacht hat, wie eng Anhaften und Angst miteinander verbunden sind und dass die Lösung nie in einem Kraftakt liegt, sondern in der Akzeptanz zu finden ist. Wenn wir uns der Wirklichkeit und unserem Platz in ihr widmen wollen, dann ist es einzig die Gegenwart, der wir uns widmen sollten, denn allein die Gegenwart ist. Auf diese Weise verliert alles andere an Gewicht und Bedeutung, die Kraft unseres Urteilens wird schwächer und das Festhalten an dem, was uns gefällt, wie auch der Widerstand gegenüber dem, was uns nicht gefällt, lässt nach. Dadurch, dass wir der Gegenwart gewahr werden, werden wir freier. Claude Thomas hat den Abend mit folgenden Worten geschlossen: »Berührt den Augenblick der Stille, der zwischen dem Einatmen und dem Ausatmen besteht. Fühlt ihn. Fühlt, dass ihr im gegenwärtigen Moment lebendig seid. Das ist Meditation, das ist der Schlüssel, um tief in unsere wahre Natur zu blicken.« Claude widmet jetzt sein Leben der Botschaft des Friedens. Er reist durch die Welt und hält Vorträge über Angst, über Krieg und über Frieden und begibt sich zu den vielen Schlachtfeldern auf der Welt, um mit den Soldaten dort zu sprechen.

Sind wir uns in unserem Dasein nicht unserer selbst bewusst, wird die Anhaftung an die Dinge, die wir besitzen (oder zu besitzen glauben), grenzenlos und das Streben nach den Dingen, die wir noch nicht haben, nimmt einen zwanghaften Charakter an. Der Energieaufwand und die Angst, die derartige Bestrebungen begleiten, sind riesig.

Natürlich ist diese Haltung nicht nur auf die so genannten materiellen Güter beschränkt. Unser Anhaften an Gefühlen, Meinungen, Freuden und Schmerzen, an anderen Menschen, an Teilaspekten von anderen Menschen und von uns selbst sowie die daraus resultierende Abhängigkeit verurteilen uns noch schmerzlicher zu beständiger Angst vor dem, was wir verlieren könnten.

Wir haben gesehen, wie *Sumarah* den ›Rückzug inmitten des Marktgeschehens‹ *(tapa ngrame),* die ›Meditation im Dschungel‹, lehrt, was nicht eine asketische Übung der Selbstisolation und des Verzichts meint, sondern eine bestimmte Art in der Welt zu sein. Trotzdem gibt es in der Praxis der Meditation immer auch eine Lehre des Verzichts. Dabei handelt es sich jedoch nicht so sehr um den Verzicht auf materielle Güter, sondern darum, auf das Anhaften an sich zu verzichten. Es ist nicht von Bedeutung, wie viel wir besitzen, materiell oder nichtmateriell, sondern es geht um die emotionale Distanz, die wir einnehmen. Das, was zählt, ist nicht ›haben oder nicht haben‹, sondern die Leichtigkeit, mit der es uns gelingt, das Gleichgewicht zwischen Abstand und Fürsorge zu wahren. Wie ein indisches Sprichwort besagt: »Das Leben ist eine Brücke. Überquere sie, aber baue kein Haus darauf.«

Der Gedanke des Nichtanhaftens ist ein weiterer Gedanke, der den Abendländern nicht sonderlich gefällt. Oft hört man den Kommentar: »Mir scheint, dass diese Philosophie des Nichtanhaftens zu Distanzierung, Gleichgültigkeit und Kälte führt. Wenn ich zum Beispiel nicht an meinen Freunden hänge, dann bedeutet das meiner Ansicht nach, dass sie mir nicht besonders viel wert sind, dass ich sie nicht wirklich liebe …«

Bei dieser Art von Argumentation kommt mir immer jene Passage aus der Autobiographie Gandhis in den Sinn, in der er seine Haltung als die eines ›Schatzmeisters‹ beschreibt, sowohl in Bezug auf die Dinge und Personen, die ihm anvertraut wurden, als auch seinen eigenen Angelegenheiten gegenüber. Genau das ist es, worauf *Sumarah* weist, wenn davon gesprochen wird, emotional nicht verwickelt zu sein und innerlich Abstand zu bewahren. Wir müssen lernen, Schatzmeister zu werden, das heißt den Schatz mit Hingabe und Treue zu bewahren, auch wenn (oder gerade weil) er uns nicht gehört. In dem Moment, in dem wir das Bedürfnis nach Besitz und die Identifikation mit diesem Bedürfnis überwinden, werden wir frei. Dann entsteht in uns ein neuer Raum, in den eine uneigennützige Großzügigkeit und eine Liebe ohne Anhaften einfließen kann. Paradoxerweise stellt dieser Abstand Nähe her, die Möglichkeit zu einer neuen Vertrautheit, die tiefer und freier ist.

Im Javanischen gibt es ein Wort, das diesen Zustand der Selbstlosigkeit, für das, was man tut, nichts zu erwarten, definiert: *ikhlas*. Auf eine Art, die *ikhlas* entspricht, zu sprechen, Dinge zu tun, zu handeln, zu denken, Vorschläge zu machen, zu fragen und zu geben, bedeutet nicht nur, nichts im Gegenzug zu wollen, nichts zu fordern und sich davon nichts zu versprechen, sondern darüber hinaus in uns selbst und mit den anderen eine andere Qualität der wechselseitigen Beziehung herzustellen, bei der die Handlungen schließlich einen Wert für sich selbst haben. Dadurch, dass wir nicht zweckbezogen sind, werden wir zum Hier und Jetzt und zur Wahrheit der Wirklichkeit geführt. *Ikhlas* zu sein bedeutet im gegenwärtigen Moment zu sein. Keine eigennützigen Interessen zu verfolgen bedeutet nicht, kein Interesse zu haben, in dem Sinne, dass man sich nun um nichts mehr kümmert, sondern es bedeutet, nicht eigensüchtig zu sein, keinen Profit, keine Gegenleistung haben zu wollen. Im Wesentlichen bedeutet es also, nicht auf die Zukunft ausgerichtet zu sein. Wenn wir uns an eine Sache oder an einen Menschen, den wir lieben, klammern, versuchen wir unbewusst Unsterblichkeit zu kreieren. Wir wollen für unsere Mühe, unsere Liebe und unsere Hingabe mit nichts Geringerem entlohnt werden als der Ewigkeit. Und so entstehen Sätze wie:»Ich werde dich immer lieben«,»Verlass mich nie« und so weiter. ›Für immer‹ und ›niemals‹ sind Anker unserer Verzweiflung und unserer Unfähigkeit, einfach aus reiner Freude am Lieben zu lieben. Indem wir den Gedanken des ›für immer‹ kultivieren, entfernen wir uns von der Gegenwart (›für immer‹ ist nämlich eine Zeit, die uns sehr weit weg führt …), und ohne dessen gewahr zu sein, entziehen wir dem, was jetzt ist, Aufmerksamkeit und Unterstützung. Das Anhaften – weit davon entfernt, uns von der Angst vor dem Ende (und ebenso wenig vom Ende selbst) zu befreien – schürt in uns eine feine und verborgene Angst, still und beständig, die die Qualität unseres Lebens viel mehr beeinflusst, als wir uns bewusst machen.

Ikhlas zu sein bedeutet, einfach zu sein: einfach und vollkommen wach im gegenwärtigen Augenblick. Aber in der Einfachheit zu bleiben ist nicht leicht: Unser Ego schlägt nämlich aufgrund seiner Ängste, Wünsche, Rechte und Pflichten Purzelbäume, um sein Anliegen durchzusetzen und verkompliziert die Wirklichkeit oft bis zu dem Punkt, an dem die Wahrheit nicht mehr sichtbar oder nicht mehr erkennbar ist.

Die Praxis der Meditation ist also auch ein Instrument, um gegenwärtig zu sein. Viele Traditionen verwenden eine Glocke, um die Leute zum ›Hier und Jetzt‹ zurückzubringen. Als ›Gewahrseins-Glocke‹ benutzt *Sumarah* die Verpflichtung zur Ehrlichkeit, von Minute zu Minute. Durch meditative Praxis öffnet sich das Unbewusste, unsere Ängste steigen auf und die Wurzeln unserer Verhaltensmuster und unserer mentalen, psychischen und physischen Gewohnheiten werden sichtbar. Hierbei ist entscheidend, das, was wir sehen und entdecken, ehrlich anzuerkennen. Durch den Mut zur Aufrichtigkeit in den kleinen Dingen, in unseren großen und kleinen Geheimnissen erhellen sich nach und nach die Schattenbereiche unseres Seins, und Gewahrsein nimmt den Platz der Unwissenheit ein.

Die Praxis heißt genau deswegen ›Praxis‹, weil es sich um Praktizieren, um Üben handelt. Mit Üben ist nicht nur Zeit und Beständigkeit gemeint, und es betrifft nicht nur das, was man macht und in welchem Umfang, sondern vor allem auch wie man es macht. Dasselbe gilt auch für die innere Haltung von *ikhlas*. Ein verändertes Bewusstsein fördert neue Haltungen, und der Fleiß in der Praxis bestärkt sie. Wie Pak Wondo oft sagt, schafft eine neue Haltung eine neue Gewohnheit und neue Gewohnheiten führen zu einer neuen Art des Seins. Je mehr wir bewusste Präsenz entwickeln, desto schwächer wird die Anhaftung, und in uns wächst das Gefühl von *ikhlas*.

Genauso wie in der Geschichte über die Mangobäume: Je gegenwärtiger und losgelöster wir beim Pflanzen sind, umso liebevoller und angstfreier sind wir dabei und umso weniger werden wir uns um die Früchte sorgen. Je weniger wir wegen der Früchte beunruhigt sind, desto reicher wird die Ernte sein.

So lernen wir nach und nach, uns um unsere Mangobäume zu kümmern, zu pflanzen, um zu pflanzen, zu gießen, um zu gießen. Das Herz wird freier und der Weg wird leichter.

Auf diese Weise machen wir einfach einen Schritt nach dem anderen. Und es geht gut so.

Prihatin, die Praxis des brennenden Herzens

Gott tritt meist über eine Wunde ein.
(Indisches Sprichwort)

In gewissem Sinne kann man sagen, dass Leiden eine Fähigkeit ist. Auch um leiden zu können, braucht man ein gewisses Talent!

Leiden spielt in der spirituellen Entwicklung eines jeden von uns eine grundlegende Rolle, auch wenn es sich nicht verallgemeinern lässt, dass Schmerz immer eine Verbesserung mit sich bringt. Schmerz kann auch zum Schlechteren führen, alles hängt davon ab, wie man sich ihm gegenüber verhält und wie man mit dem Leiden umgeht. Schmerz (wie auch Freude) sind nur Gefühle und bleiben auch lediglich Gefühle, solange unser Ich nicht mehr oder weniger vollständig damit identifiziert ist. So sind wir meistens, wenn wir zum Beispiel einen großen Schmerz erfahren, nicht einfach nur ein vom Schmerz betroffenes Wesen, sondern verwandeln uns im Schmerz und werden sozusagen zu seinem Abbild.

Pak Wondo spricht oft davon, wie wichtig es ist, nicht nur für die schönen Dinge des Lebens dankbar zu sein, sondern auch für die schwierigen, nicht für die Freude, sondern auch für den Schmerz. Das Geheimnis liegt darin, das Leben immer in seiner Gesamtheit betrachten zu lernen.

Pak Arymurthy sagte einmal zu mir:»Das Menschsein ist die einzige Verkörperung, in der die Möglichkeit zur Erleuchtung und zur Befreiung angelegt ist. Für die meisten von uns sind wahrscheinlich hunderte oder auch tausende von Jahren erforderlich, um an diesen Punkt zu gelangen: Wir sollten diese Gelegenheit gut nutzen und aus unserem Leben eine Erfahrung machen, die würdig ist, gelebt zu werden.« Während Pak Ary zu mir sprach, kam mir der Schriftzug in den Sinn, den ich einmal auf einem T-Shirt gelesen hatte: ›Das Leben ist das Einzige, das den Schmerz zu sterben wert ist‹.

Das eigene Leben zu einer schönen Geschichte werden zu lassen, die Verantwortung für das eigene Glück zu übernehmen ist keine egoistische oder narzistische Verhaltensweise, sondern Ausdruck von Bewusstsein. Sich um sich selbst zu kümmern ist der erste Schritt im revolutionären Programm all derer, denen die Qualität des eigenen Lebens und die Qualität der Leben anderer am Herzen liegt, die sich ganz grundlegend um die paradoxe Arbeit der vollständigen Akzeptanz und der tiefgreifendsten Verwandlung bemühen.

Das Thema ›Leiden‹ ist äußerst heikel und wurde oft von verschiedenen Religionen verwendet, um die eigenen Anhänger einzuschüchtern und zu erpressen, Schuldgefühle einzuflößen und in ihnen die Vorstellung, Schmerz sei eine göttliche Strafe, zu installieren.

Ist es eigentlich wahr, dass die Letzten die Ersten sein werden? Wahrscheinlich ja, aber nur unter gewissen Voraussetzungen: denen des Bewusstseins und der Ernsthaftigkeit der Absicht. Es reicht sicherlich nicht aus, arm zu sein, um heilig zu sein! Wie Huxley sagt: »Zu glauben, dass Gott sich über eine Sünde erzürnt und dass sein Zorn sich nur besänftigen lässt, wenn ihm ein gewisses Maß an Schmerz dargeboten wird, bedeutet, der göttlichen Natur zu lästern.«[9]

»Schmerz ist im Allgemeinen all das, was uns missfällt«, sagt Pak Wondo in seiner üblichen Einfachheit. Jedes Mal, wenn wir nicht das bekommen, was wir wollen, geht es uns schlecht und wir sind unglücklich. Wir wollen gesund sein und werden krank; wir wollen uns mit einer bestimmten Tätigkeit hervortun, aber es gibt sehr viele Leute, die besser sind als wir; wir wollen etwas erwerben, aber wir haben nicht genug Geld; wir wollen von A geliebt werden, aber A verliebt sich in B; wir wollen Erfolg haben, aber keiner bemerkt uns; usw.

Leiden nimmt natürlich auch subtilere Formen an, die nicht so unmittelbar verständlich sind; im Wesentlichen wird es jedoch immer durch eine mehr oder minder große Distanz verursacht, die zwischen dem besteht, was ist, und unserer Vorstellung darüber, wie es sein sollte. Oft ist es auch die Distanz zwischen dem, was wir wollen, und dem, was wir wirklich brauchen, beziehungsweise zwischen unserer Persönlichkeit und der Entwicklung unserer Seele. Diese Distanz und die Kluft, die daraus erwächst, liegen dem Ursprung des Leidens zugrunde.

Wenn wir innehalten, um auf unseren Schmerz zu lauschen, fühlen wir ihn wie eine dumpfe und schwere Last auf unserem Herzen oder wie die Spitze eines Dolches, der sich ins lebendige Fleisch bohrt. Wir alle kennen diese Empfindungen, in den verschiedenen Sprachen und Kulturen gibt es unterschiedliche Worte dafür, aber das Gefühl, das sie her-

---

9| (Übersetzung des Zitates aus folgendem Werk – *Anm. d. Übers.:*) Huxley, zitiertes Werk.

vorrufen, ist gleich. Auf Java spricht man vom *prihatin,* dem Herzen, das brennt *(hati* ist das Herz und *prih* das Brennen, das man verspürt, wenn man Alkohol über eine Wunde gießt). Wenn man leidet, brennt das Herz: Es brennt, weil es sich schlecht fühlt, aus Wut, aus Empörung, aus verletztem Stolz. Das Herz brennt und unser Ego leidet sowohl wegen des Schmerzes an sich, als auch deshalb, weil es Mühe hat, seine Machtlosigkeit zuzugeben. Wenn wir also den Mut haben, unser Leiden nicht zu leugnen und es zu akzeptieren, wenn wir die Kraft haben, es nicht zu hassen und nicht zu bekämpfen, dann werden wir in der Lage sein, es zu deuten, seine Forderungen zu verstehen und der Notwendigkeit nachzukommen, über unser Besondersein und unser Getrenntsein hinauszugelangen.

Spontanes Beten taucht fast nur im Schmerz und in der Verzweiflung auf, dann wendet sich der Mensch hilfesuchend an die göttliche Macht. Im Schmerz erfassen wir unsere Einsamkeit. Wie schon gesagt, bedeutet das nicht, dass es keine Reisegefährten und -gefährtinnen gäbe und dass man sich nicht gegenseitig unterstützen könnte, aber das spirituelle Wachstum und die innere Arbeit bleiben eine vollkommen individuelle Erfahrung.

Zwei extreme Erfahrungen von Schmerz und Einsamkeit sind Geburt und Tod. Die erste haben wir vollkommen vergessen und die zweite versuchen wir unser ganzes Leben lang zu verdrängen. Die Panik vor dieser zweiten, von der wir glauben, dass sie eine extreme Erfahrung von Schmerz und Trennung und das Ende von allem sein wird, führt uns paradoxerweise zur größten Allmachtstäuschung: uns in irgendeiner Weise unsterblich zu fühlen.

Im *Mahabharata* gibt es eine Passage, in der Yudhisthira von einer geheimnisvollen Stimme über das Leben und den Tod befragt wird, die – wie sich dann herausstellt – die Stimme des Vaters Dharma ist. Auf die Frage: »Was ist das größte Wunder?« antwortet Yudhisthira: »Jeden Tag greift der Tod um uns herum um sich und wir leben wie Unsterbliche. Das ist das größte Wunder.«

Den Tod zu ignorieren, der als einziges wirklich gewiss im Leben ist, dies ist wahrhaftig das größte Wunder. Im Allgemeinen sprechen die Javaner viel häufiger über den Tod als wir Abendländer und mit viel größerer Gelassenheit. Es ist nicht so, als hätten sie keine Angst vor ihm, jedoch erkennen sie ihn an, respektieren ihn und betrachten ihn als einen Teil, der wahrlich zum Leben gehört. In *Sumarah* besteht der tiefe Glaube, dass man so stirbt, wie man gelebt hat: Leben und Tod sind nicht getrennt denkbar, sie werden nicht als Gegensätze gesehen.

Eines Abends, während ich auf Pak Wondo im *pendopo* seines Hauses wartete, hörte ich das Gespräch zweier *becak*-Fahrer, die mit lauter Stimme sprachen. Einer von ihnen sagte:»Ich hatte elf Söhne. Acht davon sind noch hier, die anderen sind schon nach Hause gegangen, sind schon vom Allmächtigen gerufen worden … Er war schon fünfundsiebzig Jahre alt, er war schon alt, aber dann nach nur sechs Monaten ist ihm die Frau gefolgt … sie konnte nicht bleiben, sie war nicht stark genug, um verlassen zu werden … Ich habe bemerkt, dass sie es nicht schaffte, *ikhlas* (unbeteiligt, großmütig) zu sein. Es ist sicherlich leicht, darüber zu reden … aber dann passiert es dir … Sie war noch jung. Ich habe mit dem Sohn, der auf Sumatra lebt, darüber gesprochen; er hat gesagt, das einzige, was zählt, ist, dass die Seelen seines Vaters und seiner Mutter eine gute Rückreise haben – ohne Hindernisse, ohne vom Schmerz der Söhne zurückgehalten zu werden. Ihn so reden zu hören, hat Eindruck auf mich gemacht, schließlich ist er erst neunzehn Jahre alt … Er ist bestimmt eine alte Seele. Heute Abend ist die Zeremonie zu den hundert Tagen seit dem Tode und es wird Wache gehalten.« Worauf der andere antwortete:»Ich weiß nicht, ob ich kommen kann, denn ich muss zum Begräbnis einer meiner Nachbarn gehen. Heute Nacht ist seine Frau gestorben. Sie war nur etwas über dreißig Jahre alt. Zuerst hat sie aufgehört zu reden, dann ist sie immer dünner und immer dunkler geworden. Wahrscheinlich war es die Leber … Sie wurde immer auf alle wütend. Die Arme, sie war allein zu Hause, als es passierte. Jetzt kümmert sich die jüngere Schwester um die Söhne … Sie ist schon aus Jakarta gekommen. Es wird besser sein, wenn wir ein bisschen ›losziehen‹ (mit der *becak* durch die Gegend fahren, um Kunden zu suchen), sonst können wir heute Abend nicht zu unserer Gabe beitragen.«

Auf Java ist der Tod ein ganz normales Gesprächsthema; man spricht über ihn unbeteiligt und gelassen, als wäre er die natürlichste Sache der Welt … was er ja tatsächlich auch ist.

Aber kommen wir wieder auf das Leiden zurück. Schmerz und Trennung sind es, die uns unserer Begrenztheit gewahr werden lassen und wie absurd es ist, an einzelnen Aspekten von uns selbst zu hängen. Oft gelingt es erst im Augenblick des Sterbens, die verzweifelte Stimme der Seele wahrzunehmen und ihr zuzuhören, wie sie von ihrem Durst und ihrem erlittenen Hunger berichtet und wie sie an ihre Bedürfnisse appelliert. Angesichts des Todes oder in anderen extremen Situationen, in denen einem zum Beispiel die Schreckensnachricht einer tödlichen Krankheit ereilt, vollzieht das Ego – machtlos und erschöpft von seiner eigenen Überheblichkeit und vom lebenslangen Missbrauch seiner Macht – jene Geste der Demut und des Anerkennens, die ihm bis zu diesem Zeitpunkt unmöglich erschien.

All die Schmerzen, die wir während unserer Existenz erleiden, all die verschiedenen Arten von Verlust sind in Wirklichkeit kleine Tode. Das Leben bereitet uns Schritt für Schritt auf das große Ereignis vor. Aus dem Blickwinkel der *Sumarah*-Praxis sind die unangenehmen und schmerzhaften Ereignisse Gelegenheiten, um ›mit dem brennenden Herzen‹ zu sein, um sich auf das, was schwierig ist, einzulassen ohne auszuweichen, um es kennen zu lernen. Diese Gelegenheiten sind jedoch nicht einmalig: Jedes Mal, wenn wir nicht in der Lage waren, die Botschaft zu begreifen, die eine Erfahrung mit sich bringt, wird es folglich eine heftigere und deutlichere geben, bis wir sie als das erkennen, was sie ist, bis die notwendige Transformation in uns erfolgt ist. Das kann auch tausende von Leben dauern …

Das Leben bzw. die Leben sind der Weg, durch den die verkörperte Seele daran arbeitet, wieder zur Einheit zu gelangen und zur Quelle zurückzukehren. Die Beziehungen zwischen uns und den anderen, zwischen uns und dem Göttlichen und innerhalb von uns selbst sind die Pfade, über die wir – indem wir sie durchlaufen – die Wiedervereinigung erreichen können. *Prihatin,* ›mit einem brennenden Herzen zu sein‹, bedeutet, die Verletzungen und Schwierigkeiten im Verlauf des eigenen spirituellen Wachstums als Mittel zur Erkenntnis des Selbst wie auch als Reinigungskanal zu nutzen.

Aus der Sicht von *Sumarah* sind die Schmerzen des Lebens folglich nicht so sehr Prüfungen, sondern Gelegenheiten. Der Begriff ›Prüfung‹ impliziert den Gedanken, dass Schmerz besser und stärker macht – durch diese berühmten bitteren Prüfungen des Lebens eben – allein dadurch, dass man lernt, wie man alles aushalten kann. Das ist eine ziemlich negative Sichtweise, in der eine Kraft betont wird, die eher mit Widerstand und Spannung einhergeht als mit Loslassen. Die ›Praxis des brennenden Herzens‹ wird jedoch nicht als Methode gesehen, um auftretenden Schmerzen gegenüber widerstandsfähiger oder unempfindlicher zu werden, sondern als Gelegenheit, einen bestimmmten Aspekt unseres Charakters mildern zu lernen, damit wir bewusstere und ganzheitlichere Wesen werden.

Auch wenn es uns oft nicht so erscheint, so erhält doch jeder von uns letztlich immer und einzig das, was er braucht. Vielleicht hat jeder von uns im Grunde nur ein oder zwei wichtige Dinge im Leben zu lernen, die uns immer wieder verkleidet oder unverkleidet begegnen, als Freuden und als Schmerzen, als Wohlergehen und als Unbehagen. Auch auf die zu großen Freuden, sagt Pak Wondo oft, müsse man Acht geben, ebenso wie auf das absolute Wohlergehen, auf das Nie-Kranksein. Wenn es nämlich wahr ist, dass nicht alles Üble, das uns ereilt, schädlich ist, so ist auch nicht alles Gute von Nutzen. Natürlich haben wir dem Guten gegenüber gewöhnlich keine Bedenken … problemlos können wir uns freuen und brauchen nicht daran zu rütteln, auch wenn wir oft − überwältigt von emotionalem Aufruhr − die Bedeutung der Gabe nicht völlig erfassen oder sogar noch nicht einmal bemerken, dass es sich um eine Gabe handelt, und im Sinnesrausch und in der Trunkenheit unserer Gefühle die Dankbarkeit vergessen.

Pak Darno Ong, ein *pamong* chinesischer Herkunft, pflegte zu sagen: »Wenn es dir gut geht, schau nach oben. Wenn es dir schlecht geht, schau nach unten.« Ein Rat, der etwas wert ist und wert, sich seiner zu erinnern! Eine derartige Haltung hilft nämlich, uns wieder ins richtige Verhältnis zum Ganzen zu setzen, nicht zu vergessen, und uns nicht glauben zu lassen, dass wir der glücklichste Mensch der Welt oder das verzweifeltste Wesen auf Erden seien. Dahin zu gelangen, den wirklichen Platz der Menschen, Dinge und Ereignisse zu sehen, ist ein bedeutender Schritt auf dem Weg des Bewusstseins.

Missverhältnis ist Disharmonie. Dies ist ein in der javanischen Weltsicht sehr verwurzeltes Prinzip, und ein bedeutender Teil der *Sumarah-*Lehre besteht darin zu lernen, den eigenen Schmerz zu relativieren, sei es in Bezug auf andere Menschen oder bestimmte Aspekte unseres Lebens sowie vergangenen Lebensperioden gegenüber. Vor allem aber ist es wesentlich zu begreifen, welche Funktion Ereignissen und Hinweisen in unserer spirituellen Entwicklung zukommt.

Das Paradox besteht genau darin, dass es einerseits notwendig ist zu akzeptieren, andererseits aber auch, daran zu arbeiten, dass sich etwas ändert. Uns selbst gegenüber eine vollständige Akzeptanz zu entwickeln, ist unumgänglich, nur so können wir uns wirklich sehen, verstehen und konfrontieren. Recht schnell ahnen wir, dass wir – wenn wir uns, so wie wir sind, nicht akzeptieren – unser Leben damit verbringen werden, uns selbst auszuweichen, und dass wir die subtilsten Maskeraden ersinnen werden, einzig um uns nicht ins Gesicht schauen zu müssen. Auf der anderen Seite wird von uns auch gefordert, uns beständig um Veränderung zu bemühen, es wird uns empfohlen, nach unten zu sehen, wenn es uns schlecht geht, und nach oben, wenn es uns gut geht. Mit anderen Worten: sich nicht zufrieden zu geben, niemals stehen zu bleiben.

Die Lösung dieses scheinbaren Paradoxons liegt darin, das Ganze zu sehen. Wie bereits gesagt wurde, führt uns die Praxis in *Sumarah* zur Akzeptanz von uns selbst als ganzheitliche Wesen, da ein Akzeptieren von nur einzelnen Teilen grundsätzlich unausgewogen sein und folglich zu Trennung, Stagnation und Passivität führen würde. Trennung deshalb, weil wir in einem solchen Fall einen Teil dem anderen vorziehen würden (dieses ja und jenes nein), dadurch, dass wir das, was wir für gut halten, dem, was wir für schlecht halten, gegenüberstellen; Stagnation, weil wir zu guter Letzt glauben, das zu sein, was wir nicht sind, und so kostbare Zeit verschwenden; Passivität daher, weil es uns als Gefangene eigener Urteile (so bin ich) nicht gelingt, kreativ mit unserem Leben umzugehen. All das geschieht, weil wir beständig vergessen, dass alles bereits in uns ist, dass wir das Gute und das Schlechte sind, das Leben und der Tod, der Teufel und das Weihwasser. Da wir systematisch von der Einheit entfernt wurden, gelingt es uns nicht einmal mehr zu glauben, dass diese Einheit existiert und dass die wahre verwandelnde Kraft der Akzeptanz gerade in dieser verloren gegangenen und negierten Ganzheit liegt. Das Loslassen, das bedingungslose Übergeben an das Leben, von dem *Sumarah* spricht, droht nicht das heilige Feuer der Suche und inneren Entdeckung zu löschen, sondern trägt im Gegenteil dazu bei, dass man sich freut, wenn es Zeit ist sich zu freuen, dass man leidet, wenn es Zeit ist zu leiden, und dass man brennt, wenn es Zeit ist zu brennen. Das brennende Herz hat immer eine sehr interessante Geschichte zu erzählen.

Schmerz hat auch die Funktion, unsere Illusionen aufzulösen. Tatsächlich sind wir meistens so sehr (und seit so langer Zeit) mit unseren Illusionen identifiziert, dass uns oftmals nur ein Trauma, ein Schmerz oder eine Krise die Wahrheit über uns selbst zeigen kann. Die Erfahrungen in der spirituellen Praxis lehren uns, Vertrauen in die Vorgehensweise und in die Zeiträume zu haben, die die Seele wählt, um die Aufgaben, die sie erwarten, zu erfüllen; sie lehren uns, die erforderliche Toleranz zu entwickeln, um zu erkennen, dass wir, wenn wir in der Lage sind zu verstehen, verstehen werden, und wenn wir in der Lage sind zu gesunden, gesund sein werden. Dennoch tun wir gut daran, die Umstände aufzusuchen, die für Wachstum am günstigsten sind. Dies ist vergleichbar mit der Entwicklung eines Kindes: Zweifellos gibt es ziemlich genau benennbare Phasen – mit sechs Monaten lassen Kinder Gegenstände fallen, um Entfernungen abzumessen, mit neun Monaten fangen sie an zu krabbeln, mit einem Jahr zu laufen, kurz danach beginnen sie zu sprechen und so weiter. Das entbindet die Eltern jedoch nicht von der Aufgabe, ihren Kindern sowohl physisch, emotional wie intellektuell die bestmöglichen Lebensbedingungen bereitzustellen. Genau das gilt auch für unsere Seele. In letzter Zeit hat man viel über das ›innere Kind‹ gehört, über diesen Teil in uns, dem allzuoft nicht zugehört wird und der Aufmerksamkeit und Nahrung braucht. Aus der Sicht von *Sumarah* ist es die Seele, die – verborgen und nicht erkannt – das Bedürfnis hat, gehört und respektiert zu werden, die wachsen und sich befreien will. Ihre Reinigung und die Rückkehr zur ursprünglichen Quelle *(kembali pada asalnya)* sind Zweck unserer Reinkarnationen.

Für den Augenblick haben wir die Aufgabe, uns um diese besondere Inkarnation, die unsere gegenwärtige Existenz ist, zu kümmern und zu bitten, dass uns der Mut und die Kraft gegeben werden, den Lehren, denen wir begegnen, keinen Widerstand entgegenzusetzen. Jedes Mal, wenn wir uns weigern, uns mit unseren Knoten auseinanderzusetzen, ziehen sie sich nämlich noch ein wenig mehr zu und werden das nächste Mal noch schwerer zu lösen sein.

Sich dem Schmerz oder einer Krankheit zu widersetzen, wie Pak Wondo oft erklärt, bewirke in Wirklichkeit nichts anderes, als das Leiden zu verdoppeln, weil sich zu dem Übel des Problems an sich noch die Anspannung der Weigerung und der Wut hinzugesellt, das Übel also, das wir uns dadurch bescheren, dass wir das, was geschieht, nicht akzeptieren wollen. So ist *prihatin,* die Praxis ›mit dem brennenden Herzen‹ zu sein ohne davonzulaufen, nicht nur eine weise Lösung, sondern genau genommen auch die einzig mögliche. Wir können sie ignorieren, abweisen, aber früher oder später muss der Schmerz konfrontiert, muss die Lektion gelernt werden. Deshalb sagte Pak Hardo seinerzeit zu Pak Wondo, der bereits seit zehn Jahren an psychischen Beschwerden litt: »Ich rate dir, mein Sohn, bitte nicht um Genesung.«

Unsere Seele will sich lediglich befreien, will sich reinigen, nicht, um etwas anderes zu werden als das, was sie ist, sondern um zu ihrer wahren Wesenheit, zu ihrem Ursprung zurückzukehren. Auch Schmerzen sind Gaben des Himmels, so sehr uns diese Worte auch verhasst sein mögen. Aber so ist es einfach: Die Probleme sind da, um gelöst zu werden, die Hindernisse, um überwunden zu werden, und die Wunden, um geheilt zu werden. Darum leben wir: um uns zu freuen und um zu leiden – letztlich immer im Namen der Erweiterung des Bewusstseins.

Mit Schmerz und Freude leben zu lernen, bedeutet, um es noch einmal zu sagen, das Ego zu entmachten, das alles dransetzt, um unser reines Herz daran zu hindern, dass es uns die ganze Wahrheit sagt.

Der Meditation kommt hierbei die wichtige Aufgabe der Entlarvung zu. Der ›weiße Aal‹ schleicht sich nämlich leise auch in die Räume, die wir am meisten schützen, und – gierig nach Zustimmung und Billigung – unternimmt er alles, um die Wahrheit zu verdecken und das Eingestehen der eigenen Grenzen und Schwächen zu behindern. Gerade dadurch, dass man die Existenz eigenen Leidens negiert, veranlasst er uns oftmals hinterlistig, die Transformation auf unbestimmte Zeit zu verschieben. Die Praxis der Meditation jedoch führt zur Klärung der Hindernisse, die sich zwischen die Wünsche des Ichs und die Bedürfnisse der Seele schieben, sie öffnet langsam die Tür zu unseren zutiefst verborgenen Geheimnissen und, Licht einlassend, kann das auftauchen, was wir dort vergraben haben.

Wie viel Schmerz uns für dieses Leben reserviert wurde, ist Teil unseres karmischen Gepäcks, und es ist ein nutzloses Unterfangen, das Leben damit zu vergeuden, uns über die scheinbar kosmische Ungerechtigkeit zu beklagen. Das Karma ist kein unglückseliges Schicksal, sondern ein ausgleichendes Prinzip. In vergangenen und im gegenwärtigen Leben haben wir unser Karma erzeugt und erzeugen es weiterhin – sowohl das positive als auch das negative. Insofern stimmt es, dass wir verantwortlich für unser Schicksal sind, zumindest deshalb, weil wir immer die Freiheit haben, zwischen Weigerung und Akzeptanz zu wählen, unseren Panzer zu lockern oder die Zähne zusammenzubeißen und den Panzer immer noch enger zu schnüren. Es liegt an uns. Und wenn nicht, an wem sonst?

Die Praxis des *prihatin* – als Wahl, mit dem brennenden Herzen zu sein, wenn es wirklich brennt – gehört zum Charakter eines Kriegers *(watak kasatriya)*, der immer bereit ist, sich dem Feuer der Reinigung auszusetzen. In dieser Wahl liegt Stärke und nicht Schwäche.

Ngalah, die Kraft des Nachgebens

> *Jedes Problem ist eine dir von deiner Seele anvertraute Aufgabe.*
> Robin Norwood

… und wird deshalb sehr ernst genommen.

Im Javanischen gibt es zwei Wörter, um den Gedanken des Nachgebens zu beschreiben: *kalah* und *ngalah*. *Kalah* bedeutet ›verlieren‹ im Sinne von ›besiegt sein‹, was im Allgemeinen für einen Javaner keinen so deutlich negativen Beigeschmack hat wie für uns aus dem Westen. Erzählt ein Javaner davon, eine Wette verloren zu haben, ein Kartenspiel, einen Kampf oder irgendeinen Wettstreit, so macht er das fast immer mit einem Lächeln, in dem ein bisschen Verlegenheit, eine große Portion Akzeptanz, vor allem aber der Glaube zum Ausdruck kommt, dass es so kommen sollte, wie es gekommen ist. Doch da es sich dabei in der Regel um einen Verlust, eine Niederlage handelt, geht mit *kalah* für einen Javaner, wie für jeden anderen auf der Welt, auch ein gewisses Maß an Traurigkeit und Wut einher. Um etwas völlig anderes handelt es sich bei *ngalah*, was ›freiwillig verlieren‹ bedeutet, ›auf den Sieg verzichten‹, wie es ein Vater in einem Wettlauf mit seinem kleinen

Sohn tun würde. *Ngalah* ist der Verzicht des Starken und setzt ein Gefühl von Toleranz und Liebe voraus sowie die tatsächliche Überlegenheit, die sich nicht zu behaupten braucht. Während *kalah* den Anflug der Rache oder wenigstens den Wunsch nach Vergeltung in sich trägt, gibt es bei *ngalah* – wenn es aufrichtig ist – nur Lächeln und Respekt dem anderen gegenüber.

Manchmal ist der Verzicht auf Siegen ein einfacher und spontaner Akt, aber ebenso oft sind wir auch unfähig, uns wie Erwachsene zu verhalten und innerlich Größe zu zeigen. Oftmals ist es nämlich nicht leicht, zwischen dem Sieg des Ichs und dem der Seele zu unterscheiden: Verschiedene Teile in uns überlagern sich – ab und zu arbeiten sie zusammen, dann wieder bekämpfen und behindern sie sich gegenseitig, manchmal wissen sie, was sie wollen, andere Male wiederum sind sie völlig verwirrt.

Tief in der Kultur Javas und der Persönlichkeit der Javaner verwurzelte Werte und Gefühle bestimmen die Art, wie *ngalah* sich äußert. Ein javanisches Sprichwort besagt: ›*Wong Jawa dipangku mati*‹, was wortwörtlich übersetzt bedeutet: ›Wenn ein Javaner auf den Schoß genommen wird, stirbt er‹. Dieser Satz, der für einen Abendländer wohl keinen Sinn macht, ist jedoch sehr einleuchtend für einen Javaner, der weiß, dass sich freiwillig ›nach unten‹ zu begeben, sich niedriger zu stellen, keinen Widerstand erzeugt, dass das Empfangen, das gewissermaßen Auf-den-Schoß-Nehmen, den Freund nachgiebig und den Feind machtlos macht, so dass er ›stirbt‹, im Sinne von psychisch unfähig werden, Widerstand zu leisten.

Dieses Sprichwort hat zudem noch eine zweite Bedeutung. *Pangku* bedeutet nicht nur Schoß, sondern ist auch ein Zeichen der javanischen Schrift, das die Funktion hat, den Buchstaben ›abzutöten‹, unter dem es sich befindet, indem es dessen Klang abschneidet und den Vokal zu einem Konsonanten macht.[10] Es wird so dargestellt:

$$\cdots\!\int$$

Dabei handelt es sich um eine Art Stühlchen, das sozusagen einen Buchstaben auf sich nimmt und ihn ›abtötet‹, genauso wie die Metapher

---

10| Auf Javanisch heißt Vokal ›lebendiger Buchstabe‹ und Konsonant ›toter Buchstabe‹.

›Den anderen auf den Schoß nehmen‹ den Tod seines Egos und damit seines Widerstandes meint.

Dem Begriff *ngalah* liegt die Überzeugung zugrunde, dass Nachgeben mächtiger und wirksamer ist als Auflehnen … nichts ist schwieriger für die westliche Gefühlswelt und Denkweise und nichts ist schwerer zu verstehen (geschweige denn zu akzeptieren). Ich persönlich brauchte acht Jahre, um mir diese Sichtweise anzueignen, und weitere acht, um anzufangen sie umzusetzen. Durch meine Erfahrungen lerne ich, an ihre Wahrheit zu glauben und in die außergewöhnliche Macht von *ngalah* Vertrauen zu haben. Da ich ein grundsätzlich antikonformistisches Naturell habe und eine Vergangenheit, die durch Auflehnung geprägt ist, war es entsprechend schwierig und langwierig, die Überzeugungen zu revidieren, die sich in mir über die Macht des Kampfes und den Wert der Wut gebildet hatten. Über lange Zeit hin passierte nichts anderes, als dass ich von einem Extrem ins andere fiel: von der vertrauten Wirkungskraft aggressiven Verhaltens zu einer bislang nicht gekannten Passivität und einer ebenso wenig zufrieden stellenden Gleichgültigkeit. Jahrelang habe ich diesen Punkt mit Pak Wondo diskutiert, ohne dass seine zahlreichen Beispiele es geschafft hätten, mich vollständig zu überzeugen. Jahrelang erhielt ich Beweise der Macht von *ngalah* und jahrelang habe ich weiter an ihnen gezweifelt. Pak Wondo erklärte mir geduldig, dass es meine Persönlichkeit sei, die Widerstand leiste, dass mein Ich es nicht schaffe, irgendeine Art Genugtuung an diesem großzügigen Sich-besiegen-Lassen zu finden, und dies absolut nicht für eine interessante Lösung halte.

»Sieh mal«, sagte Pak Wondo, »*ngalah* zu lernen, ist für dich doppelt so wichtig: Auf der einen Seite trainiert es dein Ego, sich zu beugen und so flexibler zu werden, auf der anderen Seite erlaubt es dir, in Beziehungen zu anderen tiefer und näher in Kontakt mit der Wahrheit zu kommen.«

Pak Wondo machte mich dann auch darauf aufmerksam, dass das Ich – klein und begrenzt, wie es ist – es niemals schafft, sich wirklich erwachsen zu verhalten, sondern immer eher infantil ist und genau genommen oft lächerlich. Nichtsdestotrotz erschien es mir weiterhin absurd, meine Meinung nicht geltend zu machen, und ungerecht, der Meinung anderer nachzugeben. Eine derartige Haltung war in meinen Augen nichts anderes als ein Zeichen von Schwäche und Angst. Ich weiß nicht genau, wann es war und warum, aber ich weiß, dass ich irgendwann aufgehört habe zu kämpfen. Mein Ich war erschöpft von seinen Balanceakten und seinem Siegeshunger, vielleicht war es aber auch einfach nur Müdigkeit, jedenfalls beschloss etwas in mir, mich nicht mehr anzustrengen und dass ich einfach nur noch ich selbst sein würde. Was wiederum zu sehr widersprüchlichem Verhalten führte: Manchmal fühlte ich mich wie ein Tiger, manchmal wie ein Floh. Ich schwankte von einem Extrem zum anderen. Jedes Mal, wenn ich Pak Wondo um eine *cocokan* bat, bestätigte er mir, dass alles so in Ordnung sei, dass ich weiter machen solle, dass das, was in mir und außerhalb von mir passiere, Teil des Prozesses sei. »Positiv und negativ sind immer gleichzeitig präsent«, sagte Pak Wondo. »Akzeptiere auch die Widersprüche.«

Verwirrt von all meinen Verwirrungen, unsicher hinsichtlich der Richtung meiner Praxis und besorgt von meinem so instabilen und widersprüchlichen Verhalten, ging ich in jener Zeit zu Pak Arymurthy. Ich wusste nicht mehr, was los war. Ich war beunruhigt. Pak Arymurthy bestätigte mir:»Ja, all das ist Teil des Prozesses … Das passiert, wenn die Persönlichkeit von allem anderen abgesondert wird und die Emotionen vom Selbst. In einer solchen Phase ist es so, als würde dein Ich im kochenden Wasser sieden *(akune digodog)*. Das verunsichert dich, aber diese Distanz zwischen dir und dir ist notwendig, damit du dich sehen kannst. Damit du dich wirklich selbst kennen lernst, wird dir die Erfahrung des Guten und des Schlechten gegeben, des Feuers und des Wassers und dann werden auch noch die anderen Elemente dazukommen … Ehre diese neuen Erkenntnisse, respektiere ihre Eigenschaften und freunde dich mit ihnen an.«

Die spirituelle Arbeit ist letztendlich immer ein Prozess, der unsere Wahrnehmung und unser Bewusstsein erweitert. Wenn sich die Haltung des *ngalah* festigt, ausdehnt und zu einer umfassenden Lebenshaltung wird, wandelt sie sich in Toleranz. Es ist jedoch schwierig, von *ngalah* wie auch von der wahren Toleranz, die daraus entspringt, auszugehen, denn unsere ›normale‹ Verfassung, in der wir uns getrennt von anderen erleben, und unser Gefühl des Mangels machen ein gewisses Maß an Konkurrenzverhalten nahezu unvermeidbar. In diesem Sinne wird in *Sumarah* das aufrichtige *ngalah* weder leicht genommen noch als generelle Haltung der Nachgiebigkeit und des guten Herzens propagiert. Es kann nur durch die Praxis erreicht werden, nachdem man das Gegenteil kennen gelernt hat und nachdem man durch die Beweise und Versuchungen der zahlreichen Möglichkeiten, die es gibt, gegangen ist. Von Ostia nach Rom zu fahren oder nach einer Weltreise in Rom anzukommen ist eine grundsätzlich andere Reise, auch wenn es immer Rom ist, wo man ankommt.

Toleranz – das ist ein weiterer in der westlichen Welt eher zweideutiger Begriff. Einerseits spricht man in den fortschrittlicheren Kreisen von Toleranz als einer Haltung, die gegenüber der zunehmenden Präsenz ethnischer Minderheiten in den verschiedenen Ländern gesellschaftlich immer notwendiger wird, andererseits – abgesehen davon, dass alle politische, religiöse und auf Volksgruppen bezogene Intoleranz wirklich befremdlich stimmt, wenn man in der so genannten demokratischen Welt auf sie trifft – hat das Wort ›Toleranz‹ auch noch eine viel allgemeinere negative Färbung. Zum Beispiel ein Satz wie: ›… und er begegnete ihr mit Toleranz‹ lässt einen Abendländer sicherlich nicht an eine schöne Begegnung denken …, er lässt im Gegenteil auf Arroganz, Unverständnis, Distanz und in gewissem Sinne auch Überlegenheit schließen. Auf Javanisch würde derselbe Satz ganz anders klingen und hätte einen Beigeschmack von Liebe und Weisheit. Im psychologischen Vokabular des Abendlandes bedeutet ›tolerant zu sein‹ oft, etwas einfach laufen zu lassen, nicht das zu sagen, was man denkt (es aber weiterhin zu denken) und letztendlich wird es für eine gewisse Heuchelei gehalten und als Haltung gesehen, der der Mut fehlt die eigenen Vorstellungen zu vertreten.

Aus der Sichtweise der *kejawen* dagegen geht Toleranz schlichtweg von selbst aus der Haltung von *narimo* (tiefe Akzeptanz) und *ngalah* (Siegenlassen) hervor. Auch in der *Sumarah*-Praxis wird Toleranz nicht als ein Zeichen von Schwäche oder Angst gesehen, sondern als Ergebnis eines tieferen und weniger partiellen Verständnisses der Wirklichkeit, sei es nun die innere oder äußere.

Sumarah betont, dass die Beziehung zwischen extern und intern, zwischen uns und den anderen nicht auf zwei klar voneinander abgegrenzten Bereichen beruht. Das Äußere und das Innere, das Ähnliche und das Andersartige sind lediglich sich ergänzende Aspekte einer einzigen

Wirklichkeit. Das Andere, das Andersartige, das Nichtvertraute und das Nichtverstandene befinden sich nicht nur außerhalb von uns, im ganz anders Gearteten: einer anderen Person, einem anderen Land, einem anderen Kontinent, einer anderen Kultur, einem anderen Planeten, einem anderen Leben, einer anderen Realität, einem anderen Bewusstseinszustand und so weiter, auch in unserem Inneren gibt es viel ›anderes‹, viel Nichtverstandenes, Nichtakzeptiertes, Nichtgeliebtes, (noch) Nichtbekanntes. Das Andersartige existiert also in uns genauso wie auch außerhalb von uns; wir sind es, die es erzeugen, indem wir es so benennen und auf diese Weise unterscheiden und ausgrenzen, bis wir Antipathie, Angst und Abneigung davor haben. So wie es unendliche Abstufungen von Intoleranz gibt – angefangen beim unschuldigsten Streit zwischen zwei Geschwistern bis hin zu den Extremen des Rassismus – gibt es selbstverständlich auch Stufen allmählicher Annäherung an den Zustand absoluter Gelassenheit, die zur vollständigen Akzeptanz der Wirklichkeit und somit zu einer Toleranz ohne Brüchigkeit führen.

Die Toleranz, die *Sumarah* zu praktizieren lehrt, basiert auf der Überzeugung, dass unser Verständnis und unsere Urteile relativ sind. Wenn wir lernen, wie Pak Wondo lehrt, immer ein ›vielleicht‹ an den Anfang unserer Behauptungen und Antworten zu stellen, ergibt es sich von selbst, dass wir weniger starr werden und offener, dem anderen wirklich zuzuhören und ihn wirklich zu sehen. Eine solche Haltung unterstützt nicht nur, den anderen in der Tiefe, sondern auch die eigenen emotionalen, mentalen und physischen Reaktionen zu verstehen. Die Praxis der Toleranz erwächst aber vor allem aus dem Gefühl der Präsenz des Göttlichen in jedem Lebewesen. Wenn wir mit dieser Dimension der Wirklichkeit in Berührung kommen, verändert sich nicht nur unsere Wahrnehmung, sondern auch radikal die Qualität unserer Beziehung zu den anderen. Toleranz bekommt eine andere Bedeutung und ermöglicht nicht nur das tiefe Verstehen von etwas Andersartigem, sondern bringt uns sogar dazu, den anderen als eine der unendlichen Facetten des universellen Diamanten zu sehen, mit einem ihm einzigartigen und besonderen Licht ... genauso wie unser eigenes.

In diesem Sinne lehren die Haltung und die Praxis des *ngalah* also nicht, die Existenz des Andersartigen – eine kostbare und wunderbare Quelle der Transformationen im Leben – zu ignorieren, sondern fördern ganz im Gegenteil die Einheit und Vereinigung mit dem Andersartigen, in einer Umarmung, die alles umfasst.

Indem *ngalah* einen gewissen Grad an Ent-Identifizierung vom eigenen Ich, vom ›mir‹ und ›mein‹ verlangt, führt es uns nämlich in einen weiteren und freieren Raum, in dem es schließlich Platz für alles und alle gibt. Am Ende verschwindet die Andersartigkeit, und Einzigartigkeit bleibt.

Es ist jedoch immer wichtig, sich daran zu erinnern, dass die Ausdehnung des Bewusstseins ein allmählicher Prozess ist, der uns, wie bereits gesagt, notwendigerweise auf eine lange Reise führt. Auf dem spirituellen Weg gibt es keine Abkürzungen. Auch wenn wir den Eindruck haben, einen plötzlichen Sprung in unserer Entwicklung gemacht zu haben, so hat dieser Sprung doch seine Geschichte: Und das ist eine lange Geschichte. Eine plötzliche Eingebung, eine blitzartige Erkenntnis, eine überraschende Veränderung sind nicht die Frucht der Arbeit unmittelbar vorausgegangener Praxisjahre, sondern nur ein weiterer Schritt, der mit all dem, was wir gemacht haben, und all dem, was wir in unserem Leben und den zahlreichen vorhergehenden Leben nicht gemacht haben, verbunden ist. In Wirklichkeit wurde dieser Sprung in hunderten von Jahren vorbereitet.

Darin liegt die Bedeutung des Prozesses und deshalb gibt es keine Eile. Der Prozess ist der Weg und der Weg ist der Prozess. Der Prozess hat sein Zeitmaß und auch wir haben unser Zeitmaß. Die Wahrheit kann weder gezeigt, weder nachgewiesen noch gelehrt werden; wir können sie nur erfahren, ihre verwunderten, stillen Zeugen sein und versuchen, ihrem Fluss zu folgen ohne Widerstand zu leisten, und uns dabei bemühen zu verstehen, was das Leben von uns will.

Im Folgenden erzähle ich die Geschichte eines Versprechens, das die äußeren Bedingungen meines Lebens über Jahre hinweg verändert hat und innerlich mein Leben bis heute.

Der Prozess meiner Entwicklung war langwierig und langsam, Jahr für Jahr Schritte vor und wieder zurück. Darüber beklagte ich mich bei Pak Wondo, der mich dieses Mal mit einem ziemlich radikalen und sehr praktischen Vorschlag überraschte.»Wenn du deinen Prozess beschleunigen willst, dann gibt es nur ein Mittel: ein Versprechen.« Ich verstand nicht, von was für einem Versprechen er sprach.»Versprich dem Leben, dich in Bezug auf eine Sache, die dir schwierig erscheint, zu ändern, und bitte Es darum, dich jedes Mal zu ermahnen, wenn du dein Versprechen vergisst«, erklärte mir Pak Wondo. Mir liefen Schauer über den Rücken und mir kam auch gleich eine schwierige Sache in den Sinn (o weh!). Ich verwarf die Idee wieder und versuchte, während Pak Wondo lachend wartete, Zeit zu gewinnen:»Ich weiß nicht so recht ...« Pak Wondo:»In Wirklichkeit weiß Laura es.« Ich gestand meine Angst und sagte, dass ich mich für ein derartiges Versprechen nicht bereit fühlte. Pak Wondo fuhr fort:»Das Schlimmste, was dir passieren kann, ist Fehler zu machen ... Dein Ich will niemals Fehler machen, nicht wahr? Es will immer perfekt sein, allen Situationen gewachsen. Probier es, riskiere es, Fehler zu machen, nicht absichtlich Fehler zu machen, aber akzeptiere den Zweifel, die Möglichkeit, dass du es vielleicht nicht schaffen wirst, dein Versprechen zu halten, genauso wie die, dass du es vielleicht schaffen wirst.« Die für mich schwierigste Angelegenheit in jener Zeit war, die unangemessene und unbegründete Eifersucht meines Mannes zu akzeptieren. Aufgewachsen als eine Frau im Westen konnte ich sein mangelndes Vertrauen, die ungerechtfertigten Verdächtigungen und die Schranken, die er meinem Leben auferlegte, nicht tolerieren. Meine Auflehnung und die damit einhergehenden kontinuierlichen Diskussionen führten jedoch zu keinerlei Verbesserung der Situation, sie verschärften im Gegenteil sogar noch seine Eifersucht. Eines Tages, nach einer heftigen Auseinandersetzung und vielleicht weil ich durch das Gespräch mit Pak Wondo darauf vorbereitet war, das Problem auf andere Weise anzugehen, verstand ich plötzlich, dass – wenn ich meinerseits verärgert und verletzt von der Eifersucht meines Mannes war – er seinerseits furchtbar litt. Es war wie eine Krankheit, die ihn zermürbte und ihm keine Ruhe ließ. An diesem Tag sah ich in seinen Augen den Schmerz, die Angst und eine alte und unauslöschliche Verzweiflung. Ich liebte ihn und ohne lange zu überlegen, sagte ich:»In Ordnung, es reicht, wenn meine Freundschaften mit Männern für dich eine Quelle so großen Schmerzes und so großer Angst sind, dann verzichte ich darauf.« Ich erinnere mich daran, dass er mich überrascht ansah, ohne sich sicher zu sein, ob ich meine Worte tatsächlich ernst meinte. Ich fuhr fort:»Ich will damit sagen, dass ich von heute an keinerlei Beziehungen mehr mit anderen Männern haben werde, mit ihnen nur noch die notwendigsten Worte wechseln werde, keine neuen Freundschaften eingehen und Abstand von den alten nehmen werde.« Mein Mann errötete, vielleicht zum ersten und letzten Mal in seinem Leben. »Meinst du das im Ernst?«, fragte er mich. »Ja«, antwortete ich. Ich erinnere mich noch an die Feierlichkeit dieses Augenblicks und an das Gefühl, einen bedeutsamen Schritt zu machen. Meine Vernunft blieb vollständig außen vor, mein Gedächtnis ebenso, mit Sicherheit war das nichts, was ich meinen Freundinnen in Mailand hätte erzählen können, und doch fühlte ich mich leicht, rein, stimmig. Auf typisch javanische Art bat mein Mann mich, einen Schwur abzulegen und organisierte eine kleine Zeremonie im Haus, um das Ereignis zu feiern. Und das Versprechen wurde gegeben.

Wie durch ein Wunder änderte mein Mann daraufhin völlig seine Haltung mir gegenüber, zumindest für die nächsten drei Jahre. Seine Eifersucht schien schrittweise zu verschwinden, seine Liebe und sein Respekt mir gegenüber wuchsen. Die Kraft des Versprechens erwies sich als außergewöhnlich in Bezug auf ihr transformierendes Potenzial. Mein Mann löste nicht endgültig sein Problem der Eifersucht und seiner besitzergreifenden Haltung, aber er erhielt die Gelegenheit, anders zu sein, und er spürte die Verantwortung, die daraus erwächst, dass einem Gehorsam geleistet wird. Ich meinerseits machte eindeutig einen Schritt hin zu mir selbst und begann, die Bedeutung der inneren Freiheit zu erfahren. Ganz anders als ich erwartet hatte, fühlte ich mich nicht schwach oder erniedrigt, sondern stark und irgendwie siegreich. Ich fühlte, dass ich einen tiefen Akt der Liebe gegenüber einer anderen Person vollzogen hatte, und, trotz gegenteiligen Anscheins, auch mir selbst gegenüber, denn ich hatte mich ein wenig von meinem Ego wegbewegt und meiner Seele genähert. Wahrscheinlich ist das der Grund – so wurde mir ein paar Jahre später klar –, weshalb ich mich in jener Situation so glücklich gefühlt hatte. Ich hatte die transformierende und heilende Kraft des Nachgebens hautnah kennen gelernt und die Freude darüber war genauso groß wie die Überraschung.

An diese Erfahrung von *ngalah* erinnere ich mich besonders lebhaft, denn es war eine der ersten und der schwierigsten. Das heißt nicht, dass ich die Lektion ein für alle Mal gelernt hätte, aber seit damals ist mein Vertrauen in Wunder zweifellos gewachsen. Zu dem Versprechen gehörte auch die Bitte, jedes Mal ermahnt zu werden, sollte ich es übertreten. Und so geschah es: Die Änderung der Haltung hatte – wie von Pak Wondo versprochen – die mich umgebende Wirklichkeit und mich mit ihr verwandelt. Es spielt keine Rolle, ob es Ängste und Unsicherheiten gibt, wenn wir einen neuen Schritt machen. Angst ist berechtigt, weil Transformationen gewissermaßen immer schmerzhaft sind und einer Anstrengung bedürfen. Unsicherheit ist Teil der menschlichen Verfassung und gibt unserer Arbeit Wert, die sicherlich weniger gewichtig und weniger enthusiastisch wäre, könnten wir den Ausgang unserer Handlungen vorhersehen. Die Überraschung ist oft Belohnung für gemachte Mühe und ein Zeichen vollzogener Veränderung.

Trotz aller Schwierigkeiten, Versagensängste, Zweifel und Befürchtungen zeugt schon jeder Versuch, sich auf das Unbekannte zuzubewegen, von einer neuen Heldentat, die das Bewusstsein erweitert. Dadurch, dass wir dem Prozess auf diese Art Vorrang einräumen, fragen wir uns nicht mehr jedes Mal, wenn wir eine Schlacht einleiten, wer der Sieger und was der Preis der Niederlage sein wird, sondern betrachten sie vor allem als Übung, um eine neue Ebene des Gewahrseins zu erlangen. Haben wir erst einmal verstanden, dass die bittersten Niederlagen des Ichs oftmals die ruhmreichsten Siege der Seele sind, wollen wir nicht mehr um jeden Preis gewinnen, sondern einfach nur voranschreiten und dabei nicht nur auf unsere eigenen Kräfte zählen, sondern uns immer auch der Hilfen und der Verbündeten bedienen: der Führer und Gefährten auf dem Weg, der Lektüre, die uns inspiriert, der Gruppen, die uns unterstützen, der Meditation, des Gebetes.

Wenn auch Verlieren einen Sieg darstellen kann, dann haben wir nichts mehr zu befürchten, dann sind wir in gewissem Sinne zu allem bereit und können mit Gelassenheit auf dem Weg bleiben, in Frieden mit dem Guten und dem Schlechten, in Frieden mit uns selbst und mit dem Leben.

Meditation und Kontemplation

Es ist also absolut notwendig, die reine und rauchfreie Flamme der Suche
zu besitzen, den Drang, herauszufinden, zu entdecken und zu lernen –
nicht, um irgendein unbekanntes Ziel zu erreichen, sondern als ein
Geschehen an sich; so zu entdecken ist der Sinn des Lebens, nur aus dem
Vergnügen es zu tun, aus der innewohnenden Freude heraus.

Vimala Thakar

Als ich mit Meditation zum ersten Mal in Kontakt kam, hatte ich noch
kein Buch zum Thema Spiritualität gelesen und las auch erst einmal
lange Zeit keines. Vielleicht weil ich aus einer akademischen Umgebung
kam und mit Lektüren und allem Intellektuellen gesättigt war, vielleicht
weil ich durch die Tiefe des Verständnisses der Wirklichkeit, die mein
Lehrer besaß, der noch nie in seinem Leben ein Buch gelesen hatte, erstaunt und neugierig geworden war oder vielleicht einfach weil ich weder die Notwendigkeit noch das Bedürfnis danach verspürte – Tatsache
bleibt jedenfalls, dass ich auf spirituellem Gebiet unter den Ausländern,
die in jenen Jahren auf Java Meditation praktizierten, diejenige war, die
darüber am wenigsten wusste.

Ich bemerkte schnell, dass die *Sumarah*-Lehren im Wesentlichen eine
verfeinerte Ausarbeitung der traditionellen Auffassung der *kejawen,* der
javanischen Weltsicht, waren.[11] Ich fing an Javanisch zu lernen – eine
Sprache, die von kulturellen Aspekten so stark durchdrungen ist, dass
die Unterrichtsstunden, die ich bei der Tochter eines Würdenträgers des
Palastes nahm, letztendlich fast immer in eine Unterweisung ethisch-
philosophischen Charakters mündeten, die mich schrittweise eine andere Welt und eine andere Art, in der Welt zu sein, kennen lernen ließ.

Was ich nicht bemerkte, war, wie ich mich selbst allmählich verwan-
delte, während ich die javanische Sprache und Kultur – zunächst mit der
Neugierde einer Reisenden und später mit der Systematik einer Suchen-
den – studierte. Auf der einen Seite lernte ich die Besonderheit und Einzigartigkeit einer Kultur schätzen und anerkennen, die anders als meine
eigene war, auf der anderen Seite wurde ich durch die Praxis der *Suma-*

11| Zum Thema *kejawen* siehe Kapitel 1, Fußnote 5, Seite 31 *rah*-Meditation paradoxerweise gerade dahin geführt, über das Individuum und die Kultur hinauszugehen. All das beschäftigte mich über einen langen Zeitraum und gab mir viel zu denken. Jahre später begriff ich, dass es für einen so strukturierten Verstand, wie es der meine zu Beginn der siebziger Jahre war, erforderlich war, durch das vollkommen Andersartige zu gehen, um mir meiner eigenen Wertvorstellungen, Grundsätze und Konzepte bewusst zu werden und so einen neuen und frischen Raum herstellen zu können. Die Notwendigkeit und der Wunsch, all das, was mir unverständlich erschien, verstehen zu können, halfen mir, jenseits des Besonderen und jenseits der Kultur zu gehen. So entdeckte ich zum Beispiel, während ich versuchte, den Unterschied zwischen dem Schmerz einer indonesischen und dem einer italienischen Frau zu verstehen, die allgemeingültige Beschaffenheit des Leidens.

Die Suche und die Leidenschaft für die Suche hielten an, aber der Bezugspunkt verschob sich. Während ich an meiner Examensarbeit arbeitete, tauchte das Bedürfnis auf, sie so schnell wie möglich abzuschließen: Das Besondere und Andersartige interessierten mich nicht mehr so sehr, sondern nurmehr als Werkzeug, um bei etwas anderem anzukommen, das umfassender war.

Als ich nun die mystischen Glaubenssätze der Javaner studierte, kam ich zu dem Schluss, dass auch ich eine Seele habe und dass die Wirklichkeit wahrscheinlich nicht so ist, wie sie zu sein scheint. Wann passierte das? Schritt für Schritt, nach und nach. Wie? Indem ich etwas weniger auf meinen Verstand hörte, lernte, nicht zu wählerisch zu sein, mein Leben nicht zu sehr lenken zu wollen, und indem ich meinem Herzen und seinen Eingebungen vertraute. Dieses neuartige Gewahrsein entwickelte sich vor allem aber mit der Praxis, wobei ich den seltsamsten Intuitionen und den unlogischsten Anweisungen meines inneren Lehrers folgte.

Eine der größten Schwierigkeiten in der Meditation ist bekanntermaßen die, den Verstand schweigen zu lassen. Wie man während der Nacht auch die leisesten Geräusche vernimmt und die Schmerzen, die man tagsüber vergessen hat, wieder spürbar werden, so steigen in der Stille und in der Ruhe der Meditation sämtliche Gedanken auf – von den dümmsten bis hin zu den ernsthaftesten, von den bewusstesten bis hin zu den unbewusstesten –, um das ihrige hinzuzufügen. Die Ruhe desjenigen, der meditiert, wird fortwährend gestört und wir alle ärgern uns regelmäßig darüber und fühlen uns schuldig; paradoxerweise geschieht all das vor allem deshalb, weil man in dem Moment, in dem man sich zum Meditieren hinsetzt, nicht nur den Verstand anhalten will, sondern gleich die ganze Welt, während sich die Welt hingegen, sowohl in uns als auch außerhalb von uns, natürlich weiterdreht.

Es ist vor allem unsere Haltung gegenüber der Wirklichkeit, die sich in der spirituellen Praxis ändert, und nicht die Wirklichkeit an sich. Frieden erlangt man nicht, indem man anhält, das Licht ausmacht und sagt:»Lasst mich in Frieden«. In Frieden kann man nicht gelassen werden, man kann ihn nur über die geeigneten Mittel erreichen, was unter anderem ziemlich viel Arbeit erfordert, die gewöhnlich alles andere als friedvoll ist. Ganzheit, Vollständigkeit und Bewegung sind es und nicht Ignoranz und Stillstand, die Frieden und Harmonie möglich machen.

Man braucht Geduld. Und »Gott hat viel davon in seinem Büro, das siebenmal die Woche vierundzwanzig Stunden lang geöffnet ist«, wie Pak Wondo oft scherzend sagt. Geduld, Reaktionsfähigkeit und Hingabe: Geduld, weil der Prozess langsam vor sich geht und holprig ist; Reaktionsfähigkeit, weil er mit Gefahren übersät ist; und Hingabe, weil es sich in der Beziehung zwischen dem Menschlichen und dem Göttlichen im Grunde genommen um eine Liebesgeschichte handelt. Die Hingabe an die spirituelle Arbeit, an das Leben, an das Göttliche in uns und in dem anderen nennt *Sumarah leladi*, das ›Dienen‹ durch die konkreten Gelegenheiten, die sich jeden Tag bieten.

Es ist interessant festzustellen, wie wir Menschen einerseits total am Leben hängen und von der ständigen Angst, es zu verlieren, gequält werden, und wie wir andererseits uns aber stets über unser Schicksal beklagen, oft die gesamte Existenz verwünschen, unsere Verantwortung in der Auseinandersetzung mit uns selbst und mit anderen leugnen und unseren Beitrag darin verweigern. Statt das Leben zu feiern und zu ehren, scheinen wir mit unserem Verhalten dem Leben oftmals entfliehen, darüber hinweggehen, es vergessen zu wollen. Aber das Leben kann nicht verweigert werden, weil Sein Leben ist.

Auf der anderen Seite gibt doch jeder von uns sein Bestes, selbst wenn es nicht so zu sein scheint, denn jeder strebt tief in seinem Herzen danach, das Beste von sich selbst zu verwirklichen. Der Sinn liegt in der Suche, und selbst ungewollt ist Transformation glücklicherweise unvermeidbar. Nicht zufällig werden immer wieder folgende Metaphern für die spirituelle Praxis verwendet: Weg, Pfad, Berg, der zu erklimmen ist, Meerestiefe, die es zu erforschen gilt ... Wenn man still ist und aufmerksam zuhört, taucht das Gefühl auf, etwas verloren zu haben, es wiederfinden zu müssen und wiederfinden zu wollen. Die vertikale Ausrichtung, die Verbindung mit der universellen Dimension, ist es, die – auch wenn wir sie verlieren – niemals erlischt und die beständig jene brennende Sehnsucht in uns nährt. Sind wir zu lange im Engstirnigen verwickelt, im Mikrokosmos, in unserem Ich, dann fühlt sich unsere Seele nach einer Weile so, als würde sie ersticken, und sucht nach Wegen ihr Bedürfnis nach Ausdehnung mitzuteilen. Oft drückt sich das als ein Gefühl des Mangels aus, ein zum Teil unverständliches und rätselhaftes Empfinden, das jedoch mächtig genug ist, unsere Aufmerksamkeit auf die Dringlichkeit einer Antwort und einer Veränderung zu lenken, auf die Notwendigkeit eines vollständigeren Verstehens. In uns existiert ein tiefes Bedürfnis nach einem andersgearteten Wissen und in dem Versuch, diesem Bedürfnis zu entsprechen, schauen wir oft zu weit; wir ordnen das Unbekannte als nicht zu uns gehörend ein und sind überrascht und können es kaum glauben, wenn wir letzten Endes entdecken, dass das Mysterium in Wirklichkeit viel näher liegt, als wir dachten, und dass primär wir selbst die großen Unbekannten sind. Von hier müssen wir ausgehen.

Einmal sagte Pak Arymurthy zu mir:»Nur ein Herz, das sich dem Unbekannten öffnet und sich verfügbar macht, ist für Meditation bereit.« Das erfordert wiederum ein Eingestehen unserer Unwissenheit. Kürzlich, als ich mir darüber Sorgen machte, wie ich mich in einer heiklen Angelegenheit entscheiden sollte, sagte Pak Wondo:»Warum ›fragst‹ du nicht? Wie kommt es, dass du es immer noch vergisst? Nur wenn du dich Gott gegenüber zu deiner Unwissenheit bekennst, wirst du in der Lage sein, das, was du nicht weißt, und das, was du wissen solltest, zu empfangen.«

In dem Moment, in dem wir unsere Unwissenheit anerkennen, tritt unser Ego beiseite und wir sind für das Wissen bereit. Da wir uns jedoch nicht vollkommen unwissend fühlen (und es in gewissem Sinne auch nicht sind), ist es wichtig zu verstehen, um was für ein Wissen es sich dabei handelt. Wenn es wahr ist, dass unser Leben nach einer Verwirklichung strebt, die über die menschlichen Grenzen hinausgeht, dann können wir sagen, dass das Wissen, von dem die Mystiker sprechen, das Wissen vom Göttlichen ist. Doch Vorsicht, die Verwirklichung dieses Wissens kann uns, statt uns zu erleuchten, schließlich auch weiter von uns selbst entfernen, und ›göttlich‹ kann zum Gegensatz von ›menschlich‹ werden, was uns von Neuem auf den Weg der Trennung führen würde.

Wir leben und mit diesem Leben müssen wir uns beschäftigen, um zu entdecken, wer wir sind und was wir hier tun. Das ist die hauptsächliche Aufgabe, die uns anvertraut wurde.

In epischen Gedichten sowie in Märchen und Fabeln kommt es oft vor, dass sich der Held auf die Suche nach etwas Kostbarem, Seltenem und Verborgenem begibt und schließlich etwas anderes findet. Wie Bhima, der auf dem Grunde des Ozeans nicht das heiß ersehnte *amerta*, das Unsterblichkeits- und Vollkommenheitselixier, findet, sondern eine Gottheit, die nichts anderes als eine Wiedergabe seiner selbst ist.

Von sich selbst auszugehen oder bei sich selbst anzukommen sind jedoch zwei verschiedene Dinge. Es ist eine Sache, der Katze des Nachbarn jeden Morgen, während man sie streichelt und die Zeitung vor der Tür aufhebt, in die Augen zu sehen, aber eine ganz andere, eines Tages in diesen Augen die Wahrheit der Nicht-Dualität zu entdecken. Es ist dieselbe Katze, es sind dieselben Augen, es ist derselbe Nachbar, aber ein anderes Betrachten und somit letztendlich ein anderes Sehen. Nicht dadurch, dass Bhima in den Spiegel schaut, trifft er auf die Wiedergabe seiner selbst, sondern in den Tiefen des Ozeans am anderen Ende der Welt.

Das bedeutet nicht, dass wir immer weggehen und in ein entferntes Land aufbrechen sollten, sondern dass es notwendig ist, wenigstens ab und zu den gewohnten Weg aufzugeben und ausgiebig unser Inneres zu bereisen: Darum geht es. In Erwägung zu ziehen, dass es sich hierbei um eine harte Arbeit handelt, bereitet den Boden dafür, Vereinfachungen und Banalisierungen zu vermeiden, und stellt die weit verbreitete Ansicht, die Arbeit an sich selbst sei im Grunde genommen ein narzisstischer und subtil egoistischer Vorgang, in Frage. Wenn es stimmt, dass wir uns vor der Tendenz, sich im eigenen privaten Universum einzuschließen und den eigenen Traum zu träumen, hüten sollten, so ist es ebenso wahr, dass wir nur mit uns selbst beginnen können, denn das ist die erste Wirklichkeit: Wir sind. Damit die innere Suche nicht dem Risiko des Narzissmus zum Opfer fällt, ist es wohl am Besten, sie in den Dienst der Welt zu stellen: Wenn man sie, wie *Sumarah* nahelegt, als *panembah* (Akt der Hingabe) und *leladi* (Dienen) anbietet, dann übertrifft unsere Arbeit dadurch, dass sie ihre Fesseln und Grenzen sprengt, sich selbst.

Als ich zum ersten Mal zu Pak Arymurthy ging, um ihn um Rat zu fragen, wie ich dieses Buch schreiben solle, sagte er mir – wie ich bereits erwähnt habe – ohne auch nur einen Augenblick lang zu zögern:»Gehe davon aus, dass jeder Mensch danach strebt frei zu sein.« Dann fuhr er fort:»Die Freiheit ist das Recht und zugleich die Verpflichtung, sich vollkommen bewusst der Existenz zu erfreuen. Die spirituelle Freiheit ist auch die Freiheit von Körper und Verstand, aber nicht immer und nicht notwendigerweise geht sie damit einher. Sie ist nur dann wahrhaftig, wenn sie darauf ausgerichtet ist, das vollständige Selbst zu erlangen und zu erkennen. Wir müssen lernen, uns selbst voll und ganz kennen zu lernen, unser Leben auf umfassende Art und Weise zu leben. Das partielle Ich ist Quelle des Leidens, weil es dadurch, dass es seine Wahrheit auf Trennung aufbaut, in uns wie auch zwischen uns und den anderen Unterschiede und Gegensätze erzeugt. Es stützt sich auf die Form, und solange wir von der Form abhängig sind und uns an sie klammern, werden wir wegen allem Möglichen Kämpfe austragen, sogar deshalb, welcher Gott nun der Beste und Richtigste ist. Spirituelle Freiheit bedeutet Freiheit von der Form, weil sie sich an das Sein in seinem Wesenskern richtet. Frei von Wünschen, Gedanken, Freude und Leid zu sein, bedeutet nicht, sie ausgeschaltet zu haben, sondern lediglich, von ihnen nicht überwältigt zu werden, sie zu kennen und sie für uns und andere in Harmonie mit dem Willen des universellen Gesetzes zum Wohle aller zu nutzen zu wissen.«

Zwischen spiritueller Freiheit und Ganzheit besteht also eine sehr enge Verbindung. Die innere Arbeit, die über die Form hinausgeht, wendet sich der Einheit und Vollständigkeit zu und führt in diesem Sinne zur Freiheit. Die verwirklichte Freiheit ist Befreiung. Dennoch hat *Sumarah,* wie bereits an anderen Stellen erwähnt, die Augen nicht nach oben zu diesem Ziel hin gerichtet, sondern schaut nach unten und nach innen. Für *Sumarah* ist die innere Arbeit nicht nur Meditation, sondern auch Innenschau. Von sich selbst auszugehen und bei sich selbst anzukommen, nachdem man den ganzen Weg durchlaufen hat, das ist es, was *Sumarah* mit Kontemplation bezeichnet. Innenschau ist die Suche, und Kontemplation ist das Verweilen in verwunderter Stille, um das Mysterium zu schauen. Aber nicht nur das.

Sumarah zufolge schwingt in der Kontemplation auch eine stark transformierende und kreative Kraft mit, die für den Prozess des mystischen Wissens und für unser spirituelles Wachstum unerlässlich ist. Kontemplation bedeutet, all unsere Fähigkeiten gleichzeitig zu verwenden: das heißt mit einem Verstand zu denken, der mit dem Herzen verbunden ist, und auf die Botschaften unseres physischen, emotionalen und mentalen Seins zu lauschen. Durch diese allumfassende Eigenschaft wird Kontemplation zu einer Brücke zwischen der ›speziellen‹ und der ›alltäglichen‹ Meditation und ist somit ein wesentlicher Aspekt der *Sumarah*-Praxis.

Kontemplieren kommt von dem lateinischen Verb *contemplare,* das sich aus *templum* (himmlischer Raum) und *con* (das italienische Wort für ›mit‹ – *Anm. d. Übers.)* zusammensetzt; es bedeutet also ›innerhalb des himmlischen Tempels‹ (beobachten).[12] ›Tempio‹ (das italienische Wort für ›Tempel‹ – *Anm. d. Übers.),* der abgegrenzte Raum des Orakels, in dem es seine Beobachtungen macht, wird seinerseits von der Wurzel *tem, tagliare* (das italienische Wort für ›schneiden, abgrenzen‹ – *Anm. d. Übers.)* abgeleitet. Folglich ist Kontemplation die Gedankenbewegung, die das Menschliche mit dem Göttlichen verbindet – allerdings innerhalb des heiligen Ortes, im abgegrenzten Raum des Tempels. Kontemplation bedeutet also das Denken in den Dienst des Göttlichen zu stellen.

Zeit für Kontemplation ist in der *Sumarah*-Praxis von großer Bedeutung, sowohl als Methode, um Entscheidungen zu treffen, als auch als Form der inneren Arbeit. Pak Arymurthy unterscheidet weiterhin zwischen Innenschau *(introspeksi)* und Selbstprüfung *(mawas diri),* indem er erstere als Form der Kontemplation im Voraus betrachtet, zum Beispiel

12| (Übersetzung des Zitates aus folgendem Werk – *Anm. d. Übers.:)* G. Devoto, *Avviamento alla etimologia italiana,* Mondadori, 1979.

bevor man eine Entscheidung trifft, und letztere als eine Form der Kontemplation im Nachhinein, wenn man darüber nachdenkt, was man gemacht oder gesagt hat. Vor allem aber ist der Unterschied zwischen Kontemplation und Analyse hervorzuheben. In der Kontemplation schweift der Verstand, von *rasa* geführt, auf leichte Weise umher, bis er auf einen Gedanken stößt, auf den das gesamte Sein (Körper, Herz und Verstand) positiv antwortet und der irgendwie als stimmig wahrgenommen wird. Anders als die Analyse führt die Kontemplation gewöhnlich zu keiner spezifischen Schlussfolgerung, sondern hat die Funktion, uns an unsere Wahrheit heranzuführen und uns für die Stimme des inneren Lehrers zu öffnen. Über ein Ereignis, eine Entscheidung oder ein Gefühl, das wir empfinden, zu kontemplieren bedeutet von ihm Abstand zu nehmen und sich gleichzeitig hineinzubegeben, sich nicht auf das Problem zu konzentrieren, sondern es aus einer umfangreicheren Perspektive zu betrachten und zuzulassen, dass es uns durchdringt, bis wir es beim Namen nennen können, bis wir seinen Geruch riechen oder seinen Geschmack schmecken. Bei der Kontemplation gehen wir nicht auf die Sache zu, sondern lassen zu, dass sie zu uns kommt, dass sie sich uns in ihrer Eigenart präsentiert und uns das sagt, was sie uns zu sagen hat. Anders als bei der Analyse gibt es bei der Kontemplation keine Anstrengung. Kontemplation ist niemals ermüdend, das Verständnis, das daraus hervorgeht, ist intuitiv und spontan.

In der *Sumarah*-Praxis gilt es als grundlegend, der Kontemplation Zeit zu widmen und das innere Zwiegespräch zu üben. Dadurch wird es möglich, uns selbst besser kennen zu lernen, die Sprache des Gefühls *(bahasa rasa)* zu verfeinern und so zu lernen, mit unseren am meisten vernachlässigten Teilen zu kommunizieren und die entferntesten Stimmen zu hören. Auf diese Weise arbeiten wir auf die Ganzheit unseres Seins hin – manchmal merken wir es und manchmal nicht –, tauchen ein in die Welle jener Sehnsucht nach dem Einssein, die, haben wir sie erst einmal wahrgenommen, unser ganzes Leben lang Richtlinie bleiben wird, die uns inspiriert.

Die Praxis der Kontemplation und die Praxis der Meditation sind offensichtlich miteinander eng verbunden und existieren in Abhängigkeit voneinander. Unser Sein braucht die Kommunikation genauso wie die Einsamkeit; es kann nicht sein, ohne sich auszudrücken, aber es hat auch das tiefe Bedürfnis nach Stille. So wie die Kontemplation uns dient, um uns besser kennen zu lernen und bei dem anzukommen, was hinter den Erscheinungen liegt, hilft uns die Meditation, mit dem zu sein, was ist. Während unser Ego im ersten Fall zumindest teilweise beteiligt und aktiv ist und sich somit aufgrund der Schlussfolgerungen, zu denen wir gelangen, vielleicht noch ein wenig herauskehren kann, sind die mit der Meditation einhergehenden Veränderungen immer Wunder, an denen unser Ich keinerlei Anteil hat. Die offensichtlichsten Beispiele dafür sind Heilungen.

Wie anfangs gesagt, bedeutet ›meditieren‹ etymologisch gesehen ›reflektieren, um zu heilen‹. Die dynamische und transformierende Eigenschaft der Meditation sowie ihr heilender Effekt sind absolut erstaunlich. Auch wenn sie keine Aktivität, sondern eher einen Seinszustand darstellt, führt Meditation doch oftmals zu Veränderungen und oft bewirkt sie buchstäblich Wunder. In den letzten Jahren hat Pak Wondo betont, dass es wichtig sei, Meditation zu heilenden Zwecken zu verwenden. Tatsächlich wurden viele Leute geheilt, dadurch, dass sie das Wasser, das zu den Meditationen mitgebracht worden war, getrunken haben.

Eines Abends zu Beginn einer Meditationssitzung sprach Pak Wondo darüber, wie wichtig es sei, die Fähigkeit zu entwickeln, sich ohne Hilfe eines Arztes zu heilen, vor allem jetzt, wo Krankheiten immer zahlreicher und seltsamer und Medikamente immer teurer werden. Dann wandte er sich unerwartet an mich und sagte:»Das gilt auch für dich, Laura, auch für den Westen. Wenn du Seminare abhältst, so verwende auch du das Wasser für die Heilung derjenigen, die es brauchen.« Ich persönlich hatte zu diesem Thema immer irgendwelche Widerstände, weil es mir schien, dass diese Heilungswunder eher die Gefahr der Faszination an der Macht der Magie nähren als die Leidenschaft für die Arbeit an der Bewusstwerdung. Vor allem fühlte ich, dass sich mein Widerstand, wenn ich als Kanal zur Heilung dienen sollte, sehr wahrscheinlich in pure Verweigerung verwandeln würde. Aufgrund meiner Vorbehalte hatte ich Pak Wondo in diesem Zusammenhang niemals um Hilfe gebeten ... Der Zufall wollte es jedoch, dass ich an diesem Abend tatsächlich ein wenig krank war. Ich war gerade erst aus Europa zurückgekehrt und litt seit zwei Wochen an einer schmerzhaften Blasenentzündung, die mich sehr störte. Genau in dem Moment, in dem Pak Wondo die Meditation beginnen wollte, höre ich mich ohne nachzudenken sagen:»Also gut, da Ihr dieses Thema auf den Tisch gebracht habt und ich seit mittlerweile vierzehn Tagen eine Blasenentzündung habe, die scheinbar nicht heilen will, bitte ich um die heilende Energie dieser Meditation.« Während ich das sage, öffne ich den kleinen Deckel meines Bechers und stelle ihn vor Pak Wondo, der lächelnd sagt:»In Ordnung, schauen wir mal.« Wir beginnen zu meditieren und innerlich bitte ich darum, gesund zu werden. Gegen Ende der Sitzung entschließe ich mich spontan, mein Wasser zu trinken, tu es dann auch und trinke es restlos aus. Pak Wondo beendet die Meditation und sofort bricht eine Frau, die gewöhnlich sehr still ist, in Tränen aus und beginnt von ihrem Mann zu erzählen, der ›krank vor Angst‹ sei und nachts nicht mehr schlafen könne. Es folgen dann weitere Beiträge und Fragen, bis Pak Wondo sich nach ungefähr einer halben Stunde an mich zu erinnern scheint und mich fragt, wie es mir gehe. Ich merke, dass der für Blasenentzündung typische dumpfe Schmerz und Druck nicht mehr da ist. Ich berichte ihm das, noch ein wenig skeptisch, und füge hinzu, dass ich mich in diesem Moment vielleicht deshalb nicht schlecht fühle, weil ich sehr entspannt bin und dass sie schließlich ja nicht so einfach verschwinden kann. Pak Wondo lächelt. Ich gehe mit einem Gefühl extremer Leichtigkeit nach Hause, als wäre mir buchstäblich ein Gewicht vom Bauch genommen worden; in dieser Nacht schlafe ich sehr tief und am nächsten Morgen merke ich, dass meine Blasenentzündung tatsächlich vollständig geheilt ist.

Einen Tag später erklärte mir Pak Wondo, dass damit ein Beispiel gesetzt worden sei, um meinen schwachen Glauben in die heilende Kraft der Meditation zu stärken und dass ich auf diese Weise vielleicht für den Gedanken, es für mich und die anderen zu verwenden, offener geworden sei.»Mach dir keine Sorgen«, schloss er,»du musst sowieso nichts tun.«

Während in der Kontemplation all unsere Sinne und alle Aspekte unseres Ichs aktiv sind und, geführt von der Intelligenz des Herzens, zusammenarbeiten, erlangt man in der Meditation idealerweise einen Zustand vollkommener Inaktivität und vollkommener Empfänglichkeit, in der wir nicht in den Prozess eingreifen, sondern es zulassen, dass er sich nach seinen eigenen Gesetzmäßigkeiten entwickelt, auch wenn diese unangenehm und für uns unverständlich sind.

In der Kontemplation nehmen wir aktiv am Prozess teil, während in der Meditation ein Akt völligen Vertrauens und vollständigen Loslassens notwendig ist; in diesem Falle würde nämlich jede Form von ›Mitarbeit‹ unsererseits nichts anderes bewirken, als die Entwicklung des Prozesses zu hemmen und das Ausdehnen des Bewusstseins zu behindern. Während wir durch die Kontemplation an unserem Charakter arbeiten und uns darin üben, die Stimme des reinen Herzens *(hati nurani)* zu hören, wird in der Meditation die Arbeit für uns getan und unsere Aufgabe besteht hauptsächlich darin, uns empfänglich zu machen, damit Gnade geschehen kann. Jedes Mal nämlich, wenn wir einen Schritt in unserer Entwicklung nach vorne machen (und auch wenn wir einen zurück machen), handelt es sich letztendlich immer um Gnade.

Meditation und Kontemplation bereichern sich gegenseitig. Der Verstand ist ein fundamentales Werkzeug des Menschen: Er sollte nicht zu hoch, aber auch nicht unterbewertet werden. Führt uns die Praxis der Kontemplation zu einem klareren und aufmerksameren Denken, so kommen wir nur mittels der Meditation – dadurch, dass wir über den Verstand hinausgehen – in Kontakt mit den dunklen Seiten unseres Unbewussten und mit dem klaren Licht des höheren Bewusstseins von *budi*. Die beständige Praxis der Kontemplation bringt Licht und Klarheit in unser Denken, und somit lässt sie dieses nicht nur ganzheitlicher und folgerichtiger werden, sondern nährt auch die Ehrlichkeit. Je mehr wir uns in Kontemplation üben, desto schwieriger wird es, andere und vor allem auch uns selbst zu belügen. Das ist ganz wesentlich, weil Ehrlichkeit in der spirituellen Praxis die vielleicht einzige, wirklich unerlässliche Voraussetzung ist.

Die Javaner haben die Angewohnheit, einen kleinen Spiegel an dem Ort aufzustellen, an dem sie Wertgegenstände aufbewahren. Wenn der potenzielle Dieb sich darin sieht, wird er, ihrer Überzeugung nach, ganz sicher nicht mehr in der Lage sein, den Diebstahl zu begehen. Denn Aufrichtigkeit bedeutet ›sich sehen‹ oder besser ›sich sehen können‹. Kontemplation wirkt wie ein Spiegel. Wieder einmal geht es darum, in Kontakt mit dem wahren Selbst zu sein: Dort ist allein für Wahrheit Platz.

4

Wissen und Bewusstsein

Die fünf Ebenen des Verstehens

> *Maya wird auf dreierlei Art verstanden:*
> *vom Menschen auf der Straße als wirklich, vom Logiker*
> *als unbestimmbar und vom Anhänger der Schrift als nicht existent.*
>
> Vidyaranta

Ein Mann, am Ende seines Lebens stehend, schaut zurück und sich an Gott wendend sagt er: »Herr, ich bin am Ende meines Weges angelangt. Ich habe die Kraft gehabt, alle Schwierigkeiten durchzustehen und mich an den Gaben zu erfreuen, die ich bekommen habe, denn ich war mir gewiss, dass du immer bei mir bist, in jedem Moment. Ich betrachte die Spuren, die ich auf meinem Weg hinterlassen habe, und sehe daneben die deinen. Wenn ich jedoch genau hinsehe, Herr, so sehe ich an einigen Stellen die Fußstapfen von nur einem und ich erinnere mich, dass dies die schwierigsten Augenblicke in meinem Leben gewesen sind, die, in denen mein Leid unerträglich war … jetzt muss ich feststellen, dass du mich in diesen Augenblicken allein gelassen hast.« Worauf Gott, der Herr, antwortet: »Mein Sohn, wenn du stellenweise nur von einem die Fußspuren siehst, dann deshalb, weil ich dich in diesen Momenten auf meinen Schultern getragen habe.«

Diese kleine Geschichte erinnert mich immer wieder daran, wie unterschiedlich man dieselbe Tatsache auslegen kann und dass die Ebenen des Verstehens doch wirklich unendlich sind.

Gewöhnlich versteht man unter Wissen all die Informationen, die sich unser Gehirn vom Augenblick der Geburt an angeeignet hat. Das Wissen wächst mit den Jahren, durch Erfahrungen, durch Lesen und Studieren und im Allgemeinen durch eine offene und empfängliche Haltung dem Leben gegenüber. So lernt man in einem Leben sehr viele Dinge, die man ursprünglich nicht kannte.

Das spirituelle Wissen hingegen unterscheidet sich vom Wissen im üblichen Sinne vor allem dadurch, dass es das Wissen von etwas ist, das wir bereits wissen, eine Wiederentdeckung also von etwas, das unser Wesen schon kennt, aber vergessen hat.

In der modernen westlichen Gesellschaft sind Studium und Forschung immer mehr aufgegliedert und verlieren, da sie sich mit dem Ziel genaueren Wissens mehr auf Details konzentrieren, letztendlich die umfassende Sicht. Naturwissenschaften, Religion, Ethik, Geschichte und Philosophie sind zunehmend voneinander getrennte Spezialgebiete geworden, und auch das Individuum entwickelt sich immer mehr zu einem ›partiellen‹ Selbst, das seine Möglichkeiten und sein Leben nur zum Teil lebt.

Demgegenüber zeichnet sich das mystische Wissen stets durch seinen allumfassenden und vereinenden Charakter aus. *Sumarah* zufolge kann es deshalb nicht partiell sein, weil es unmöglich ist, bei der Wahrheit anzukommen, solange nicht das ganze Wesen einbezogen wird. Damit ist weniger gemeint, dass man sich nicht auf einen bestimmten Aspekt fokussieren kann, sondern vielmehr, dass derjenige, der nach Wissen sucht, bewusst am Prozess teilnehmen muss. Da sich bei der spirituellen Suche Subjekt und Objekt decken, ist eine Abgrenzung zwischen beiden nicht möglich, und eigentlich kann man auch nicht von einem Wissensobjekt sprechen; die allumfassende Eigenschaft des Prozesses mystischen Wissens führt nämlich dazu, dass derjenige, der etwas erkennt oder versteht, dabei zugleich den Prozess des Verstehens selbst entdeckt. Auf dem spirituellen Weg ist Verstehen stets mit Gewahrsein *(kesadaran)* verbunden. In *Sumarah* wird auf die Bedeutung dieser Verbindung immer wieder aufmerksam gemacht. *Kesadaran* ist Gegenwärtigkeit, erwachtes Bewusstsein, ist das nicht verstandesbezogene Wissen, das wir erlangen können, wenn wir uns in Kontakt mit der Ganzheit unseres Wesens befinden. *Kesadaran* geht über die Fähigkeiten des Ichs hinaus, es ist Gewahrsein der wechselseitigen Abhängigkeit zwischen dem Ganzen und den Teilen und ist in diesem Sinne grundlegend im Prozess des spirituellen Wachstums.

»In der Antike«, erklärt Pak Arymurthy, »waren die Propheten die Bewahrer der Wahrheit und des letztendlichen Wissens. Sie kamen auf die Welt, um dieses zu verbreiten und bewahrten die heiligen Bücher für die Nachwelt auf. Heute ist das nicht mehr so. Heute müssen wir selbst daran arbeiten, die Wahrheit zu ergründen, die jedoch nur über dieselbe Art vertikaler Verbindung erreicht werden kann, die die Propheten verkörperten. Heute reicht es nicht mehr aus, an Gott zu glauben, heute müssen wir ihn kennen lernen. Deshalb sind Reinigung und Klärung so wichtig. Erst dann sind wir dazu in der Lage zu begreifen, wer wir wirklich sind.«

Da wir uns in einem Zustand befinden, in dem die verschiedenen Bereiche unseres Wesens getrennt voneinander sind, müssen wir gerade von dem Teil ausgehen, der am einfachsten zu berühren ist, unserem Körper nämlich, um zum Ganzen zurückzukehren. Obwohl die Identifikation mit unserem physischen Körper das Haupthindernis für das vollständige Verstehen unserer Ganzheit ist, ist das Bild hier am klarsten, und hier müssen wir beginnen, mit Demut und mit Geduld. Hier müssen wir mit dem Heilen beginnen, bevor wir uns aufmachen und erstaunt und verwundert die Wahrheit über uns selbst entdecken können. Wie die Hauptperson eines Romans von Pirsig, die sich ihr ganzes Leben lang auf einem Seil im Gleichgewicht gehalten hatte, bis sie eines Tages »… fiel und entdeckte, dass sie nicht auf der Erde zerschmetterte, sondern fliegen konnte, dass sie diese wundersame und unvermutete Gabe besaß.«[1]

Die Arbeit der Ent-Identifizierung kann aber nur schrittweise erfolgen und wirkliche Transformation ist immer langwierig. Auch die offensichtlich plötzlichen und radikalen Veränderungen sind durch einen Prozess vorbereitet, dessen Entwicklung und Dauer uns gewissermaßen völlig entgehen. Selbst wenn die kostbarsten Gaben fast immer unerwartet eintreten, heisst das nicht, dass sie nicht (auch) die Frucht unserer

1| (Übersetzung des Zitates aus folgendem Werk – Anm. d. Übers.:) Pirsig, Lila, Adelphi, Mailand 1992.

Arbeit sind, es bedeutet aber vor allem auch, dass wir erst dann, wenn wir nicht zu sehr fokussiert und konzentriert sind, zu dem gelangen, was wir anstreben. Wie viel des Weges wir dann noch zurücklegen müssen, bleibt ein Geheimnis, und es zu lüften ist uns nicht gegeben. Aber kommen wir auf das Thema ›Wissen‹ zurück.

Sumarah zufolge durchläuft der Prozess, in dem wir Wissen erlangen, fünf Stadien des Verstehens. Jedes Stadium unterscheidet sich von den anderen durch sein Ausmaß an Tiefe und seinen umfassenden Charakter wie auch dadurch, dass für die Weiterentwicklung von Stadium zu Stadium ein jeweils unterschiedlicher Aspekt unserer Verständnismöglichkeit zum Tragen kommt. Jede dieser fünf Ebenen werden mit einem anderen Wort bezeichnet, das, obwohl mit unterschiedlicher Nuance, doch immer den Vorgang des Verstehens beschreibt.

Angenommen wir befänden uns in einer Situation, die wir nicht kennen oder die einfach anders ist als die, die wir erwartet haben, und die uns deshalb überrascht. Nehmen wir den Fall, in dem sich ein Freund unerwartet verhält, zum Beispiel ist er plötzlich wütend auf uns oder wird aggressiv. Unser Verstehen des Vorfalls kann sich, der Terminologie von *Sumarah* folgend, auf fünf verschiedenen Ebenen abspielen.

Das erste Stadium wird *mudheng* genannt und ist das Verstehen ohne Anstrengung, das Verstehen dessen, was unmittelbar ersichtlich ist. *Mudheng* ist ein Vorgang des logisch-rationalen Denkvermögens, der keine weiteren Daten in Erwägung zu ziehen braucht: Er ist im Allgemeinen ziemlich schlicht. In diesem Beispiel – wenn unser Freund an einem bestimmten Punkt der Diskussion ein Glas nimmt und es zu Boden wirft, dies in tausend Stücke zerspringt und er uns dabei beleidigt – können wir nichts anderes tun, als *mudheng* (kapieren), dass er sehr wütend auf uns ist.

Die zweite Ebene des Verstehens wird *mangerti* genannt. Dabei handelt es sich auch um ein verstandesmäßiges Erfassen, aber – anders als *mudheng* – erfordert es eine gewisse analytische Anstrengung und Auswertung. Im Unterschied zu *mudheng*, das unmittelbar erfolgt, kann *mangerti* eine gewisse Zeit benötigen; während auf der Ebene des *mudheng* das Verstehen üblicherweise nicht über das Offensichtliche hinausgeht, entfaltet *mangerti* sich in einem Prozess, der im Allgemeinen zu Schlussfolgerungen und Urteilen führt. In dem Fall verwendet *mangerti*, das aus unserem Willen zu verstehen und unserer Fähigkeit zu verstehen hervorgeht, auch die Daten und Informationen, die sich außerhalb von uns befinden. Verstehen zu wollen ist in *mangerti* unerlässlich. In unserem Fall bedeutet das zum Beispiel, zu verstehen, warum unser Freund so erzürnt ist, es bedeutet, seine Motivationen und seinen emotionalen Prozess zu begreifen *(mangerti)*. Obgleich *mangerti* schon komplexer ist als *mudheng*, ist es noch partiell und sehr subjektiv in dem Sinne, dass wir hier nur das verstehen, was wir verstehen wollen.

Das dritte Stadium ist *ngakoni*. Mit *ngakoni* begeben wir uns von der rein mentalen Ebene auf die Ebene von *rasa*. *Ngakoni* beinhaltet die Bedeutung, die dem Eingestehen zukommt, und erfordert somit ein gewisses Maß an persönlichem Risiko. Hier verstehen wir nicht nur das, was wir verstehen wollen, sondern beginnen, das zu verstehen, was es zu verstehen gibt, unabhängig davon, dass es auch die Dinge ans Licht bringen könnte, die wir lieber im Dunkeln halten würden. Die rationale Analyse reicht, so viel ist klar, auf dieser Ebene nicht mehr aus, im Gegenteil, manchmal kann sie sogar zu einem wahren Hindernis werden. Je mehr wir nämlich zur analytischen Datenverarbeitung des *mangerti* fähig sind, desto mehr entfernen wir uns in gewissem Sinne von der Möglichkeit des *ngakoni*, denn oftmals verwenden wir unser analytisches Verständnis nicht als ein Werkzeug, um uns der Wahrheit zu nähern, sondern setzen es als Verteidigungswaffe ein. Wir kennen vermutlich alle die Frustration, in eine Diskussion verwickelt zu sein, in der wir es nicht schaffen, uns einem Gesprächspartner verständlich zu machen, der darauf besteht, die Angelegenheit nur rational zu behandeln und der auf mehr oder minder geschickte Art und Weise alle anderen möglichen Dimensionen der Kommunikation und des Verstehens umgeht. *Ngakoni* ist ein Verstehen, in dem man all das zugibt, was es zuzugeben gibt, auch das, was man noch nicht zu begreifen *(mangerti)* vermag. Aus diesem Grunde kann *ngakoni* manchmal im Prozess des Verstehens oder der erhofften Lösung wie ein Schritt rückwärts erscheinen. In Wirklichkeit ist es ein Schritt, der notwendig ist, damit sich unser Gewahrsein erweitern kann, damit die Verbindung zwischen der Wirklichkeit des Subjektes, das verstehen will, und der Wirklichkeit des Objektes, das es zu verstehen gilt, hergestellt werden kann. *Ngakoni* ist eine erste Umarmung zwischen uns und dem anderen. In der Regel führt dies nicht zu irgendeiner Form der

Schlussfolgerung oder Bewertung, da diese Ebene dem Zweifel, der Meinungsänderung und der Kontemplation gegenüber am weitesten offen ist. Während es Zeit braucht, um bei *mangerti* anzukommen, vollzieht sich der Moment des *ngakoni* für sich genommen ebenso unmittelbar wie der des *mudheng*. *Mudheng* ist unmittelbares und spontanes Verstehen des Verstandes, *ngakoni* unmittelbares und spontanes Verstehen des Herzens. Während *mudheng* mit dem Offensichtlichen beschäftigt ist, geht *ngakoni* darüber hinaus, und dadurch, dass es zugibt, wie die Dinge stehen, lässt es uns in der Annäherung an die Wahrheit einen Schritt nach vorn machen. Im Beispiel unseres Freundes, der wütend auf uns ist, werden wir in *ngakoni* auch das sagen, verstehen und zugeben, was uns an seiner Wut in Unbehagen versetzt: zum Beispiel, dass wir möglicherweise sein Verhalten, das uns verletzt hat und das wir so kritisieren, mitzuverantworten haben. Während wir in *mangerti* die wesentlichen Ursachen und Gründe für einen bestimmten Vorfall begreifen, kommen wir in *ngakoni* mit den Wurzeln in Berührung, und die Verzweigungen und die Komplexität offenbaren sich. Gerade wegen seines ›Bekenntnis‹-Charakters liegt in dieser Art von Verstehen ein starkes transformierendes Potenzial: Dadurch, dass das Empfinden von Feindseligkeit und Konfrontation überwunden wird, hat dieses aufrichtige und völlige Anerkennen nämlich eine immens therapeutische Kraft und ist oft schon in sich ausreichend, um einen Konflikt zu lösen.

Die vierte Ebene ist die des *ngrumangsani*. Es ähnelt *ngakoni*, was den Aspekt des ›Bekenntnisses‹ und der Annäherung von Subjekt und Objekt anbelangt, stellt aber einen weiteren Schritt hin zur Transparenz des reinen Herzens *(hati nurani)* dar. Wenn wir in *ngakoni* mit dem *rasa* zu denken beginnen, dabei aber noch die rationale Analyse heranziehen, so geben wir uns in *ngrumangsani* der Wahrheit des Herzens ohne jegliche analytische Anstrengung hin. Während es in *ngakoni* noch innere Auseinandersetzung und Raum für Zweifel und Meinungsänderung gibt, sind wir mit *ngrumangsani* sozusagen ›angekommen‹. Wenn man *ngrumangsani* erreicht, sei es fast immer unvermeidbar, dass man weint, sagt Pak Wondo. Auch meiner Erfahrung nach ist das so; dabei handelt es sich um ein Weinen der Erleichterung, weil sich der Knoten gelöst hat, um Tränen der Rührung aufgrund unserer Entdeckung, aufgrund dessen, dass wir endlich wirklich verstanden haben. Und die Wahrheit ist immer wundersam. Sie ist göttlich. In *ngrumangsani* bekommen wir einen Vorgeschmack von dem Frieden und der Freude, die auf die offenbarte Wahrheit folgen. Hier sind wir in der Lage, über das Ego hinauszugehen, das sich in *mangerti* noch verteidigt und in *ngakoni* noch ringt und ein wenig zaudert. In *ngrumangsani* gibt es weder Stolz noch Scham. Hier entspannen wir uns endlich und da nun ein gebührender Abstand zu unserem Ich besteht, können wir uns dem anderen ungezwungen nähern und uns mit ihm vereinen.

Kommen wir auf unseren zornigen Freund zurück, so wird an dieser Stelle unser Verständnis ein solches Maß an Solidarität und Liebe beinhalten, dass seine Wut sich auflöst. Der andere fühlt, dass wir wirklich verstanden haben, dass unser Verständnis wirklich echt ist. Mit der für *ngrumangsani* typischen tiefgehenden Fähigkeit des Fühlens und mit zunehmender Desidentifikation vom Ich wird schließlich Veränderung möglich. Indem wir von unserem Ich *(aku)* Abstand nehmen, entfernen wir uns vom partiellen Selbst und nähern uns dem vollständigen Selbst an. Diese grundsätzliche, innere Veränderung ist es, die im geeigneten Moment zur Veränderung im außen führen wird. *Ngrumangsani* geht über das simple Verstehen hinaus, kommuniziert Liebe und ist immer eine verwandelnde Erfahrung: von uns selbst oder von der Situation und den darin beteiligten Personen oder von beidem.

Die fünfte und letzte Ebene ist die Ebene des *nglengganani*. In diesem Zustand sind weder *pikir* noch *rasa,* weder Verstand noch Herz, weiter verwickelt. *Nglengganani* ist keine Tätigkeit mehr, sondern ein Zustand, eine Seinsweise. Angekommen in der vereinigenden Transformation ruhen wir hier endlich im vollständigen Verstehen. In *nglengganani* gibt es keine Emotionalität mehr, sondern nur noch völlige Verfügbarkeit im Geschehen, wissend, dass der Prozess seinen Verlauf nehmen wird. Das Verstehen, das zur Vollendung gekommen ist, benötigt nicht mehr viele Worte oder viele Erklärungen. Haben wir diese Art von Wissen erst einmal erreicht, drückt es sich schlichtweg beispielgebend aus. Die Person, die eine Gegebenheit, ein Geschehen, einen anderen Menschen, eine Tatsache oder ein Problem auf der Ebene von *nglengganani* verstanden hat, wird von ihrem Verstehen auch selbst transformiert: Ihre Handlungen sind neu, ihre Worte sind anders und die äußere Wirklichkeit, die sich demgemäß ändert, zeugt davon.

Natürlich ist dies nur Theorie, und bevor der Prozess des Wissens überhaupt seinen Anfang nehmen kann, müssen wir mittels der Praxis der Kontemplation und der Meditation uns selbst kennen und akzeptieren und die geschickten Manöver unseres Egos und seine vielfältigen Formen, sich durchzusetzen und sich zu verstecken, verstehen lernen. Pak Arymurthy sagte einmal zu mir:»Das, was eine Person wirklich wissen sollte und was sicherlich etwas anderes ist, als das, was sie wissen will und was ihre Neugier befriedigt, kann sie nur mit ihrem vollständigen Selbst durch Meditation erlernen.« Durch die Praxis entledigen wir uns schrittweise aller Maskeraden, nehmen das Blendwerk und die Federn ab, mit denen wir uns täglich schmücken, bis wir die strahlende Nacktheit unserer wahren Identität erreichen.

Wie Sri Ramana Maharshi zu sagen pflegte:»So wie du bist, so ist die Welt.«

Eling: Wissen als Erinnern

> Wirf all die Gedanken über die unwirklichen Dinge weg
> und weile still in dem, was du bist.
>
> Kabir

Seit Ram Dass zu Beginn der siebziger Jahre *Be Here Now* herausbrachte, ist die Philosophie des ›Hier-und-Jetzt‹-Seins Grundlage all der Bewegungen geworden, die mit der Entwicklung des Bewusstseins zu tun haben und die sich seitdem im Westen verbreitet haben. Diese Philosophie geht davon aus, dass eine wahrhaftige Erfahrung der Ewigkeit nicht möglich ist, solange man noch an Vergangenheit und Zukunft gebunden ist. Anders ausgedrückt, das Wissen muss, damit es vollständig ist, allumfassend sein – sowohl in dem Sinne, dass es das ganze Sein berührt (wie es in *nglengganani* erfolgt), als auch, dass es über die Vorstellung einander getrennter Zeiten (Vergangenheit, Gegenwart, Zukunft) hinausgeht: Die ununterschiedene Zeit ist nämlich der erste Schritt in Richtung Ewigkeit.

Wie wir gesehen haben, erfordert diese Art des umfassenden Wissens nicht so sehr ein Glaubens-, sondern eher ein Unwissenheitsbekenntnis, und es ist deutlich geworden, dass es wichtig ist, sich in einen Zustand vollständigen Nichtwissens zu begeben, indem man auch das, was man kennt oder zu wissen glaubt, vergisst.

Pak Wondo sagt:»Es ist wichtig, Gegenwärtigkeit zu praktizieren, denn allein die Gegenwart ist. Die Vergangenheit hat ihre Gegenwart gehabt, die Gegenwart ist gegenwärtig und in der Zukunft wird es eine Gegenwart geben.« Die Gegenwart ist das Element, das jederzeit präsent ist. Nur die Gegenwart ist ewig. Schließlich ist die Gegenwart immer ein Geschenk, ein ›Präsent‹ eben, und sollte als solches empfangen werden.

Die Arbeit, die eigenen Schatten der Vergangenheit (und der Zukunft) zu klären, ermöglicht jenes Freisein von Konzepten, Meinungen und Erwartungen, jenes Nichtwissen, das uns hilft, zur ursprünglichen Unschuld zurückzukehren. Oft ist man von der fast kindlichen Einfachheit großer Seelen überrascht, zu denen zum Beispiel der Dalai Lama, Poonjaji, Thich Nhat Hanh und andere Meister und spirituelle Führer gehören; von der Reinheit ihres Geistes geht eine Heiterkeit und Transparenz aus, die uns fasziniert und anrührt. Natürlich ist die wiedererworbene Unschuld eine ganz andere als die ursprünglich kindliche. Während letztere mit einem Zustand der Verletzlichkeit und Abhängigkeit verbunden ist, wird die Unschuld der Heiligen und der großen Seelen immer von einer tiefen Kraft begleitet. Wie eine indische Heilige zu sagen pflegte:»Man muss hart arbeiten, um ungezwungen zu sein.« Die Haltung aufrichtigen Staunens und Wunderns, die diese Männer und Frauen anderen gegenüber einnehmen, macht es ihnen möglich, die Wirklichkeit zu sehen, sich auf die Bedürfnisse der Welt einzustimmen und darauf antworten zu können.

Bei der Begegnung mit Claude Thomas, einem Veteran des Vietnamkrieges, von dem ich bereits gesprochen habe, war ich neben anderem sehr von der Einfachheit seiner Worte und der überraschenden Unschuld seines Blickes berührt. Ich erinnere mich, wie ich – immer noch voll Bewunderung und Rührung – am Ende der Veranstaltung auf eine Freundin wartete und dabei auf dem Pflaster vor der Kirche auf und ab lief, ohne auch nur im Geringsten die Kälte dieser winterlichen Nacht zu spüren. Als Claude herauskam, grüßte er mich wie eine altvertraute, ihm nahestehende Bekannte und dankte mir dafür, dass ich gekommen war. Er fragte mich dann nach meinem Namen und fügte hinzu, dass er hoffe, mich wiederzusehen. Das war alles, wenige und ganz einfache Worte. Wenn man sie so wiedergibt, können sie fast banal erscheinen. Ich jedoch, die ich normalerweise nicht schüchtern bin, blieb stumm, und obwohl ich den Wunsch verspürte, ihm mitzuteilen, wie sehr mich seine Worte berührt hatten, gelang es mir lediglich meinen Namen zu murmeln. Warum? Auch Claude Thomas, denke ich, ist eine große Seele, und das echte Interesse und die tiefe Liebe, die ich von seinem Herzen zu mir hinfließen fühlte, haben mir buchstäblich die Sprache verschlagen. In Wirklichkeit war es wahrscheinlich gar nicht nötig, etwas zu sagen oder zu fragen. Seine Haltung voller Achtung und Interesse reichte bereits aus, hatte bereits ausgereicht, hatte schon die Heilung in Bewegung gesetzt, derer ich bedurfte, was immer es gewesen sein mag, ohne dass ich oder er noch irgendetwas sagen mussten. Das Zuhören allein hatte gereicht: wirklich, gänzlich, vollständig und absolut. Die heilsame Wirkung dieser Erfahrung spürte ich noch eine ganze Woche lang.

Zur ursprünglichen Reinheit zurückzukehren lässt sich nicht in einem einzigen Leben verwirklichen. Man sagt, dass Buddha sechshundert Leben gelebt hat, bevor er dort ankam! Denn als Wiedervereinigung mit dem Ganzen ist Erleuchtung völlige Abwesenheit von Raum und Zeit, absolute Einheit. Das ist es, worauf Thich Nhat Hanh hinweist, wenn er sagt, dass die Wahrheit im Moment der Leere zwischen Einatmen und Ausatmen wohne. Dieser Augenblick ist tatsächlich vollkommene Gegenwart, und dessen gewahr zu werden, ein Weg, um Gegenwärtigkeit zu praktizieren – eine Praxis ohne Vergangenheit (Einatmen) und ohne Zukunft (Ausatmen), eine Praxis, in der Gegenwart gegenwärtig zu bleiben.

Bedarf der spirituelle Prozess des Bewusstwerdens auf der einen Seite der Unwissenheit, des Nichtwissens und des Vergessens, so bringt er uns auf der anderen Seite paradoxerweise dahin, uns zu erinnern. Wie bereits erzählt, pflegte Pak Hardo, Pak Wondos Lehrer, die Meditationen anzuleiten, indem er als Mantra das Wort *eling* sang, was ja auf Javanisch ›erinnere dich‹ bedeutet.»Aber woran sich erinnern?«, fragte ich ihn vor vielen Jahren, als ich während meiner Recherche für die Universität Meditationslehrer und andere für ihre Weisheit und außergewöhnlichen Kräfte bekannte Personen interviewte.»Erinnere dich an das, was du vergessen hast!«, war die einfache und rätselhafte Antwort Pak Hardos. Dann fuhr er fort, mir die vielen Arten des Erinnerns und die verschiedenen Ebenen von *eling* zu erklären, während ich mir – ohne viel zu verstehen – Notizen machte. Erst viele Jahre später, als ich selbst dazu Erfahrungen machte und Pak Wondo mehr oder weniger dieselben Worte wie Pak Hardo verwendete, verstand ich das, was Pak Hardo mir erklärt hatte.

Eling hat fünf Ebenen: *eling ing raga* ist das Erinnern des Körpers, das physische Gedächtnis, das existiert, aber meist nicht bewusst ist; *eling ing pikir* ist das Gedächtnis im geläufigeren Sinne des Wortes, das Gedächtnis des Verstandes, es ist das bewusste Erinnern eines Ereignisses oder einer Person, und zwar ohne besondere emotionale Verwicklungen; *eling ing rasa* ist das emotionale Gedächtnis, das Gedächtnis der Gefühle, das Gedächtnis des Herzens, das sich oft an das erinnert, was der Verstand vergessen hat. Obgleich wir dieses Gedächtnisses gewöhnlich nicht gewahr sind und es schwer zu kommunizieren ist, können wir jedoch, wenn wir es erfahren, nicht an seiner Wahrheit zweifeln. *Eling ing jiwa* ist das Gedächtnis der Seele: Es gibt Dinge, von denen unser Verstand und unser Herz nichts wissen, die unsere Seele aber sehr genau abgespeichert hat. Die Erinnerungen der Seele sind mit vorherigen Leben verknüpft, sind das karmische Gepäck eines jeden von uns, sind das Sprachrohr unserer tiefsten Bedürfnisse. *Sejati ing eling* schließlich ist die reine Erinnerung oder besser die Erinnerung der ursprünglichen Reinheit, die verzehrende Sehnsucht nach dem Ursprung.

Was ist es denn nun, das in Vergessenheit geraten ist? Nichts Geringeres als der Weg nach Hause und oftmals das Zuhause selbst. *Sumber,* der Ursprung, die Quelle, ist das, was wir vergessen haben, und das, was sich diejenigen, die sich auf den spirituellen Weg begeben haben, sehnlichst wiederzufinden wünschen, manchmal sogar, ohne es zu wissen. Zu Beginn der Reise denken die meisten von uns noch, das Ziel sei ein anderes; meistens haben wir ein konkretes und genaues Ziel vor Augen: die Lösung eines Problems, die Genesung von einer Krankheit, die Überwindung eines schwierigen Moments ... Irina Tweedie sagt dazu:»Wenn wir nicht davon ausgehen würden, dass wir ein Ziel zu erreichen haben, würden sich die meisten niemals auf den Weg machen. Erst später versteht man, dass das Ziel nichts anderes ist als der Weg selbst.«[2]

2| (Übersetzung des Zitates aus folgendem Werk – *Anm. d. Übers.:)* Tweedie, zitiertes Werk.

Zunächst ahnt man nur die Bedeutung des Augenblicks und beginnt zu begreifen, wie grundlegend es im spirituellen Leben ist, sich nicht auf das Ziel zu fokussieren und keine Erwartungen zu haben. In dem Moment, in dem wir etwas tun, weil wir etwas anderes erreichen möchten – einem Freund helfen, um geliebt zu werden, Geld verleihen, um gemocht zu werden, uns setzen, um gut zu meditieren, meditieren, um besser zu werden – haben wir die Reinheit der Handlung bereits entwertet. Das ist gewissermaßen unvermeidbar und auch in Ordnung so. Es reicht, sich dessen bewusst zu sein.

Je weiter wir jedoch voranschreiten, desto mehr merken wir, dass unsere Unzufriedenheit und unser Unglücklichsein eine viel ältere und weiter zurückliegende Ursache haben, als wir dachten. Sehr schnell (oder auch erst später) verstehen wir, dass dieses Gefühl des Mangels nicht dadurch gestillt werden kann, dass ein besonderes Bedürfnis befriedigt wird, und bald (oder später) merken wir, dass dieses Gefühl des Verlustes nichts anderes ist als das Verlangen nach etwas, das vergessen worden, fast verloren gegangen, aber trotzalledem auf geheimnisvolle Weise zutiefst zu uns gehörend ist.

Als kleines Mädchen hatte ich ab und zu eine Erfahrung, in der ich ein seltsames Gefühl empfand, einen psycho-physischen Zustand, den ich weder verstehen noch benennen konnte. Ich sprach nie mit jemandem darüber. Es war mein Geheimnis, mein privates Mysterium. Ich nannte es das ›weiche Wasser‹. »Schau«, sagte ich, wenn ich dieses Gefühl in mir hochsteigen fühlte, »schau, da kommt das weiche Wasser!« Es kam immer langsam und unerwartet über mich wie eine sehr sanfte Welle. Für mich war es wie eine Wesenheit, die von einem anderen Planeten kam, einem Ort, an dem das Wasser dichter und weicher war. Diese Wesenheit machte mir keine Angst, da ich wusste, was passieren würde. Sie hüllte mich ganz ein, war unbekannt, aber freundlich, vertraut. Ich fühlte mich an einen anderen Ort versetzt. Es war, als wäre mein Körper hier, ich aber woanders. Jedes Mal dachte ich: »Hoffentlich ruft mich meine Mama jetzt nicht.« Meine Mama rief mich bei diesen Gelegenheiten auch nie, und ich war, soweit ich mich erinnern kann, immer allein. Ich wurde von einem angenehmen und nie zuvor gespürten Gefühl durchdrungen: süß, weich, undefinierbar, unbekannt und gleichzeitig sehr vertraut, abstrakt und doch konkret. Es ähnelte ein wenig einer

Erinnerung, diesen Erinnerungen der Kindheit, die ab und zu unerwartet auftauchen und durch eine Farbe oder einen Geschmack ausgelöst werden; unbestimmte und ungreifbare Erinnerungen, Erinnerungen, denen man keinen Namen und keine Form geben kann und die doch lebendig und wirklich sind. Diese Erfahrung war mehr als ein einfaches Gefühl: Es war eine körperliche Wesenheit, in ihrer Form flüssig, dicht und warm. Abgesehen von ihrer Konsistenz hatte sie auch einen Geschmack und einen Duft, durch den sie – jedes Mal wenn sie kam – absolut unverkennbar war: unverkennbar und sofort erkennbar. Manchmal passiert mir das noch heute. Heute nenne ich sie nicht mehr ›weiches Wasser‹, aber die Erfahrung ist genau dieselbe – dasselbe Gefühl extremer Vertrautheit und unerreichbarer Ferne, dasselbe Gefühl von Freude, Verwunderung und unerklärbarer Sicherheit. In diesen Momenten kommt alles zum Stillstand, gibt es nur sie und mich in einer völlig unbegreifbaren und gleichzeitig äußerst vertrauten Beziehung.

Vor zwei Jahren löste sich das Rätsel zumindest teilweise auf, als ›sie‹ plötzlich während einer Meditation auftauchte, die Pak Arymurthy in seinem Haus in Jakarta leitete. In der Sumarah-Praxis erhält normalerweise derjenige, der meditiert, schweigend die Anweisungen von demjenigen, der sie führt, aber diesmal war es nicht so. Ohne auch nur einen Augenblick nachzudenken, fragte ich inmitten der Meditation ganz vorsichtig, um dieser Umarmung nicht zu entgleiten:»Und was ist das, Pak Ary?« Und er antwortete prompt, aber sehr sanft:»Das, das ist die Quelle.« Ich brach in Tränen aus und noch jetzt, während ich darüber schreibe, bin ich tief berührt. Nun verstand ich, was dieses unerklärliche Gefühl altvertrauter Zugehörigkeit war. Pak Arymurthy, mit seiner außergewöhnlichen Fähigkeit, eine Person bis zum Maximum ihrer Leistungsfähigkeit zu führen, begleitete mich dabei, jenen Ort zu besuchen. Mit seiner Hilfe trat ich, ohne zu zögern und ohne Angst zu haben, in eine Stille und einen Frieden jenseits von gut und böse ein. Es war wie unter Wasser zu sein, Wasser in mir und um mich herum. Als das Erstaunen nachließ und ich fühlte, dass ich hier für den Rest meiner Tage hätte bleiben können, sagte Pak Ary:»Jetzt muss Laura ganz langsam wieder zurückkehren, es ist noch nicht an der Zeit, dort zu bleiben. Laura hat noch Pflichten und so viele Dinge, die sie hier erledigen muss.«

Bewusstsein als erleuchtetes Gewahrsein

Sprecht so viel über die Philosophie, wie ihr wollt, betet all die Götter an,
die ihr anbeten wollt, bewahrt gewissenhaft alle Riten,
bringt Hymnen der Hingabe einer unendlichen Zahl göttlicher Wesen dar,
die Befreiung wird niemals erfolgen, selbst nach hundert Zeitaltern nicht,
wenn es kein Bewusstsein von der Alleinheit des Selbst gibt.

Sankara

Scheinbar ist es unumgänglich, dass man auf dem Weg der Bewusst-
seinserweiterung durch Phasen der Verwirrung und in gewisser Weise
durch den Verlust der Identität gehen muss. Es ist so, als müsse man bei
der Entdeckung des Selbst den Verlust seiner selbst durchlaufen. Orientierungslosigkeit ist unvermeidbar: Sie ist Teil des Übergangs, Teil dieses
Prozesses des Vergessens und des ›Bekennens der Unwissenheit‹, worü-
ber bereits gesprochen wurde. Um sich wieder zu finden, muss man sich
gewissermaßen erst verlieren. Das Alte wegzuwerfen und all unsere
Überzeugungen darüber, wer, was und wie wir sind, abzustreifen, ist
notwendig, damit wir unseren wahren Wesenskern entdecken können.
Oft muss man eine Phase der Entpersönlichung und der scheinbaren
Gleichgültigkeit durchlaufen, die schmerzhaft und sehr desorientierend
sein kann. Ich erinnere mich an einen Zeitraum der Verwirrung, der zwei
oder drei Jahre währte, in dem ich nicht nur nicht mehr wusste, ob ich
Italienerin oder Javanerin, verheiratet oder ledig, reich oder arm, dumm
oder intelligent war, sondern nicht einmal mehr sicher war, dass Laura
wirklich Laura war. Alles war dem Zweifel unterworfen. Ich denke, dass
viele von uns solche Zeitabschnitte oder zumindest ähnliche Momente
erfahren haben. In solchen Situationen fühlt man sich wirklich verloren,
doch mit Hilfe eines erfahrenen Führers kann das sehr nützlich sein, weil
es die Möglichkeit eröffnet, neu zu beginnen, zu überprüfen, zu revidieren und neu zu erwägen, in gewissem Sinne von vorn anzufangen.

In den ersten Jahren auf Java hatte mein Leben so sehr den Charakter
eines Traumes, dass es gewiss nicht schwierig war, beständig an der
Wirklichkeit zu zweifeln. Außerdem ließ mich der Reinigungsprozess,
der in mir durch die *Sumarah*-Praxis ausgelöst worden war, oft mit einem irritierenden Gefühl der Leere zurück. Ich erinnere mich, dass eini-

ge Freunde in dieser Zeit behaupteten, ich würde meine Persönlichkeit verlieren, ich würde mich verändern und nicht mehr ›ich‹ sein. Dies teilten sie mir mit besorgter Miene mit, sahen darin nichts Positives oder Interessantes, im Gegenteil, ihre Besorgnis war von einem bedauernden und kritischen Tonfall begleitet. Ich aber lebte in einem ständigen Konflikt, da ich mich einerseits an meine Emotionen und alten Ansichten klammerte, andererseits jedoch ganz allmählich aber unaufhaltsam auf einen unbestimmbaren und unbekannten Abgrund zurutschte. Pak Wondo wiederholte immer wieder, dass dies Teil des Übergangsprozesses sei, dass die Orientierungslosigkeit ein wichtiger Moment sei … ich aber hatte Angst: Angst, es nicht zu schaffen, Angst zu fallen und nicht mehr aufstehen zu können, Angst, mich zu verlieren. Es war die klassische Angst vor der Veränderung, dem wahrhaft Neuen. Jemandem einen Satz folgender Art zu sagen:»Du hast dich wirklich verändert …«, kann ein Kompliment oder eine Beleidigung sein, je nach Sichtweise.

Zu diesem Thema erinnere ich mich an eine ein wenig traurige und zugleich auch komische Episode, die mir sehr bedeutsam erscheint. Anfang der neunziger Jahre besuchten mich meine Eltern auf Java. Es war nicht das erste Mal, bislang waren sie jedoch niemals Pak Wondo begegnet. Trotz meiner wiederholten Einladungen hatten sie nie zu einer Meditationssitzung kommen wollen, weshalb wir Pak Wondo in der Bank, in der er arbeitet, aufsuchten. Ich war ein wenig aufgeregt, es war ein feierlicher Augenblick für mich. Pak Wondo empfing uns mit seiner üblichen respektvollen und herzlichen Haltung, und als wir uns alle vier hingesetzt hatten, war sofort klar, dass niemand so recht wusste, wie man anfangen sollte. Es gab zu viel und doch viel zu wenig zu sagen, um reden zu können. Nachdem man sich gegenseitig vorgestellt und angelächelt hatte, fragte Pak Wondo meinen Vater, ob ich ihm nach all diesen Jahren auf Java verändert vorkomme. Das war für Pak Wondo eine eher rhetorische Frage, mit der er auch dem Stolz und der Freude darüber Ausdruck verleihen wollte, wie sehr ich durch die *Sumarah*-Praxis gewachsen war, wie sehr ich mich verändert hatte und wie sehr ich mich jetzt doch von dem Mädchen unterschied, das vor achtzehn Jahren nach Solo gekommen war. Aber mein Vater versicherte ihm:»Nein, nein, Laura erscheint mir kein bisschen verändert!«, womit er sagen wollte:»Machen Sie sich keine Sorgen, ich denke nicht, dass Sie mein Mädchen ruiniert haben, sie ist wirklich immer noch dieselbe …«Ich dolmetschte das kommentarlos und lächelte damals darüber, wie sehr man sich doch missverstehen kann … aber ich hätte auch weinen können. Zum Glück mussten wir bald gehen, weil wir noch etwas anderes vorhatten und bereits spät dran waren. Pak Wondo und meine Eltern verabschiedeten sich mit demselben Respekt und derselben Herzlichkeit wie bei der Begrüßung.

Eine Passage in den *Upanishaden* besagt:»Dadurch, dass er sich seiner selbst als das Selbst bewusst geworden ist, wird der Mensch des Persönlichen enthoben: Kraft der Entpersönlichung muss er als frei von Konditionierung begriffen werden. Dies ist das höchste Mysterium, das die Befreiung erahnen lässt; durch die Entpersönlichung nimmt er nicht mehr an Freud und Leid teil, sondern schöpft aus dem Absoluten.« *(Maitra Yaniya Upanishad)*[3]

Durch die Praxis der Meditation und die Arbeit, das Ich zu ›degradieren‹, wird die Möglichkeit zur Veränderung und zu einem neuen Gewahrsein geschaffen, das nicht mehr auf die partielle Identifikation mit unserem Körper, unserem Verstand und unseren Gefühlen beschränkt ist. Indem wir die Begrenzungen, die wir uns selbst auferlegen, überwinden, dehnt sich das individuelle Bewusstsein allmählich in Richtung jenes universellen Bewusstseins aus, das *Sumarah* – wie bereits gesagt wurde – *budi,* das ›Höhere Bewusstsein‹, nennt.

Obgleich *budi* ein Teil von uns ist, existiert es auch außerhalb von uns. *Budi* ist die Pforte zum Göttlichen, das Instrument der potenziellen Erleuchtung.

Pak Arymurthy bezieht sich in seiner Lehre oft auf *budi.* Einmal, als ich ihm meine Schwierigkeiten darlegte, den Begriff *budi* zu verstehen, antwortete er mir so:»*Budi* ist auf jeden Fall leuchtend!« Diese Worte reichten aus, so erinnere ich mich, um die Atmosphäre im Raum zu verändern.»Werde eins damit«, sagte er, als sei dies die natürlichste Sache der Welt,»es ist einfach. Sieh selbst, dass das Licht immer da ist, unabhängig von deinem Willen. Jetzt denkst du, versuchst zu verstehen … das macht nichts, es kann nicht allzu sehr stören; im Herzen bist du etwas bewegt, Zweifel und Staunen zugleich, das ist in Ordnung; du sitzt

3| (Übersetzung des Zitates aus folgendem Werk – *Anm. d. Übers.:)* In Huxley, zitiertes Werk.

nicht mehr bequem und änderst deine Position, es macht nichts … alles kann weiterhin unter dem Licht von *budi* geschehen. *Budi* erlaubt uns, die Tür zur *Pepadhang,* der Erleuchtung, zu öffnen. Das ist es, was wir *trimurti* nennen: das Herz, das das Licht von *budi* empfängt, verschmilzt mit ihm und kann so die höchste Führung erhalten. Unter anderem muss mindestens diese Voraussetzung gegeben sein, damit eine Person als *pamong umum* dienen kann. Lass dich jetzt erleuchten, erhalte die *pepadhang* und lass zu, dass all deine Aktivitäten und all die Werkzeuge deines Wesens leuchtend werden.« Und so war es in dem Moment. Alles blieb in gewissem Sinne wie es war, aber die Beziehung zwischen dem Ganzen und den einzelnen Teilen und zwischen den Teilen untereinander änderte sich. Es war eine Erfahrung des Lichts für mich, vor allem aber war es die der Vereinigung. Ich war sozusagen ›vereinigt‹ (worden). Für mich, die ich die Wirklichkeit oft auf konfliktgeladene Art und Weise erlebe, war diese Erfahrung der Nicht-Dualität, des Nicht-Gegensätzlichen, diese Erfahrung, dass Wählen entfällt, ein wahrhaft unvergessliches Geschenk. Ich hatte den Eindruck, dass ich von dort nicht mehr zurückkommen würde. Aber das war nicht so. Einen Vorgeschmack von Erleuchtung bekommen zu haben, bedeutet nicht, erleuchtet zu sein. Aber diesen Zustand erfahren zu haben ist zweifellos von großem Wert für unser Bewusstsein und gibt uns Halt. »Kennst du einmal den Weg, kannst du immer wieder dorthin zurückkehren«, sagte Pak Ary zu mir, »von dort kannst du immer Führung für dich erhalten, und für die anderen.«

Dieser Abschnitt trägt den Titel ›Bewusstsein als erleuchtetes Gewahrsein‹: Wenn das Herz das Licht von *budi* empfangen hat, kann es das Wissen, das uns von der ›höchsten Führung‹ zufließt, erhalten. Es ist so, als gäben wir einem anderen (und erhöhteren) Teil von uns die Macht. Dies ist natürlich nicht endgültig, aber ebenso wenig kehren wir nicht einfach nur zurück. Was mich zum Beispiel anbelangt, so ist es zwar nicht so, dass ich seit damals keine Konflikte mehr gehabt hätte oder dass ich nie mehr Opfer meiner Gefühle geworden wäre, aber sie sind nicht mehr so wichtig und – was noch mehr zählt – ihre Macht über mich und mein Leben sind sehr viel geringer geworden.

Einmal habe ich irgendwo einen Satz gelesen, der mir zum damaligen Zeitpunkt wirklich ein wenig übertrieben erschien. Er besagte: »Zu meinen, dass es eine Wahl zu treffen gäbe, beruht in Wirklichkeit nur auf Ignoranz.« Im Anschluss an jene Erfahrung mit Pak Arymurthy verstand ich die Bedeutung dieses Satzes. Sicher, das ist ein bisschen so, als würde man sagen, es gebe nur eine einzige Wahrheit und eine einzige Wahlmöglichkeit und das ist zweifelsohne eine sehr tückische Behauptung. Aber alle schwierigen Dinge sind tückisch, und wenn es stimmt, dass das Herz, das das Licht von *budi* empfangen hat, in der Lage ist, die höchste Führung zu erhalten, dann stimmt es auch, dass die richtige Wahl, die ist, die uns von dieser Führung gezeigt wird.

In *Sumarah* spricht man im Allgemeinen recht selten von Erleuchtung im Sinne eines Zustandes des Erleuchtetseins, hingegen bezieht man sich öfter auf das Licht *(Nur)*.»In Kontakt mit dem Licht zu sein«, sagt Pak Wondo,»bringt uns spontan zu einer Haltung der Demut und des Empfangens, lässt uns den Kopf und den Blick senken und unseren Schritten Aufmerksamkeit schenken.« Diese Art der Unterweisung richtet die Aufmerksamkeit weg vom einzelnen und getrennten Ich hin zum Göttlichen, bis eines Tages, wie Gangaji sagt:»… unsere Augen so vergöttlicht sind, dass sie nur noch Göttliches sehen werden.«

In der Philosophie und Praxis von *Sumarah* wird Erleuchtung nicht als ein einziger Moment der Verwirklichung gesehen, sondern eher als eine allmähliche Ausdehnung des Bewusstseinshorizontes. Es ist so, als würde uns durch die Praxis und durch die Annäherung der Seele an die Quelle nach und nach ein immer weiterer Horizont eröffnet. Der Horizont ist in Wirklichkeit immer derselbe und immer schon da, aber wir, wir sehen durch die kleinen und großen Enthüllungen eines der Praxis gewidmeten Lebens langsam immer mehr davon.

Ich erinnere mich, wie ich einmal am Strand im Norden Balis liegend einen der großartigsten Sonnenuntergänge genoss, mit denen Indonesien so großzügig ist. Mein Verstand war leer und mein Herz voller Dankbarkeit und Ergriffenheit angesichts des Schauspiels der Verwandlung, das sich Minute um Minute vor meinen Augen vollzog. Weich und sanft war dieses Gefühl der absoluten Machtlosigkeit, nicht mehr zu wissen, was man sagen oder denken soll, und nichts anderes mehr zu wollen, als einfach nur da zu sein. In dem Moment, in dem ich den Horizont betrachtete, sah ich, dass er nicht geradlinig, sondern kreisförmig war. Und ich befand mich in seiner Mitte. Auch alles andere, das Boot dort unten, der Baum in meiner Nähe, das Kind in der Ferne, alles befand sich in der Mitte. Ich erinnerte mich an die Worte Pak Wondos:»Jeder Punkt ist der zentrale Punkt.« Dort am Strand verweilend sann ich über die Tatsache nach, dass es letztendlich immer nur eine Frage der Sichtweise ist. Verstehen bedeutet sehen. Sehen ist Enthüllung und das ist nur möglich, wenn Licht da ist. Inzwischen war es dunkel geworden und der Horizont schien nicht mehr zu existieren. Das Meer vermischte sich mit dem Himmel und meine Gestalt mit der des Baumes – das Kind war gegangen. Und je dunkler es wurde, umso deutlicher zeichnete sich allein das kleine Boot, das jetzt sein schwachschimmerndes Licht eingeschaltet hatte, inmitten des Meeres ab.

»Daher, oh, Ananda, seid euch selbst Leuchte, seid euch selbst Zufluchtsstätte. Zieht euch nicht in irgendeine äußere Zufluchtsstätte zurück, haltet an der Wahrheit fest wie an einem Licht; haltet an der Wahrheit fest wie an einer Zufluchtsstätte. Sucht in niemand anderem Zuflucht, außer in euch selbst. Und diejenigen, oh, Ananda, die jetzt oder nach meinem Tode sich selbst Leuchte sind, werden sich in keine äußere Zufluchtsstätte begeben, sondern an der Wahrheit als ihrem Licht festhalten und an der Wahrheit als ihrer Zufluchtsstätte festhalten, sie werden keine Zuflucht suchen, wenn nicht in sich selbst, sie sind es, die den höchsten Gipfel erreichen werden. Aber sie müssen diesem voll Eifer zustreben.«[4]

Und wieder befinden wir uns einem Paradox gegenüber. Auf der einen Seite stimmen alle Mystiker und Meister in der Behauptung überein, dass uns weder Suche noch Anstrengung zur Erleuchtung führen werden, auf der anderen Seite empfehlen sie uns jedoch alle einhellig: »Sei geduldig und übe weiter!«

Die letzten Worte Buddhas sollen folgende gewesen sein:»Alle zusammengesetzten Dinge unterliegen dem Niedergang und Verfall. Erwirkt mit Eifer eure eigene Befreiung.«

Aus der Sicht von *Sumarah* liegt im Gewahrsein des erleuchteten Selbst die Schnittstelle zwischen den ständigen Anstrengungen des Übens und der völligen Hingabe an den letztendlichen Willen. Dort befindet sich *laku*. *Laku* ist die absichtsvolle Handlung, ist die Arbeit des

---

4| Auszug eines Zitates aus dem *Samyutta-Nikaya*, das in Huxley (zitiertes Werk) zitiert wird.

Ichs an sich selbst, ist das selbst dargebrachte Opfer, der bewusste Verzicht, ist die Demut, unter allen Umständen weiterzugeben.[5] Wie bereits gesagt wurde, wird der Zustand der Einheit des erleuchteten Bewusstseins in *Sumarah* als *trimurti* bezeichnet. Hier nimmt das mystische Wissen seinen Anfang: Ist die Einheit nämlich erst einmal erreicht und wurde unser innerer Lehrer *(pamong pribadi)* erweckt, so eröffnet sich auch die Möglichkeit zu jenem Verstehen, das über unsere üblichen rationalen Betrachtungsweisen hinausgeht.

Ich erinnere mich an André, einen Musiker aus jener Theatergruppe, die ich zu Beginn meiner Reise in Parangtritis getroffen hatte. Er kam regelmäßig zu den Meditationssitzungen im Hause Pak Wondos, war in der Praxis sehr bemüht, beklagte sich aber immer darüber, weder in seinem persönlichen Leben noch in seinen beruflichen und künstlerischen Leistungen irgendeine Veränderung zu sehen. Er war sehr unzufrieden mit sich selbst und seiner Kreativität. Es war für ihn, wie er sagte, sehr schwer, spontan und entspannt zu sein, über das Bekannte und über die Gewohnheit festgelegter Muster hinauszugehen. André war ein guter Flötenspieler, aber er fühlte sich blockiert, gerade jetzt, wo er sich mit einer musikalischen Richtung beschäftigte, die hauptsächlich auf Improvisation beruhte. Eines Tages, während einer Meditationssitzung, beschloss er darüber zu reden. Pak Wondo begann, ihn in einer individuellen Meditation zu begleiten.»Lass dich gehen, entspann dich und erwarte nichts Besonderes … befreie dich von deinen Programmen … zu viel Vorsatz, zu viel Wille … versuche, mehr im hinteren Teil zu sein, fühle deinen Rücken und denke nicht daran, wie es sein könnte … André und ich sind eins … werde eins mit mir … immer noch zu sehr im oberen Teil, versuche, dich ganz und überall zu fühlen … denke nicht an den Körper, fühle ihn, fühle ihn, benutze mehr dein Fühlen und dein Gefühl …« Die Meditation geht so weiter, Momente des Schweigens wechseln sich ab mit Hinweisen und dem Singen des Wortes ›Allah‹ bis Pak Wondo die Meditation beendet und André dazu auffordert, zur ›alltäglichen‹ Meditation zurückzukehren. André öffnet die Augen und sagt sofort:»Ich schaffe das nicht.« Und Pak Wondo bestätigt:»Ja, du schaffst es noch nicht.« Dann wendet er sich an die anderen Teilnehmer

---

5| Das Wort *laku* wird oft auch einfach im Sinne von ›Disziplin‹ gebraucht.

der Gruppe und erklärt, dass die Erfahrung nicht möglich war, weil beide noch zu ehrgeizig in ihren Wünschen waren: André in seinem Wunsch, eine neue Spielweise zu finden, und Pak Wondo darin, André zu helfen. Daraufhin meint André, dass er sich sehr müde fühle, so als habe er eine enorme Anstrengung unternommen. Pak Wondo lacht. André lacht auch und entspannt sich. Kurz darauf beginnt eine weitere Meditation, diesmal für alle gemeinsam.

Pak Wondo gibt allgemeine Hinweise und einige individuelle Anweisungen und dann, in einem bestimmten Moment, sagt er, sich an André wendend:»Genau so. Von dort aus kann es dann anders sein … ja … doch jetzt gehst du wieder nach oben …« Kurz darauf endet die Meditation und Pak Wondo bittet André, seinen Prozess zu beschreiben. André sagt, dass es schwierig sei, das, was er empfunden habe, mit Worten zu beschreiben. Er hatte sich schon damit abgefunden, es nicht zu schaffen, hatte gewissermaßen schon beschlossen, die Meditation abzubrechen; es erschien ihm so, als würde er das Bewusstsein verlieren oder als würde er einschlafen; als Pak Wondo ihn dann plötzlich ansprach, war er überrascht und fühlte sich sehr dumm, unsensibel und unvorbereitet. Worauf Pak Wondo ihm erklärte, dass das, was er als Abwesenheit des Bewusstseins beschrieben habe, in Wirklichkeit ein Moment der Abwesenheit von Kontrolle und ein Moment entspannteren, weniger konzentrierten Gewahrseins gewesen sei, in dem sich der Kontrolleur einen Augenblick lang abseits gestellt und so Raum für eine ungewöhnliche und neue Erfahrung der Einheit gelassen habe, die André nicht beschreiben konnte.»Interessant ist«, fügte Pak Wondo lachend hinzu,»dass André sofort in seine gewohnte Haltung zurückgefallen ist, als ich seine Aufmerksamkeit auf diesen anderen Zustand gelenkt habe … Aber das ist nicht wichtig, das passiert nur, weil du noch nicht daran gewöhnt bist, mit der Zeit wirst du dann schon sehen, dass das natürlicher wird … vorausgesetzt du bist bereit, dich von anderen und vom Leben ermahnen zu lassen.«

Nachdem Pak Wondo André den Verlauf seiner Erfahrung erklärt hatte, nutzte er nun – typisch für seinen Stil – sofort die Gelegenheit, ihm einen Hinweis und eine Lehre bezüglich der Arbeit am Ego und an der Persönlichkeit zu geben. Er endete mit den Worten:»Die Meditation ist ein Werkzeug für das Leben: Sie dient dazu, Veränderung herbeizuführen, und bringt uns dazu, uns flexibel all den ungewollten Veränderungen anzupassen. Die Kunst zu musizieren ist gar nicht so schwierig. Die Kunst zu leben hingegen ... da hört das Lernen nie auf!«

Die *pamong* in *Sumarah* können sich in ihrer Art zu unterweisen und die Meditation anzuleiten beträchtlich voneinander unterscheiden, wie ich bereits an anderer Stelle erwähnt habe. Pak Wondo meint dazu immer wieder, jeder habe seine Spezialität. Pak Wondos Lehrer, Pak Hardo, definierte *trimurti* als die Vereinigung von *laku* (Handeln), *Hukum* (Gesetz) und *ilmu* (Wissen). So verstand er Ganzheit. Pak Hardo zufolge führt ein Leben, das in vollständiger Ehrerbietung dem universellen Gesetz gegenüber gelebt wird, zur Erkenntnis von gut und böse. Und, nebenbei gesagt, lebte Pak Hardo sein ganzes Leben in Übereinstimmung mit diesem Prinzip.[6] Pak Wondo seinerseits tendiert ebenfalls dazu, immer wieder die Bedeutsamkeit von *laku* zu betonen, und auf *budi* bezogen sagt er, dass die Seele nur von *budi* erleuchtet werden könne, wenn wir lernen, gemäß *budi*[7] zu handeln *(iso kesorotan dening budi yen mangerti bebuden)*.

Pak Wondo ist in seiner Unterweisung gewöhnlich sehr vorsichtig, bleibt mit beiden Beinen auf dem Boden, verpasst nie die Gelegenheit, uns darauf aufmerksam zu machen, an welcher Stelle wir uns tatsächlich befinden, und uns daran zu erinnern, dass wir auf jeden Fall mit unserem Schatten ins Reine kommen müssen.

Manchmal ist das Üben unter Pak Wondos Führung nicht besonders angenehm, aber da er kontinuierlich seine Aufmerksamkeit darauf lenkt, das Ich zu enttarnen, schützt er uns so vor möglichen Illusionen und Selbsttäuschungen sowie vor der Gefahr, zu glauben, wir seien besser

---

6| Pak Hardos vollkommene Hingabe an seine Aufgabe spiritueller Unterweisung ist berühmt innerhalb der *Paguyuban Sumarah*. Besonders bekannt ist die Geschichte, wie die göttliche Stimme ihm auftrug, sein Haus zu verkaufen und den Erlös dafür zu verwenden, die Insel Java zu bereisen und *Sumarah* zu lehren, und welche und wie viele Konflikte er deshalb mit sich selbst und mit seiner Frau hatte, die behauptete, dass dies vielmehr die Stimme des Teufels gewesen sei! In seinem Manuskript berichtet er darüber, wie er sich bei Allah über diesen seltsamen ›Befehl‹ beklagt und wie er folgende ruhige und knappe Antwort erhalten habe: »Fürchte dich nicht, wenn du mir gehorchst, werde ich mich um dich kümmern.«

7| Das Wort *budi* hat neben der Bedeutung, über die bisher gesprochen wurde, im üblichen Sprachgebrauch noch eine weitere: Es bedeutet ›Würdigung‹ und ›Dankbarkeit‹

oder weiter, als wir tatsächlich sind. In *Sumarah* bleibt die Arbeit an sich selbst fundamental. Genauso grundlegend ist die Wechselwirkung mystischer und moralischer Aspekte. Wie Pak Arymurthy oft sagt, soll unsere Praxis uns zumindest so weit bringen, dass wir einen Lebensstil erlangen, der ethisch, logisch und ästhetisch zugleich ist.

Der spirituelle Weg fordert von uns ein nicht geringes Maß an Arbeit an unserer Persönlichkeit und unserem Ego.

Zweifellos ist das ziemlich offensichtlich, und doch haben wir alle allzu oft den Anspruch, den Gipfel ohne Einsatz zu erreichen, ohne dass sich etwas ändert, mühelos. Oder zumindest fast.

Das Erwecken von *budi*: das vollständige Selbst

Benares liegt im Osten, Mekka im Westen;
du aber erforsche dein Herz, denn dort sind Rama und Allah.

Kabir

Mühe ist Teil des Weges, denn es gilt eine Menge Arbeit zu verrichten; Anstrengung ist notwendig und Veränderung unvermeidbar. Genau deswegen würden die meisten von uns es vorziehen, nicht in die Höhle hinabsteigen zu müssen, in der es kalt und dunkel ist. Oft bevorzugen wir es, nicht zu wissen, wählen Ignoranz und entscheiden uns weiterhin für das flüchtige Vergnügen, in Erinnerungen vergangener Ereignisse und in Illusionen über die Zukunft zu schwelgen.

Dabei handelt es sich um eine allgemein übliche und irrige Wertsetzung. Gregorio Magno pflegte in diesem Zusammenhang zu sagen: »Der Unterschied zwischen spirituellen und körperlichen Freuden besteht darin, dass die körperlichen Gelüste Begierde hervorbringen, bevor sie befriedigt, und Überdruss, nachdem sie befriedigt wurden; um die spirituellen Freuden hingegen kümmert man sich nicht, wenn sie nicht befriedigt werden, sie werden aber herbeigesehnt, wenn sie befriedigt worden sind.«

Wir haben gesehen, wie sich allein im Zustand von *trimurti*, das heißt in der Vereinigung von Herz und Verstand im Lichte von *budi*, das vollständige Selbst manifestieren kann. Einmal sagte Pak Arymurthy zu mir: »Das Erwecken von *budi* ist wahrlich notwendig, um die Welt und die Menschheit zu retten ... das Wissen des Menschen schreitet immer mehr voran und zugleich wächst unsere Fähigkeit, in die Natur einzugreifen und auf die Dinge und Menschen einzuwirken. Wenn das nicht von einem neuen universellen Bewusstsein begleitet wird, wenn die Bedürfnisse der menschlichen Seelen nicht vernommen, verstanden und befriedigt werden, befindet sich die Menschheit in ernster Gefahr und ihr Überleben wird durch ihre eigenen Errungenschaften aufs Spiel gesetzt.«

Pak Wondo seinerseits erinnert uns oft daran, dass sich auch die Seele früher oder später auflehnt. Das bedeutet nicht nur, dass auch die Seele, genauso wie der Verstand und das Herz, ihre Berechtigung hat, sondern dass der Zustand des Getrenntseins in einem bestimmten Augenblick unerträglich werden kann. Aus der Perspektive von *Sumarah* wird die Rückkehr zum vollständigen Selbst nicht so sehr als etwas gesehen, für das wir uns entscheiden können, das wir wählen, sondern vielmehr als eine Notwendigkeit, als ein Bedürfnis, selbst wenn dieses oft unbewusst ist und negiert wird. Genau deshalb spricht man von Rückkehr, weil alles ursprünglich zum Ganzen gehört und alles zum Ganzen zurückstrebt. Das vollständige Selbst ist nichts anderes als das Sein in seiner Gesamtheit; darin liegt Vollständigkeit, denn hier kommt das gesamte Potenzial des Seins zum Tragen. Es umfasst das Gute und das Schlechte, den Körper und den Geist, den Verstand und das Herz, das Leben und den Tod. Dadurch, dass die Gegensatzpaare aufeinander treffen, sich erkennen und verstehen, bestehen sie nicht weiterhin als solche, stehen nicht mehr im Gegensatz zueinander, sondern werden – vom Unheilvollen des Urteilens befreit – einfach wieder zu unabdingbaren Bestandteilen des Universums.

Das vollständige Selbst zeichnet sich dadurch aus, dass es keinerlei Eigenschaft hat. Es ist nicht erfahrbar, solange das Ich noch Zeuge ist, denn die Anwesenheit von *aku* (Ich) ist in sich selbst Getrenntheit und Ausgrenzung. Dennoch – wie bereits gesagt wurde – lehrt *Sumarah* nicht eine Praxis, in der man versucht, das Ego auszuschalten, sondern weist einen Weg, durch den es dahin zurückgeführt wird, wieder nur ein Bestandteil statt höchste Kontrollstelle und unumschränkter Richter zu sein.

Wie bei jeder Art der Wissensaneignung oder praktischen Handlung – vom Kreuzstich bis zum Riesenslalom – sind auch für das Bewusstsein des ewigen Selbst besondere Voraussetzungen zu erfüllen. Daher ist es auch nicht der Mühe wert, mit denjenigen, die beteuern, dass das Selbst unerkennbar (oder nicht existent) ist, darüber zu diskutieren, es sei denn, sie machten sich die Mühe, in geeigneter Weise zu üben und so durch die Praxis mit den Gesetzmäßigkeiten eines derartigen Wissens vertraut zu werden. Wie ein indisches Sprichwort besagt:»Man heilt keine Krankheit, indem man den Namen der Medizin ausspricht, sondern indem man die Medizin einnimmt.«

Selbst wenn wir alles erwägen, bleibt unser Widerstand, uns selbst zu erkennen, doch immer ein Rätsel. Seit Urzeiten predigen Mystiker und Philosophen im Osten und im Westen die Notwendigkeit, das Selbst zu erkennen, und seit Urzeiten entscheidet sich die Mehrzahl der Menschen dafür, nicht zu wissen.

Schon Boezio pflegte zu sagen:»Bei den anderen Lebewesen ist die Unwissenheit über sich selbst Teil ihrer Natur, beim Menschen ist sie ein Laster.«

Gibt es denn Hoffnung auf Heilung? Nicht so sehr vom ›Laster der Unwissenheit‹ an sich als vielmehr davon, immer wieder die Unwissenheit zu wählen, und von der Überzeugung, die noch erstaunlicher ist, dass dies uns glücklich machen könne?

Mit den standfesten und geschickten Widerständen von uns Meditierenden konfrontiert, lautet Pak Wondos Kommentar:»Du bist einfach noch nicht von der Natur gezwungen worden …« Mit Natur meint Pak Wondo die Wirklichkeit, das Leben, in dem Sinne, dass es uns bis zu einem gewissen Moment noch die Möglichkeit gibt, uns für Unwissenheit zu entscheiden, aber früher oder später kommt der Augenblick, an dem es uns keine Wahl mehr lässt und wir gezwungen sind, uns mit uns selbst auseinanderzusetzen. Um mehr als die Oberfläche der Wirklichkeit wahrzunehmen, wartet der größte Teil von uns leider bis zum letzten Moment – bis zum Drama einer Krankheit, dem Schmerz eines schlimmen Verlustes, der Erschütterung darüber, wie sehr man dabei ist, sich zu verlieren.

Aber kann man dahin gelangen, sich selbst zu verlieren? Ich denke schon. Mir ist das einmal beinahe passiert. Ich musste an diese Grenze stoßen.

In jener Zeit war ich derart vom Druck der Ereignisse überwältigt, dass nicht einmal mehr Pak Wondo es schaffte, mir zu helfen. Eines Tages sagte er mir klar und deutlich, dass er mich im Augenblick nicht mehr führen könne, weil er für mich nur Mitleid empfände und nicht mehr die notwendige Neutralität besitze. Er wies mich an, zu Pak Arymurthy zu gehen.

Bis zu diesem Zeitpunkt hatte ich Pak Ary immer nur in öffentlichen Situationen getroffen, ich hatte nie einen persönlichen Kontakt zu ihm gehabt und fühlte mich bei dem Gedanken, ihn bei sich zu Hause in Jakarta zu besuchen, eher befangen. Ein öffentliches, aber nicht zu formelles Treffen in einer Stadt in der Nähe von Solo, in der Pak Ary ab und zu Meditationssitzungen leitete, bot eines Tages eine Gelegenheit. Ich ging mit Pak Wondo dorthin. Es war keine sehr lange Sitzung und so fasste ich am Ende den Mut, ging auf Pak Ary zu und fragte ihn, ob ich ihm eine persönliche Frage stellen dürfe. Pak Ary machte einen distanzierten Eindruck, bejahte meine Frage jedoch. Er wusste nichts von mir und meinem Problem. Bei Pak Ary hatte ich immer den Eindruck, ihn nicht länger als nötig mit den Details der eigenen persönlichen Angelegenheiten belästigen zu dürfen. So sagte ich ihm nur, dass dies ein schwieriger Moment für mich sei, ich mich sehr schwach und sehr verwirrt fühle. Pak Ary wandte sich auf seine besondere Art an mich, indem er mich ansah, ohne mich anzuschauen, und während er anfing, mich in eine individuelle Meditation zu führen, sagte er:»In Ordnung, schauen wir einmal …« Sofort wurde sein Ton ziemlich beunruhigt. Er sagte, ich sei tatsächlich in einer sehr schwierigen Situation und dass er überhaupt nicht verstehe, wie ich hier sein könne, offensichtlich ganz gesund; so viel er von meinem Zustand wahrnehmen könne, müsste ich mich eigentlich im Bett befinden. Dann fuhr er fort:»Laura ist gewiss sehr stark, aber genau genommen befindet sie sich zwischen Leben und Tod.« Ich erschrak und sah ihn an, um zu verstehen, was er damit meinte. In einem sehr ernsten Tonfall wies er mich an, mit der Meditation fortzufahren, sagte, dass wir erst am Anfang wären. Wieder betonte er die Ernsthaftigkeit meiner Lage. Seine Stimme klang erregt, fast erzürnt. Es entstand ein Moment des Schweigens. Dann fuhr Pak Ary fort:»Jetzt verstehe ich. Es stimmt, Laura ist stark, aber das ist zu viel, das darf man nicht machen … das darf man sich niemals antun lassen … von niemandem. Laura befindet sich zwischen Leben und Tod, weil sie fast ihre Identität verloren hat. Die Identität gehört zum Menschen, zum Dasein als Mensch im Leben. »Dann begann Pak Ary einen tiefen und sanften Klang zu modulieren. Ich hatte das Gefühl, dass er nach etwas suchte. Eine kleine schwarze Kugel begann durch meinen Körper und meinen Kopf zu rollen. Sie drehte sich, war mal hier und mal dort und suchte, während Pak Ary diesen tiefen und leichten Ton modulierte. Das Gefühl ›etwas zu suchen‹ hielt an, aber ich fand einfach nichts. Hin und wieder sagte Pak Ary zu mir, dass ich loslassen, ausatmen solle. Ich folgte seinen Anweisungen, aber es gelang mir nicht, mich zu entspannen. Ich fühlte mich in der Schwebe, verängstigt, verloren. Nach einer ziemlich langen Zeit, vielleicht nach einer halben oder einer ganzen Stunde, wurde der Ton von Pak Arys Stimme stärker, höher und schien weiter anzuwachsen. Ich bemerkte, dass die kleine schwarze Kugel nicht mehr da war. Kurz darauf sah ich vor mir, etwas über meinem Kopf, eine *wayang kulit* (Figur aus Büffelleder, die im Schattentheater verwendet wird), die mich selbst darstellte. Pak Ary hörte auf zu singen, und diese Figur begann langsam, ganz langsam herabzusinken, bis sie von oben durch meinen Kopf in mich eintrat, bis auf die Höhe meines Herzens absank und ›klock‹ machte, wie etwas, das ankommt, anhält und einrastet. Genau in diesem Moment sagte Pak Ary im kraftvollsten und ernsthaftesten Tonfall, den ich jemals bei ihm gehört habe: »Jetzt ist sie doch wieder zu dir zurückgekehrt. Dass du es ja niemals mehr zulässt, dass sie noch einmal von dir weggebracht wird – auch nicht im Namen der Liebe.« Es folgte ein langes Schweigen, bis Pak Ary sagte: »Jetzt kehren wir auch ins Herz zurück«, und er begann erneut mit diesem süßen Klang, der noch sanfter war als zuvor. Ich fühlte, dass ich mich endlich entspannte, eine monatelange Spannung wich, während ich bemerkte, dass ich für wer weiß wie lange Zeit irgendwie von mir getrennt gewesen war. Jetzt fühlte ich mich zwar erschöpft, aber ganz. Pak Ary führte mich sanft im Raum meines Herzens. Ich hatte das Gefühl, nach einer langen Reise zu Hause anzukommen. Völlig erschöpft brach ich in Tränen aus. Pak Ary sagte: »Ja, gut, jetzt bist du zurückgekehrt, jetzt ist alles klar. Jetzt hast du lediglich das Bedürfnis, dich auszuruhen, aber erinnere dich immer daran: Vergiss dich nie mehr selbst.« Er ließ mich weinen und als die Tränen langsam, langsam versiegten, beendete er die Meditation. Er stellte mir keine Fragen, sagte nur ein paar Worte über die Bedeutsamkeit, immer gewahr zu sein, mehr sprachen wir zu jenem Zeitpunkt nicht. Ich blieb neben Pak Ary sitzen, bis er ging. Ich wusste, dass er mich irgendwie gerettet hatte und dort neben ihm fühlte ich mich sicher. Es schien mir, als ob ich mich niemals mehr verlieren könnte, solange er da war. Ich verstand, dass Pak Ary den Weg kannte und dass er mich diesen Weg lehren konnte, wenn ich dazu bereit war. Nie zuvor hatte ich so deutlich empfunden, was es heißt, getrennt zu sein und was mit dem vollständigen Selbst gemeint war. Ich musste gewissermaßen Gefahr laufen, es zu verlieren, um seiner gewahr zu werden.

Wie bereits mehrfach gesagt wurde, ist in der mystischen Praxis die persönliche Erfahrung alles, was zählt, und in dieser persönlichen Erfahrung ist die Begegnung mit sich selbst der zentrale Punkt. Oft bietet uns das Leben dazu Gelegenheiten an und ebenso oft vermeiden wir diese oder sehen sie gar nicht richtig. Das passiere deshalb, erläutert Pak Wondo, weil es uns letztlich besser zu sein scheint, nicht zu leiden, die Begegnung mit dem vollständigen Selbst bringe aber früher oder später ein gewisses Maß an Schmerz mit sich. »Warum ist das immer so?«, fragte ich Pak Wondo einmal. »Warum scheint der Schmerz eine im spirituellen Wachstum unumgängliche Phase zu sein?« – »Es hat mit der Reinigung und dem Karma zu tun«, war seine Antwort. Im Reinigungsprozess unseres Wesens wird all das beseitigt, an dem wir anhaften, und das ist schmerzhaft; die Loslösung tut weh und je hartnäckiger und älter die Anhaftung ist, desto intensiver wird der Schmerz sein. In der Essenz ist der Mensch eine Seele, die sich inkarniert hat, um ihre karmischen Schulden zu begleichen oder – anders ausgedrückt – um die Knoten zu lösen. Das Gleichgewicht wieder herzustellen bedeutet, dort aufzufüllen, wo es leer ist, und dort zu leeren, wo es zu voll ist, zu geben, wenn man zu viel genommen hat, und zu nehmen, wenn man zu viel gegeben hat. Der Persönlichkeitstyp, der uns in diesem Leben anvertraut wurde, ist – egal wie sehr wir uns darüber auch beklagen – immer der richtige, er ist für die Arbeit, die wir verrichten müssen, am geeignetsten. Uns erscheint das aber oft ganz und gar nicht so, wir fühlen uns nicht wohl in unserer Haut und denken, es wäre besser, wenn in unserem Leben alles anders wäre. Unser Ego ist es, das dann spricht und das – wie bereits gesagt – nur selten versteht, was wir wirklich brauchen. Es hat ganz andere Absichten, es wurde zur Eitelkeit erzogen, zur Abgrenzung, zum Ehrgeiz und zu der Vorstellung, dass man nur einmal lebt. Das Ich hat eine eher kindliche und sehr partielle Sicht der Wirklichkeit; die Seele hingegen trägt eine lang zurückliegende Geschichte mit sich, hat viel mehr Gepäck und viel mehr Wissen. Ihr Ziel ist das Ganze. Das Ziel des Ichs aber ist ›nur ich und nur für mich‹.

Nachdem eine Freundin das Manuskript zu diesem Buch gelesen hatte, fragte sie mich: »Aber wozu dient das Ego denn? ... Da es doch existiert, muss es doch auch zu etwas gut sein ...« Das Ego ist unerlässlich, weil es uns zu Menschen macht. Es bringt Bewegung in unser Leben, es lässt uns Freude empfinden, leiden, verlieren, gewinnen, es lässt uns in die Irre gehen, aber auch etwas fehlerfrei machen, Gutes tun und Schlechtes tun, lieben und hassen; es stößt uns in die Welt hinein ... Und in die Welt sollen wir auch eintauchen, sagt Sumarah, wozu sind wir sonst hier? All das ist Teil des universellen Plans, selbst dass wir ein Ego haben und uns nicht davon befreien können.

Für Sumarah ist alles, was sich innerhalb und außerhalb von uns vollzieht, nichts anderes als ein Stadium, eine Phase im Prozess, in dem die Befreiung die grundlegende Richtung bleibt. Sumarah hat eine Sicht der Welt und der Menschheit, die zutiefst von der Vision der (Weiter-)Entwicklung geprägt ist, einer Evolution, die aber auch Rückfälle und Rückschritte in sich birgt. So gibt es in den verschiedenen Zeitaltern unterschiedliche Entwicklungsprozesse, aber auch einen unaufhaltsamen Prozess, dessen Gesetz das des Wachstums hin zur Einheit ist.

Vielleicht hatte Pak Arymurthy genau das im Sinn, als er, wie ich bereits an anderer Stelle erwähnt habe, die Theorie der trimurti entwickelt und sie in drei aufeinander folgenden Stadien ausgearbeitet hat: trimurti I, trimurti II und trimurti III. Diese Stadien beschreiben die vertikale Entwicklung des Individuums, das nach Vereinigung mit dem Göttlichen strebt, in Verbindung mit der horizontalen Ausdehnung oder anders gesagt in Verbindung damit, das Verständnis, das auf jeder der drei Ebenen erreicht wurde, in den Alltag umzusetzen.

Bereits seit fünf Jahren hörte ich Pak Arymurthy dieses System erklären und immer noch hatte ich es nicht wirklich verstanden. Als ich mich im April 1994 darauf vorbereiten musste, mein erstes Meditationsseminar in Europa zu leiten, fühlte ich das Bedürfnis, diese Entwicklung der *Sumarah*-Theorie von Grund auf zu verstehen. Deshalb suchte ich Pak Ary in Jakarta auf und machte eine der bedeutsamsten Erfahrungen meiner zwanzigjährigen *Sumarah*-Praxis. Um mir seine Version der Theorie der *trimurti* zu verdeutlichen, führte mich Pak Ary in eine sehr lange, fast dreistündige Meditation, in der er mich begleitete, damit ich die Dimensionen von *trimurti I, II* und *III* selbst erfahren konnte. Diese Erfahrung war sehr speziell, auch wegen eines anderen ungewöhnlichen Umstandes: Mit den leitenden Worten Pak Arys und seinen Hinweisen wechselte sich eine Stimme ab, die beständig spontan in mir auftauchte und die sich einschaltete, um Pak Arys Führung zusätzliche Kommentare hinzuzufügen. Das Verblüffendste war, dass die beiden Stimmen miteinander vertraut zu sein schienen und sich in äußerster Harmonie befanden: Jedes Mal, wenn ›meine‹ Stimme zu Ende gesprochen hatte, schien Pak Ary ihr fast zu folgen oder umgekehrt war es die Stimme, die die Worte Pak Arys fortsetzte.[8]

Ich denke, um zu versuchen, die *trimurti*-Theorie mit meinen Worten darzulegen, ist es am besten, über die Erfahrung dieser außergewöhnlichen Meditation zu berichten, im beständigen Gewahrsein, dass Worte, bekanntlich und wie schon oft gesagt, niemals die direkte Erfahrung ersetzen können, noch den Anspruch haben, diese zu ersetzen.

Ich bin in Jakarta, im Hause Pak Arys, der trotz seiner eher schmächtigen Statur auf seinem thronartigen Korbstuhl immer sehr majestätisch wirkt. Ich bin mit seiner ernsthaften Erscheinung vertraut, mit diesem Schauen jenseits der Dinge und Menschen. Pak Ary leitet eine Meditation nie mit vollständig geschlossenen Augen. Es ist schwer zu sagen, wohin er schaut, es scheint, als blicke er jenseits von mir, dann, in seinem sanften und gleichzeitig klangvollen und sicheren Tonfall, beginnt er:»Bitte, jetzt werde ich, so es uns erlaubt ist, Laura begleiten.« [Schweigen]»Zuallererst muss das Ich ein klares ›Ja‹ sagen. Eine halbe Absicht reicht nicht aus. Wir müssen völlig einverstanden und verfügbar sein. Mit einem

---

8| Im folgenden Bericht beziehe ich mich auf diese innere Stimme, indem ich sie einfach ›die Stimme‹ nenne.

›Ja, hier bin ich‹ anfangen ...« [Schweigen] »Die *Sumarah*-Praxis antwortet in der gegenwärtigen Phase auf die philosophischen und existenziellen Bedürfnisse des Individuums, das Gott sucht. Wenn *angen-angen* und *rasa* in *trimurti I* vom Licht des *budi* vereint wurden, dann beginnt die Ausrichtung vertikal und nach oben gewandt zu sein. Es kommt zur Erfahrung der Einheit, weil hier keine Konflikte sind: Der Verstand und das Herz wollen dasselbe und gesellen sich zum erweckten *budi*.«

Ich fühle ein tiefes Wohlbefinden, das vollkommener Ruhe gleichkommt: Was für ein Frieden darin liegt, keine Konflikte zu haben, was für eine Stille! Dann fühle ich von wer weiß woher die Stimme Pak Wondos auftauchen, die zu mir sagt: »Sei dankbar!«

Gewöhnlich leitet Pak Ary eine Meditation, indem er zum Teil indonesisch, zum Teil englisch und zum Teil javanisch spricht und die Anweisungen mit dem Klang eines Vokals oder eines Wortes wie ›*yaaaa*‹ oder, was seltener ist, ›*Allaaaah*‹ abwechselt. Dieses Mal jedoch intoniert er zu meiner und vielleicht auch seiner eigenen Überraschung: »*Hellooo ... hellooo ... say hello to yourself.*«

Ich merke, dass ich lächle. Das Gefühl des Wohlbefindens verwandelt sich in eine zunächst leichte und euphorische, dann schrittweise innigere, gehaltvollere und tiefere Freude. Als ob er in mich hineinschauen würde, kommentiert Pak Ary: »Ja, es ist in Ordnung, dass hier Glückseligkeit ist. Im Gegenteil, dies ist das Mindeste: Die Erfahrung von *trimurti I* ist zumindest für die eigene Glückseligkeit. Wie könnte man auch nicht glücklich sein, wenn man sich zu sich selbst zurückkehren fühlt, vereinigt mit dem vollständigen Selbst? Wenn wir dem begegnen, empfinden wir alle Freude, weil wir alle dieses vollständige, in seinem physischen, emotionalen, mentalen und spirituellen Bewusstsein unversehrte Menschsein vermissen. *Hello ... hello ... say hello to yourself.*«

Ich fühle, wie ich jubiliere. Ein »*Jaya!*«[9] entschlüpft mir aus wer weiß welch entferntem Winkel meines Gedächtnisses.

»Hier«, fährt Pak Ary fort, »haben wir die Möglichkeit, unser *pandum*[10] zu sehen und können es daher wirklich annehmen.

Das ist eine Gnade, der gegenüber wir auch eine große Verantwortung haben: die Verantwortung, das zu pflegen, was uns anvertraut wurde, und nicht nur dankbar, sondern auch vertrauenswürdig zu sein. Die Verantwortung besteht in dem Bemühen, unseren Garten sorgfältig zu pflegen, damit dieser hochwertige Früchte und hochwertiges Gemüse hervorbringt. Um unser *pandum* akzeptieren zu können, müssen wir es zuallererst kennen, und es wirklich zu kennen bedeutet, es bis zu seiner höchsten Leistungsfähigkeit zu entfalten und dabei diesen kleinen Teil von uns zu entdecken, der noch rein ist, da unbeeinflusst von der Form. Das ist der eigentliche Sinn von *narima ing pandum,* das eigene *pandum* akzeptieren. Auch die Religionen appellieren – wenn sie anfangen, ihren Glauben zu verbreiten – an den latenten Wunsch des Menschen, die letztendliche Wirklichkeit zu erfahren.« Die Stimme in mir sagt:»Nur in der Stille von *sunyata* (der absoluten Leere) kann *Kasunyatan* (die letztendliche Wirklichkeit) erfahren werden.« Und Pak Ary:»Diese manifestiert sich als tatsächliche Erfahrung, auch wenn wir uns hier noch in der Welt der Form befinden und die Form der Ursprung sämtlicher Konflikte ist.« Und die Stimme fügt hinzu:»... sei es die physische oder die mentale Form oder das Konzept – die Form erzeugt Unterschied, ist Unterschied ... viele Formen schaffen viele Unterteilungen.«

Pak Ary:»Die Form schafft Konflikte, die Form teilt. Das ist der Grund, weswegen sogar Gott zum Anlass für Konflikte unter den Völkern der Welt wurde. Gott wurde zu oft eine Form gegeben, manchmal sogar ein genaues Bild, wie zum Beispiel das eines alten Mannes mit einem freundlichen Gesicht, der dort oben im Himmel wohnt ...« Und die Stimme sagt:»Indem die Menschen Gott eine Form gegeben haben,

9| Das bedeutet ›Gloria‹, ›Halleluja‹.

10| Zum Begriff *pandum* siehe auch »Die Begegnung mit dem inneren Lehrer: *guru sejati*«.

haben sie ihn zu einem Besitzgegenstand gemacht. Das absolute Subjekt, in ein Objekt verwandelt, wurde zur Quelle blutiger Auseinandersetzungen.« Pak Ary weiter: »Solange es Form gibt, gibt es immer die Möglichkeit des Konflikts. Aus diesem Grunde wird es notwendig, immer notwendiger, sich mit dem spirituellen Weg zu befassen, mit *budi* Kontakt aufzunehmen und *budi* zu erwecken. *Budi* ist höchstes Bewusstsein, der Teil, der Erleuchtung möglich macht. Von Anfang an ist in *Sumarah* gesagt worden, dass *angen-angen* und *rasa* das Licht von *budi* empfangen müssen, um den *sumarah*-Zustand erreichen zu können, denn *budi* ist *nur*, ist Licht, und kann unser Denken, unseren Willen und unser Empfinden erleuchten. Dort gibt es keine Form mehr.«

Nach einer Weile sagt die Stimme: »Meditation und tiefe Entspannung öffnen uns für das Licht des *budi,* und das erweckte *budi* seinerseits, macht den inneren Frieden möglich, dadurch, dass es uns erleuchtet und von der Form und den Konflikten befreit. Erleuchten bedeutet Licht auf etwas werfen.«

Und Pak Ary: »*Yaaaa, yaaaa* … nur so kann das persönliche Ich schließlich durch das vollständige Selbst ersetzt werden. Nur hier sind Kontemplation und Innenschau möglich. Ansonsten sind unsere Kontemplationen nichts anderes als Gedanken, die sich gegenseitig bis ins Unendliche verfolgen. Das vollständige Selbst kontempliert das Herz.«

[Langes Schweigen]

Deshalb hat Pak Ary heute Abend ›hello‹ gesungen, denke ich. Und die Stimme fügt hinzu: »Geh dir selbst entgegen, begrüße dich selbst, heiße dich willkommen, weil diejenige, die dir entgegenkommt, die ist, die das Ganze in sich trägt. Freue dich über diese Wieder-Vereinigung, weil es hier, wo Getrenntheit nicht mehr besteht, kein Leiden mehr gibt.«

An diesem Punkt beginnt Pak Ary ein sehr sanftes Duett, zwei Stimmen, die sich in unterschiedlichem Ton abwechseln. Sie singen ›hello‹, die eine ruft und die andere antwortet – *budi* ruft und das erweckte Selbst antwortet. Dann sagt Pak

Ary:»Komm, gehen wir in dieser Atmosphäre auf die Dimension der Nicht-Form zu und dort warten wir darauf, dass sich die Tür öffnet. Behalte im Auge, dass hier in *trimurti I* deine Glückseligkeit noch rein individuell ist, aufs Äußerste mit deinem Herzen und deinem Körper verbunden.« [Schweigen] Pak Ary singt ein höchst sanftes *»Yaa ... yaa ...«* und fährt dann fort: *»Budi* kann nämlich sein Licht nach unten ausstrahlen, um die verschiedenen Werkzeuge menschlichen Gewahrseins zu vereinigen *(trimurti I)*, oder nach oben, um in Kontakt mit dem allerhöchsten Bewusstsein zu gelangen *(trimurti III)*. Im ersten Fall manifestiert es sich als *nur pribadi* (individuelles Licht) im vollständigen Selbst und im zweiten Fall als *nur illahi* (göttliches Licht) in der Wahrheit des letztendlichen Willens.« Die Stimme sagt:»Die wahre Innenschau führt zu Ausgewogenheit, Ausgewogenheit der verschiedenen Anteile in uns Menschen; Ausgewogenheit führt zu Harmonie, Harmonie zwischen den verschiedenen Werkzeugen, die uns gegeben wurden; Harmonie führt zur Einheit, Einheit zwischen Subjekt und Objekt, zwischen dem, der betrachtet, und dem, was betrachtet wird.«

Den Ton seiner Stimme verändernd, als habe eine Energie von ihm Besitz ergriffen, die stärker und größer ist als er, deklariert Pak Ary daraufhin:»Genau genommen ist *budi* die Schwelle zwischen dem Menschlichen und dem Göttlichen. Hier kannst du aufhören oder weitermachen. Jedenfalls ist das die Richtung!«

Und die Stimme:»Wenn das Ich das vollständige Selbst ist, verschwindet es. Auch wenn es noch in der Form von Laura zu existieren scheint, gibt es Laura nicht.« Nun − wie bei einer Sonnenfinsternis, wenn sich die Qualität des Lichts auf der Erde verändert, während der Mond ganz langsam die Sonne verdeckt − so scheint sich, allmählich und schweigend, das Panorama meines Seins unter meinen Augen zu verwandeln.

Pak Ary fährt fort:»Die Beziehung zwischen vertikal und horizontal ist die Essenz dessen, was sich in *Sumarah* als ›pa-

mong-System‹ entwickelt hat. Allgemein könnte man vereinfachend sagen, dass all das, was wir empfangen, niemals nur für uns und niemals zufällig ist. Das, was Laura in der vertikalen Entwicklung empfangen hat, empfängt und empfangen wird, wird niemals nur für Laura sein. Das vertikale Wissen muss sozusagen ›hinabsteigen‹ und eine Form annehmen, um weitergegeben und kommuniziert werden zu können. Genau aus diesem Grund ist das einzig wahre Mantra des *pamong:* ›Bitte, wenn es uns jetzt gewährt ist, werde ich dich begleiten.‹«[11]

Mir kommen all die Momente in den Sinn, in denen Pak Wondo gesagt hat:»Niemand kann wirklich allein leben ... Erinnere dich daran, Laura, nicht einmal ein Glas Wasser kannst du allein trinken ...«

»Das ist die *Sumarah*-Praxis«, fährt Pak Ary fort,»die vertikale Kommunikation im Dienst der horizontalen und die horizontale im Dienst der vertikalen. In der Erfahrung des vertikal nach oben Gerichtetseins entfernt man sich immer mehr von der Form, aber dann muss man über denselben Kanal erneut zur Form zurückkehren und in der physischen, mentalen und emotionalen Dimension das, was man gesehen und erkannt hat, manifestieren. Dennoch dient in *trimurti I* die Rückkehr zur Form, die Rückkehr zur Horizontalen, lediglich uns selbst. Zwar können wir sie teilweise auch mit anderen teilen, aber wesentlich ist hier die Erfahrung der Freude über die Begegnung mit dem vollständigen Selbst und über die Manifestation des *pamong pribadi.* So ist das. Die horizontale Kommunikation, um die es hier geht, findet zwischen mir und mir statt und spiegelt die unter der Führung *budis* aufleuchtende Einheit wider.«

Und hier sagt die Stimme:»Wenn wir das vollständige Selbst berühren und zu unserer wahren Identität gelangen,

---

11| Der in diesem Fall für ›begleiten‹ verwendete Begriff ist *ndherek,* ein javanisches Wort der respektvollsten Sprachebene, das ›von hinten begleiten‹, ›folgen‹ bedeutet, wie ein Diener, der seinen Herrn begleitet.

sehen wir unseren Schatten, haben aber auch Zutritt zu unserem hellsten Teil. Dort werden wir wie zu einem Spiegel für uns selbst, haben eine neue Verantwortung und können nicht mehr lügen.«

Pak Ary: »*Budi* wirkt auf das Herz ein, und hier wird man sich schließlich selbst umarmen können. *Yaaa ... yaaa ... say hello to yourself.*«

Licht und höchste Führung: das *sumarah*-Selbst

> *Warum schwatzt du über Gott?*
> *Was auch immer du über Ihn sagst, es ist nicht wahr.*
>
> Meister Eckhart

In der Tradition der *kejawen* existiert kein spezielles Wort für Gott, abgesehen von ›Allah‹, das dem Islam entliehen wurde. Um sich auf das Göttliche zu beziehen, werden gewöhnlich Metaphern wie *Sang Hyang Urip* (der Erhabene), *Sang Hyang Widhi* (der Höchste Wissende), *Sang Hyang Tunggal* (der Einzige) und *Sang Hyang Wenang* (der Siegreiche) verwendet. Wir wissen, dass es besser wäre, nicht zu viel über Gott zu sprechen, denn, wie die Taoisten sagen, ist das, von dem man sagen kann, was es ist, nicht das Tao. Und doch sprechen wir häufig davon und haben das Bedürfnis, neue Namen und Umschreibungen zu finden, um es zu benennen. Pak Ary legt uns oft nahe, dass wir darauf achten sollten, den Namen Gottes nicht zu ›verschleudern‹ *(obral-obralan)*. Auch Pak Wondo neigt dazu, sich auf das Göttliche vor allem über Andeutungen oder Bemerkungen zu beziehen wie: »Genau das« oder auch: »Ja, es ist so, aber nicht genau so« *(ya ngono, ning ora ngono)*. Pak Wondo weiß, dass man mit Worten nicht sehr weit kommt und dass es auch gefährlich sein kann, mehr über bestimmte Dinge zu sagen. Es gibt Menschen, die dadurch gestorben sind, wie zum Beispiel Seh Siti Jenar, einer der neun *wali* (heiligen Prediger), die um 1600 aus dem Mittleren Osten kamen, um den moslemischen Glauben auf Java zu verbreiten. Die Legende berichtet, dass Seh Siti Jenar den Botschaftern, die ihm die Nachricht überbrachten, dass er von der Synode der *wali* angeklagt worden sei, die geheimen Lehren verkündet zu haben, und daher zum Tode verurteilt worden sei, antwortete:»Teilt ihnen Folgendes mit: ›Seh Siti Jenar gab es nicht, Seh Siti Jenar existiert nicht. Das, was existiert, ist einzig und allein Allah!‹«

Was war nun die geheime Lehre, die Seh Siti Jenar verraten hatte? Sie lässt sich mit folgenden Worten zusammenfassen:»Ich bin Allah, Allah ist ich.« Dieser Satz kostete ihm das Leben und es ist auch verständlich, warum. Die letztendliche höchste Wahrheit, die in dieser Behauptung verborgen ist, kann nämlich keinesfalls Ausgangspunkt einer spirituellen Lehre sein. Sie kann nur ihr Zielpunkt sein und auch das nur mit großer Vorsicht. Wie Pak Wondo oft sagt, muss zuerst ›bezahlt‹ werden *(bayar dulu)*. Jedenfalls wird man nie wissen, wer törichter war: Seh Siti Jenar, weil er seinen berühmten Satz verkündete und daran starb, oder die anderen acht *wali,* weil sie ihn zum Tode verurteilt haben und so seine Ketzerei unsterblich werden ließen.

Oft möchten wir wissen, an welcher Stelle des Weges wir angekommen sind, aber in Wirklichkeit ist das nicht von Belang. Wir sind, wo wir sind, aber vor allem sind wir jetzt hier, und das, was zählt, ist die Gegenwart und die vollständige Erfahrung der Gegenwart. Es ist nicht nötig voranzustürmen, denn wir lernen auf jeden Fall immer nur das, wofür wir bereit sind. In diesem Moment ist die gesamte Wirklichkeit da, liegt transparent vor uns, bereit, uns die Botschaft zu überbringen; plötzlich sehen wir sie, wir hören und verstehen sie. Schwer zu sagen, ob sie immer da gewesen ist. Wahrscheinlich schon, aber erst in dem Moment, in dem wir sie erkennen, können wir die Lehre erhalten, die uns dann – wer auch immer dafür vom Leben als Überbringer, als Lehrmeister, gewählt wird – übermittelt wird. Und auf diese Weise machen wir einen weiteren Schritt.

Kommen wir nun aber auf die von Pak Arymurthy geleitete Meditation zurück, zu dem zweiten Stadium der Entwicklung des Bewusstseins:

Befinden wir uns in *trimurti I,* dann ist die Begegnung mit dem vollständigen Selbst eine angenehme Begegnung, voll Freude, ein Gefühl von ›Ah, endlich!‹. »So wie zwei Freunde, die sich schon lange Zeit nicht mehr gesehen haben, sich endlich umarmen«, sagte Pak Ary. [Schweigen] *»Yaa ... yaa ... yaaa ...«,* sein Gesang wird ein wenig leiser, ein wenig schwebender, als würde er auf etwas warten. Dann sagt er: »Hier haben wir angehalten, um einen Geschmack unseres *pandums* zu erhalten. Wenn man das eigene *pandum* erlebt, kommt der Prozess in gewissem Sinne zum Stillstand. Aber jetzt können wir weitermachen ... treten wir ein ...« Etwas breitet sich aus ...»Laura, lass dich erweitern ... dehne dich aus ... *Allah ... hello ... Allah.* Hier gehen das Herz, das Licht empfangen hat, und *budi* in die *Tuntunan* ein, die göttliche Führung öffnet sich, nimmt uns auf. Laura, lass dich los ... *Allah, hello ... Allah. Aku* ist noch vorhanden, wir sind noch hier, aber wir sind nicht mehr durch die Form begrenzt.«

[Schweigen]

Die Stimme sagt: »Das ist der Bereich der großen Leere, *alam awang awung:* Die Leere, die nicht leer ist.«

Pak Ary fährt fort: »Der Bereich der *Tuntunan* ist der Bereich von *Khakiki.* Hier wird uns die Möglichkeit gegeben, den Raum der göttlichen Führung zu betreten.« Und die Stimme sagt: »Hier ist es, wo Bhima Dewaruci begegnet. Das bedeutet ›eintreten‹. Es gibt kein Zögern. Genauso trat Bhima, der so groß und mächtig ist, in das Ohr des kleinen Dewaruci ein ... Das Unendliche, was ist das Unendliche?«

Dann, zu meiner Verwunderung, setzt Pak Ary die Worte der Stimme fort: »Bhima ist nicht unsicher, als er Dewaruci begegnet, denn wenn die *Tuntunan* wahrhaftig ist, erzeugt sie keine Verwirrung, sie macht sich erkennbar. Bhima erkennt Dewaruci, weil er sich einem Wesen gegenüber sieht, das mit ihm identisch ist, nur dass es lichtvoller ist ...« Und kleiner, denke ich, warum so klein? Und die Stimme sagt: »Unser wahres Selbst befindet sich in unserem großen Ich. Es ist verborgen, klein und strahlend, kostbar wie ein Diamant. Es erscheint klein, weil es versteckt ist. Das Ich erscheint groß, weil es sich zeigt.«

Pak Ary fährt fort: »Das vollständige Selbst trifft nun auf den göttlichen Willen. Hier kann es seinen Ursprung sehen, woher es kommt und wohin es zurückkehrt *(sangkan-paran)*. Dennoch ist das, was wir hier erfahren können, immer noch allein der Weg; die *Tuntunan* ist der Weg, und wie diese empfangen und verstanden wird, hängt in *trimurti I* zum Teil noch von unserer Verfassung ab. Das innere Licht *(nur pribadi)* ist dort, auch wenn wir es oft nicht schaffen, es zu sehen und damit in Kontakt zu treten, solange uns noch nicht die Essenz *(jat)* von *budi* gezeigt wurde. Ist das erst einmal geschehen und tauchen wir vollständig darin ein, dann befinden wir uns in *trimurti II*.«

Ich habe mich verloren. Was ist die Essenz von *budi*? Mein Verstand gewinnt die Oberhand. Ich fühle eine gewisse dumpfe Unruhe. Pak Ary spürt das. Er nimmt seinen Gesang wieder auf, *»yaa … yaa … yaa …«*, ruhig, leise, entspannend. Ich fühle, wie mir das mein Gleichgewicht wiedergibt.

»Manchmal«, sagt Pak Ary, »ist es notwendig, einen Schritt zurückzugehen, das macht nichts, das ist normal. Unser Ich will wissen und erregt sich ein wenig und das Herz ist emotional bewegt.« Und die Stimme: »Du bist noch nicht dazu in der Lage, du bist noch nicht daran gewöhnt.« Zweifellos. Ich beruhige mich, ich lasse mich los. Das, was geschehen soll, geschieht. So ist es schon viele andere Male gewesen, wie kann ich das immer noch vergessen? Ganz allmählich öffnet sich das Herz und der kleine und enge Raum wird erneut wieder weit. Pak Ary kommentiert: »Es ist nicht leicht, den Kurs einzuhalten. Hier befinden wir uns bereits in *trimurti II* und Laura fühlte sich vom Ausmaß dieser Region ins Schleudern gebracht. Wenn man nicht unerschütterlich in *budi* bleibt, verliert man sich hier. Genau deshalb ist es hier so wichtig, geführt zu werden. *Trimurti II* ist dort, wo sich die *Tuntunan* manifestiert, wo uns die Richtung gewiesen wird. Hier ist es wichtiger denn je, diszipliniert und achtsam zu sein.« Und die Stimme sagt: »Hier sind wir auf dem richtigen Weg und gehen in die richtige Richtung.« Pak Ary: »Hier, unter der göttlichen Führung verschmilzt das Herz, das Licht empfangen hat, unser höchster menschlicher Aspekt, das vollständige Selbst von *trimurti I*, mit dem Licht von *budi*. Das göttliche Licht in uns *(nur pribadi)* und das göttliche Licht der *Tuntunan (nur illahi)* treffen aufeinander und erkennen sich: *Trimurti II* ist die Manifestation und Vereinigung dieser beiden Lichter.« Und die Stimme:»Auf diese Weise wird das Licht ein einziges.«

Pak Ary fährt fort:»Erst in *trimurti II* ist *sumarah* möglich: Hier wird das vollständige Selbst also zum *sumarah*-Selbst, zum Selbst, das sich dem Willen der göttlichen Führung vollkommen unterwirft. In *trimurti II* geht die Innenschau, die uns zum vollständigen Selbst geführt hat, noch weiter, aber jetzt können wir das mit anderen teilen. So wie sich die horizontale Manifestation von *trimurti I* in der Erweckung des *pamong pribadi* verwirklicht, so verwirklicht sich ensprechend die horizontale Manifestation von *trimurti II* im *pamong umum,* das heißt in dem- bzw. derjenigen, der bzw. die die Aufgabe hat, auch andere zu führen. Der *pamong umum* kümmert sich auch weiterhin um sich selbst, aber gleichzeitig hat er die Aufgabe, das zu zeigen und mitzuteilen, was für andere geeignet, hilfreich und angebracht ist.«

»In *trimurti II*«, wiederholt Pak Ary,»ist es wichtig, diszipliniert und aufmerksam zu sein.« Und die Stimme sagt:»Das ist für dich, Laura.« Pak Ary:»Von einer Person, die die Funktion eines *pamong umum* ausübt, wird verlangt beispielhaft zu sein, ein Vorbild für andere zu werden, vor allem im Alltagsleben ... Die Leute werden sich sehr wohl fühlen, zufrieden, strahlend, leicht, interessiert und stimuliert, wenn sie mit Laura zusammen sind ... Ist man noch weiter vorangeschritten, wird nicht einmal mehr irgendein Konzept vonnöten sein, wenn man leitet. Der *pamong umum* ist immer bereit und immer verfügbar: Er (oder sie) sucht keine Schüler, ist aber verfügbar für diejenigen, die ihn (oder sie) brauchen. Was in der Erfahrung der Nicht-Form empfangen wird, wirft Licht auf die Form und gestattet das Mitteilen. Nun werden die Kategorien des Ichs, seine Werkzeuge und Fähigkeiten – das Denkvermögen, der Wille und die Gefühle – wieder in ihrer ursprünglichen Form, die jetzt erhellt ist, aktiv. Die Nicht-Form hat der Form Licht gegeben. Es ist jetzt für Laura an der Zeit zu lernen, Gehorsam gegenüber dem göttlichen Gesetz zu praktizieren *(mbangun miturut)*. Durch die Praxis des Gehorsams dem letztendlichen Willen gegenüber öffnet sich die Möglichkeit, das kennen zu lernen, dem man gehorcht. So wird das vollständige Selbst zum *sumarah*-Selbst.«

Die Einheit von Herrscher und Untertan: *manunggaling kawula gusti*

> *Derjenige, der denkt, dass Gott irgendeine Eigenschaft besäße und nicht das Eine wäre, schadet nicht Gott, sondern sich selbst.*
>
> Filone

Das Streben nach Harmonie und Ausgewogenheit, um in der endgültigen Einheit anzugelangen, ist, so lässt sich vielleicht sagen, das höchste Ideal der javanischen Weltsicht. Obgleich die (Be-)Achtung des eigenen Platzes von Moment zu Moment zweifelsohne eine der wesentlichen Regeln ist, um das Gleichgewicht zu erhalten, wissen die Javaner doch sehr wohl, dass wahre Harmonie viel mehr umfasst als die Form und das Anerkennen der unterschiedlichen Ebenen. Diese können im alltägliche Leben eine Orientierung geben, aber sie genügen sicherlich nicht, um Frieden zu garantieren. Die Bedeutung, die in der javanischen Kultur dem Respekt Höhergestellten gegenüber zukommt, ist ähnlich zu verstehen. Die Haltung der *andap asor* (Demut) spiegelt nicht so sehr eine allgemeine Bereitschaft zur Unterwerfung wider, als vielmehr die Absicht, dem anderen nicht das eigene Ego aufzudrängen. Allen ist daran gelegen, den anderen stets zu respektieren, ihm sozusagen immer den Ehrenplatz zu geben. Auch sprachlich wird im Javanischen – außer in einigen wenigen sehr speziellen Situationen – immer die Verwendung der ›hohen‹ Ebene des Respekts gewählt, mit der man sich selbst niedriger stellt und den anderen erhöht.[12]

12| Zur javanischen Sprache siehe Einleitung, Fußnote 1, Seite 7

Das Konzept, das dieses Ideal der Einheit und der letztendlichen Gleichheit vielleicht am besten darstellt, ist das des *manunggaling kawula lan gusti*, *wort*wörtlich ›die Einheit von Herr und Diener, Herrscher und Untertan‹. Darin liegt das höchste Streben der *kejawen,* und die Tatsache, dass eine derartige Einheit als möglich erachtet wird, verdeutlicht wieder einmal die tiefe Überzeugung der Spiegelbildlichkeit von Mikrokosmos und Makrokosmos, von dem Ganzen und den Teilen, dem Menschlichen und dem Göttlichen. Diese Entsprechung ist jedoch nicht unmittelbar ersichtlich. Pak Wondo spricht oft von der persönlichen Arbeit, die in diesem Sinne notwendig ist, und unterscheidet drei Momente auf dem Weg zur Einheit: *momong, momot, momor. Momong* ist, wie wir bereits gesehen haben, die Haltung der Fürsorge, des Sichkümmerns, des Führens. Ob nun *momong* an eine andere Person, die eigene Familie, eine Gruppe oder ein Land gerichtet ist, immer eröffnet es eine Annäherung an das Andersartige, an das, was uns offensichtlich fremd ist. *Momot* hingegen ist das Umarmen, meint also nicht nur, den anderen zu akzeptieren, sich um den anderen, das Andersartige zu kümmern, sondern auch die Fähigkeit, ihn bzw. es zu halten und zu umarmen. Obgleich es noch ein ›Ich‹ und ein ›Du‹ und somit Abgrenzung gibt, geht man mit *momot* einen Schritt weiter auf die Einheit zu. Jedoch allein durch *momor* (›eins werden‹) verwirklicht sich die Einheit. In *momor* tritt das Ich zur Seite, und das Selbst erscheint. Die Praxis spirituellen Gewahrseins bringt uns dazu zu sehen, dass das universelle Selbst sich durch so viele Ichs ausdrückt, wie es Lebewesen gibt. Durch die Erfahrungen in der Meditation gelangen wir – falls es uns gegeben ist – dahin, zu erahnen, dass das, was wirklich existiert, nur das universelle Selbst ist, das universelle Bewusstsein, und wir erleben, dass der Vorgang der Vereinigung weder mühevoll noch erzwungen ist, sondern einfach nur das einfache und erstaunte Anerkennen dessen, was bereits ist.

In der javanischen Mythologie gibt es eine Figur, die mehr als alle anderen geliebt und geachtet wird und die das Ideal von *manunggaling kawula lan gusti* verkörpert. Es ist Semar. Semar ist einer der vier *punakawan,* der Clowns und treuen Diener der Pandava, die in den *wayang kulit*-Vorstellungen gewöhnlich um Mitternacht in der Episode des *garagara*[13] in Erscheinung treten. Mitten in der Geschichte greift Semar gemeinsam mit Gareng, Petruk und Bagong ein, um das Publikum zu amüsieren und auf einfache und humoristische Art und Weise das vorwegzunehmen, was die letztendliche Botschaft dieser besonderen *lakon* (Episode) sein wird. Vermittelt durch die Witze und Scherze der *punakawan* kann der *dhalang* auf freie und improvisierte Art (fast) alles sagen, was er will, während das Publikum wieder aufwacht und lachend die Müdigkeit und Ernsthaftigkeit der vorangegangenen Stunden der Vorstellung abschüttelt. Die *punakawan* streiten, reißen vulgäre Witze und reden in *ngoko* (Niederjavanisch) allerlei Blödsinn, in dem jedoch immer Perlen der Weisheit verborgen sind. Insbesondere das, was Semar sagt, ist reines Gold: Es ist immer die Wahrheit.

Semar ist der persönliche und treueste Diener Arjunas. Seine Gesichtszüge sind etwas grob und seine Figur ist halb weiblich und halb männlich. Obgleich er ein Diener ist, der demnach auf der respektvolleren Sprachebene mit seinem Herrn sprechen müsste, spricht Semar meistens *ngoko* und nimmt sich auch sonst reichlich viele Freiheiten und vulgäre Äußerungen heraus.

Semar ist nämlich Diener und Gott zugleich. Die Legende berichtet, dass Sang Hyang Tunggal ihn zusammen mit Dewi Rekatawati zeugte, die ein Ei gebar, aus dem drei Gottheiten hervorgingen: Aus der Schale entstand Tejamantri, aus dem Eiweiß Ismoyo und aus dem Eigelb Manikmoyo. Ismoyo ist lediglich ein anderer Name für Semar, der von den Göttern dazu bestimmt wurde, den Pandava zu helfen und zu dienen.

Eigentlich ist Semar der Inbegriff der *kejawen*. Er stellt die Verkörperung und Vereinigung von Untertan und Herrscher dar: Einerseits unterwürfiger Diener, der immer dann präsent ist, wenn er gebraucht wird, ist er aber andererseits auch Bathara Ismoyo, der Herr des Universums, derjenige, der die Schicksale der Welt kennt und lenkt. Semar ist unbesiegbar und unsterblich und die Rundlichkeit seiner Figur symbolisiert Vollständigkeit: Der Herr ist im Diener und der Diener im Herrn, alles ist göttlich, und das Göttliche ist in allem, und der Herr kann nur wirklich ein Herr sein, weil er den Diener in sich trägt und kennt.

13| Der *gara-gara* ist der zentrale Teil der Geschichte, der vom Publikum am meisten erwartete Moment, der lustigste und auch für alle verständlichste Augenblick. Im *gara-gara* spricht der *dhalang ngoko* und ergeht sich in Scherzen und Anspielungen, die das Publikum erfreuen.

Semar ist Licht und Führer, aber er ist auch *samar*, das heißt geheimnisvoll und unbestimmbar. Seine eigenartigen und hässlichen Gesichtszüge sollen daran erinnern, dass es nicht auf das Erscheinungsbild ankommt, sondern auf das wahre Wesen; sein weder männliches noch weibliches Aussehen bedeutet, dass die Seele jenseits der Form liegt, und die Geschichte seiner Herkunft erinnert daran, dass er vor allem ein Gott ist, auch wenn seine Aufgabe und sein Auftrag darin liegen, Diener und Untertan zu sein. Darum spricht er mit allen im *ngoko*, darum wird er nie besiegt und darum fürchten sich alle Götter, wenn er sich erzürnt, und sorgen schnell für Abhilfe. Semar – Freund, Berater, Clown, Retter und Führer – ist die Verkörperung der Gegensätze, stellt die Beherrschung der Leidenschaften und die Vereinigung des Menschlichen mit dem Göttlichen dar.

In den Worten von *Sumarah* ausgedrückt, verkörpert Semar den Zustand, in dem die horizontale Ebene von der vertikalen absorbiert wird, eine Verfassung, in der es keinen Unterschied mehr zwischen *kodrat*, dem göttlichen Willen, und *wiradat*, dem menschlichen Willen, gibt.

Dieser Zustand wird in *Sumarah* auch mit dem Begriff *mormisah* bezeichnet, der von *amor* (eins sein) und *pisah* (getrennt sein) stammt. *Mormisah* ist der Zustand höchster Vereinigung, einhergehend mit losgelöstem Gewahrsein. In *mormisah* existieren Einheit und Getrenntheit nebeneinander: Das Individuum ist einerseits ein getrenntes Wesen, ein für sich stehender Mikrokosmos, andererseits aber eins mit dem Ganzen. Durch Meditation kann man diesen Zustand der absoluten Vereinigung mit dem Ganzen erfahren, den Zustand des vollkommenen Verlustes des Gefühls eigener Besonderheit bei gleichzeitig ausgedehnterem Bewusstsein und Neutralität. *Mormisah* ist die Erfahrung von Losgelöstheit und Vereinigung zugleich.

In der Art der *kejawen* ausgedrückt:»Gott ist in mir und ich bin in Gott« *(Allah ana sira, sira ana Allah)*. Das Kleine hat sich im Großen verloren und das Große ist im Kleinen versteckt. Nun wird die Immanenz entdeckt und die Transzendenz erfahren.

In der Terminologie von Pak Arymurthy stellt Semar *trimurti III* dar. In seiner Entwicklung durch *trimurti I* und *trimurti II* wird der Mensch geläutert, erneuert und von *budi* erhellt. Das Selbst wird zunächst zum vollständigen Selbst und danach – sich dem universellen Willen vollkommen fügend und sich ihm ergebend – zum *sumarah*-Selbst, und erst dann ist es bereit für die Erfahrung der Vereinigung mit dem Göttlichen, das heißt für *trimurti III*.

Und darum geht es im dritten Teil der von Pak Arymurthy geleiteten Meditation zur Entwicklung des Bewusstseins:

Ich sitze immer noch im Wohnzimmer seines Hauses in Jakarta, seit ungefähr zwei Stunden befinden wir uns in Meditation, seine Frau hat Tee und Kekse gebracht. Es fühlt sich an, als wäre ich auf einer dieser Reisen, so wie die Menschen im 19. Jahrhundert, als sie in Kutschen unterwegs waren, und wie man es aus Filmen kennt: sich lang hinziehend, voller unvorhergesehener Ereignisse, mit einem entfernten Ziel, bei dem das einzig deutliche Gefühl ist, nicht zu wissen, wann man ankommen wird.

Die Atmosphäre scheint sich ein weiteres Mal zu verändern. Das Gefühl, das ich habe, ist ein Gefühl der Abwesenheit der Dinge: Ich weiß, wo ich bin, aber ich fühle die Rückenlehne des Sessels nicht mehr, weder das Vorhandensein der Gegenstände und Möbel im Zimmer noch meinen Körper. Es ist, als sei die ganze physische Welt nicht mehr greifbar und als wäre ich irgendwie betäubt. Die Stimme sagt:»Das ist die Abwesenheit von Form.«

Nach einer Weile fährt Pak Ary fort:»Hier ist jetzt alles Licht. Vereinigt mit der Menschlichkeit des Herzens, das Licht empfangen hat, und unter der Führung der *Tuntunan* wird *budi* zu *budi luhur,* zum ›höchsten *budi*‹, dem *budi* hoher Moral und edler Seele. Die *Tuntunan* ist empfangen worden und hat ihre Funktion entfaltet. Jetzt kann diese neue Einheit zur Quelle zurückkehren. Während es in *trimurti II* noch die Absicht gab, dieser höchsten Führung zu folgen, ihr zu gehorchen, gibt es hier nur noch die Wahrheit des letztendlichen Willens, der sich direkt in uns und in unseren Handlungen kundtut. Hier sind wir eins mit der *Tuntunan* und es scheint so, als ob wir sie weiterhin empfangen und ihr weiterhin Folge leisten, denn das Herz, das Licht von *budi* empfangen hat, ist buchstäblich in die *Tuntunan* eingetreten und ruht dort. In Wirklichkeit gibt es keinerlei Anstrengung, keine Tätigkeit mehr. *Yaa … yaa … yaa …*« Der Tonfall in Pak Arys Stimme ist hoch, vibrierend und intensiv. Um uns herum herrscht nur Stille. Es ist, als ob die ganze Welt angehalten hätte. Die Stimme sagt:»Du erhältst gerade ein kostbares Geschenk.«

Pak Ary fährt fort:»Auf dem Weg der Annäherung an das Göttliche werden wir zuerst erneuert und vorbereitet, um die *Tuntunan* empfangen zu können, und dann werden wir eins mit ihr, um die Allherrlichkeit des Ganzen wahrnehmen zu können. *Trimurti III* ist die Dimension, in der wir Gott am nächsten sind, hier erst sind wir bereit zu sehen und zu wissen. Hier kann es geschehen, dass uns die Quelle gezeigt wird; hier wird uns gewährt zu fühlen, dass alles aus dem Ursprung kommt. Daher sprach Pak Sukino von der Bedeutsamkeit, Gehorsam aufzubauen *(mbangun miturut)*. Da man in Kontakt mit dem göttlichen Ursprung aller Dinge ist, geht es an dieser Stelle nicht einmal mehr darum, der *Tuntunan* zu folgen, denn man ist mit ihr eins geworden. Es ist wichtig, gehorchen zu lernen, um das kennen lernen zu können, dem wir gehorchen.« Und die Stimme sagt:»Erkenne, dass du das bist.« [Schweigen] Pak Ary:*»Yaa …yaaa … yaaa …* Jetzt versuchen wir gemeinsam weiterzugehen und zu sehen, bis wohin es Laura gewährt wird, Erfahrungen zu machen. Komm, bitte … mit Gewahrsein, mit Gewissenhaftigkeit, mit Aufmerksamkeit … Jetzt sehen wir, ob es uns, die wir praktiziert und uns verpflichtet haben, uns, die wir erneuert wurden und innere Kontrolle erlernt haben, gewährt wird, die letztendliche Wirklichkeit für uns selbst *(trimurti I),* für eine Gruppe von Personen *(trimurti II)* und für das Universum *(trimurti III)* zu erfahren.«

Ich habe den Eindruck, eine andere Dimension zu betreten. Es kommt mir so vor, als würde ich nicht mehr atmen. Mein Körper ist jetzt tatsächlich verschwunden. Wenn ich diese Dimension beschreiben sollte, würde ich sagen: kreisförmiger, unendlich weiter Strand, großartiges Leuchten, verdünnte Luft. Gleichzeitig weiß ich, dass die Form Täuschung ist, aber vielleicht ist sie auch ein Hilfsmittel. Ich sehe einen kleinen Pfad: Er ist eng, beinahe in der gleichen Farbe wie alles andere, zuerst ist es sehr mühselig, ihn zu unterscheiden, aber dann nimmt er immer mehr Konturen an. Ich folge ihm mit meinen Augen in die Ferne, in die weite Ferne. Es scheint mir, als hätte ich eine außergewöhnliche Sicht. Ich weiß, dass es am Ende des Pfades etwas gibt, aber ich schaffe es nicht mehr, etwas Genaues auszumachen. Es gibt ein helles, gelbes Licht, das ringsherum einen dunkleren Lichtschein und in der Mitte ein sehr weißes Licht hat. Ich mache undeutlich eine Form aus, aber wenn ich sie ansehe, dann verschwindet sie – wie die kleinen Quallen im Indischen Ozean, wenn man sie berührt. Ich bin gerührt. Ohne dass ich gemerkt hätte, wie und wann das passiert ist, merke ich, dass ich weine … Ich beginne wieder zu atmen.

Pak Ary kommentiert mit absoluter Ruhe:»Ja, hier ist jetzt alles nur noch Licht. Es ist tatsächlich nicht möglich, eine Beschreibung von Gott zu geben. Gott bleibt immer unbekannt und unbeschreiblich *(tan kena kinaya ngapa)*. Es ist klar, dass man hier wahrlich nicht mehr von einer horizontalen Ebene sprechen kann. Sie sie mit der vertikalen eins geworden ist. Das vollständige Selbst aus *trimurti I* und das *sumarah*-Selbst aus *trimurti II* entwickeln sich zu einer neuen Einheit. Hier existiert kein getrenntes Selbst mehr, sondern nur noch die Wiedervereinigung des Menschlichen mit dem Göttlichen, der Horizontalen mit der Vertikalen, des Dieners mit seinem Herrn – das, was oft mit *manunggaling kawula lan gusti* bezeichnet wird.« [Schweigen]

Dann sagt Pak Ary mit einer anderen, feierlicheren und kräftigeren Stimme:»Wem der Ursprung gezeigt worden ist und die Richtung dahin, dem wird ein Auftrag anvertraut. Wer als universeller *pamong (pamong jagad)* bezeichnet wird, ist in Wirklichkeit nicht einmal mehr ein *pamong,* ein Führer. Hier gibt es nämlich keine Anweisungen oder Unterweisungen mehr. Die Aufgabe des *pamong jagad* ist die, *warana*

(Werkzeug, Manifestation) und *wahana* (Vehikel) zu sein und als Beispiel zu dienen, um das zu verbreiten, was die Welt retten kann. Und so fällt am Ende horizontal und vertikal zusammen.«

Und die Stimme:»Krishna!«

Dann kehrt Pak Ary zu seinem normalen Tonfall zurück:»Wenn wir das empfangen, wissen wir in Wirklichkeit nicht, um was es sich handelt. Wir entdecken es erst später, wenn die Wahrnehmung zur Form, zur Dimension des physischen, mentalen und emotionalen Bewusstseins zurückkehrt. Da wir als Menschen verkörpert sind, müssen wir nämlich wieder aktiv werden, aber unsere Handlungen sind jetzt auf das ausgerichtet, was zum Wohle aller Lebewesen ist. Wenn das eintritt, sind die uns umgebenden Personen Zeugen. ›Dort‹ verschwindet alles, auch unsere Menschlichkeit löst sich gewissermaßen auf; ›hier‹ sind wir wieder begrenzt, aber ganz, wir benutzen wieder das Denken, den Willen, die Gefühle, aber all diese Funktionen des Ichs befinden sich nun im Licht. Unser Sein, vollständig, erneuert, wiedervereinigt und vollkommen ›ergeben‹ *(sumarah)*, wird auch von einer neuen Glückseligkeit durchströmt. Jetzt empfinden wir unser Leben nicht mehr als anstrengende Arbeit, sondern ganz im Gegenteil können wir dazu beitragen, Frieden und Freude um uns zu schaffen. Der *pamong jagad* steht im Dienst der Welt und ist auf der Welt, um sie zu verbessern und um Frieden zu bringen *(memayu hayuning bawana)*. Wisse, dass du von ›hier‹ immer nach ›dort‹ zurückkehren kannst, jederzeit, da wir uns jetzt dem Göttlichen verpflichtet und der Essenz des Lebens überantwortet haben.«

Darauf folgt ein langes, sehr dichtes Schweigen. Mein Verstand denkt nicht, mein Herz fühlt nicht und meinen Körper nehme ich schon seit langem nicht mehr wahr. Es gibt nur absolute Abwesenheit und absolute Anwesenheit. Als ob nichts Besonderes geschehen sei, beendet Pak Ary die Meditation mit den Worten:»Nun, das ist es im Moment, was gezeigt werden kann.«

Ich habe große Mühe zurückzukehren ... Ich weiß, dass ich sehr weit gegangen bin. Pak Ary wartet schweigend auf mich.

Als ich an jenem Abend ins Hotel zurückgekehrt war, schrieb ich in mein Tagebuch:

Die Erfahrung, die ich heute Nachmittag in der Meditation gemacht habe, hat mich vor allem eins gelehrt: dass die Lehren alle da sind, dort am Himmel geschrieben stehen, und dass es nur darum geht, sie zu enthüllen oder, besser, sie für uns enthüllen zu lassen. Ich bin mir bewusst, dass ich das, was ich heute gesehen habe, noch nicht verstanden habe. Es ist nicht etwas, das gelehrt werden könnte. Es gibt rein gar nichts, was gelehrt werden könnte. In Wirklichkeit können nicht einmal die größten Lehrer etwas lehren, vielleicht können sie lediglich vermitteln, ins Licht bringen. Das, was Pak Ary gemacht hat, war, mich in ein Gebiet zu begleiten, das mir unbekannt und ihm bekannt war, und mir zu helfen zu sehen, indem er Licht machte. Meine Augen haben das gesehen, was sie sehen konnten und sie sind noch geblendet. Ich habe das Gefühl, von einer langen, weiten Reise zurückgekehrt zu sein, auf der ich auf neue Sitten und Gebräuche gestoßen bin, auf neue Formen des Seins und des Denkens. Ich habe eine unbekannte Sprache gehört, ein paar Wörter gelernt, habe von den Klängen, dem Geschmack und der Atmosphäre dieser anderen Welt gekostet. Erst vor kurzem bin ich wieder gelandet. Wie das bei vielen Reisen so ist, braucht man eine Weile, um wirklich wieder da zu sein. Bis jetzt kann ich nur sagen, dass es eine außergewöhnliche und unvergessliche Reise war und dass ich dem Leben dankbar bin, auf meinem Weg einem so fortgeschrittenen spirituellen Führer, wie Pak Ary es ist, begegnet zu sein.

Meditation und Hingabe

Gib hin deine Klugheit und erwirb das Staunen;
Was du kennst, ist reine Ansichtssache, Staunen ist Intuition.
Der Verstand verhält sich wie ein Offizier, wenn der König kommt:
Der Offizier verliert dann seine Macht und zieht sich zurück.
Der Verstand ist der Schatten, den Gott wirft; Gott ist die Sonne.

Rumi

Man sagt, dass es drei Hauptwege zur Befreiung gibt: den Weg der Tat, den Weg der Hingabe und den Weg des Wissens. Vom jeweiligen Persönlichkeitstyp aus betrachtet stimmt das wahrscheinlich auch, aber es ist auch wahr, dass es unendlich viele Wege gibt, und das Leben entscheidet viel häufiger für uns, als wir gewahr werden. Hinzukommt, wie Huxley sagt: »Niemand soll Opfer seines besonderen Talentes sein.«[14] Das ist ein wichtiger Punkt, denn wenn wir immer nur die Dinge tun, die uns leicht fallen, dann neigen wir unweigerlich dazu, alle anderen Teile unseres Wesens verkümmern zu lassen. Da die vollkommene Befreiung nur in einem Seinszustand erlangt werden kann, der vollständig ist, wirkt jegliche Bevorzugung einzelner Aspekte der Verwirklichung des Selbst entgegen.

Natürlich haben wir alle unsere Vorlieben und Abneigungen, die wir wertschätzen sollten, weil sie in Wirklichkeit genau die Pfade sind, denen es zu folgen gilt, um uns besser kennen zu lernen und um zu verstehen, wo sich die Schattenbereiche verbergen, die das freie Fließen der Energie behindern. Wenn wir aber nur einen Teil von uns ausdrücken und unsere Vollständigkeit außer Acht lassen, dann können wir zwar manchmal auch sehr hohe Gipfel erreichen und große Genugtuung erfahren, aber wir werden niemals zu der für die Vereinigung mit dem universellen Selbst erforderlichen Auflösung des Ichs gelangen. Um uns wieder mit dem Einen zu verbinden, müssen wir uns von uns selbst abkehren können, Abschied nehmen von demjenigen oder derjenigen, der oder die wir zu sein glauben, und das wiedergefundene Selbst willkommen heißen.

14| (Übersetzung des Zitates aus folgendem Werk – *Anm. d. Übers.:*) Huxley, zitiertes Werk.

Pak Wondo sagt oft, dass Hingabe das wahre Ziel und die richtige Richtung der Meditation sei. In der Terminologie von *Sumarah* bedeutet Hingabe *(panembah)*[15], das Göttliche in all seinen Erscheinungsformen zu ehren und in allen Gelegenheiten, die uns geboten werden. Wurde uns erst einmal in unserer spirituellen Entwicklung die Erfahrung der letztendlichen Wirklichkeit zuteil – wenngleich auch nur partiell und vorübergehend – dann ist das Bedürfnis nach Wiedervereinigung, das unsere Seele verspürt, für immer geweckt, gemeinsam mit der Fähigkeit, das Göttliche in uns, in den anderen und in allen Lebewesen zu ehren.

In der *Sumarah*-Praxis ist Hingabe nicht nur kontemplatives Staunen, sondern auch bewusstes, aktives und mutiges Handeln, damit unser Leben immer mehr in Harmonie mit dem Gesetz der Natur gelangen kann.

Pak Wondo sagt oft:»Ich verehre das Göttliche durch seine Manifestationen. Zum Beispiel arbeite ich nicht wegen des Geldes und auch nicht wirklich wegen der Genugtuung, die mir meine Arbeit geben kann, sondern ich nehme jede Gelegenheit wahr, um Hingabe zu praktizieren. Man könnte meinen, mein Beruf hätte wenig mit der spirituellen Praxis zu tun, aber ganz das Gegenteil ist der Fall, denn mir werden täglich zahlreiche Gelegenheiten geboten, um Gott an den ungeahntesten Orten zu entdecken.«

Auch das Gebet ist eine Form der Hingabe, selbst wenn ihm im Stadium von *sumarah* als Bitte um Hilfe oder Fürbitte keine Bedeutung mehr zukommt, denn nun ist das Vertrauen darin, dass der göttliche Wille umfassender, richtiger und intelligenter ist als der menschliche, stärker als unser Begehren.

Das Gebet kann jedoch auch rein hingebungsvoll sein, einfach eine Hymne an das Göttliche. Das Bedürfnis zu beten ist sehr tief im Menschen verwurzelt und Beten ist eine der spontanen und am häufigsten praktizierten Methoden, um sich dem Göttlichen zuzuwenden. Gandhi nannte das Gebet den Atem der Seele. Wie das Atmen ist es ein lebensnotwendiges

15| *Panembah* stammt vom Verb *nyembah*, das die Geste höchsten Respekts und höchster Ehrerbietung beschreibt, die darin besteht, dass man die Hände aneinandergelegt auf Stirnhöhe bringt und den Kopf leicht nach vorn beugt. Diese auf Java noch recht verbreitete Geste wird in den *kejawen*-Zeremonien, im Palast, an den heiligen Orten oder auch einfach als Zeichen des Respektes oder des Grußes ausgeführt.

Bedürfnis, das jedes Mal, wenn es sich regt, wahrgenommen werden muss. Beten ist das spontane Bemühen des Menschen, sich selbst zu überwinden, daher ist es richtig, dieses Bedürfnis zu respektieren. Zudem ist es ratsam, die Macht des Gebets sehr ernst zu nehmen, denn sie ist größer, als man sich vorstellt. Das Gebet sollte respektvoll, achtsam und sparsam verwendet werden, immer im Gewahrsein dessen, dass uns das, um was wir bitten, möglicherweise gewährt wird.

Auch Pak Wondo sagt über die Meditation als Form der Hingabe, dass sie nicht etwas ist, das man tun muss, sondern das einfach geschieht, eher wie Atmen als Essen.

»Bittet Gott nicht um dieses oder jenes«, empfiehlt Pak Wondo, »sondern fragt einfach: ›Was soll ich tun, wie soll ich mich ändern, damit sich dieses oder jenes verwirklicht?‹ Die wirkungsvollste Unterstützung des Gebetes ist *laku,* das heißt, das zu tun, von dem wir wissen, dass es richtig ist, und sich in kleinen Handlungen des Verzichtens zu üben.«

Hingabe ist also Gebet, ist Handlung und – für den Mystiker – verzückte Ergriffenheit angesichts des unendlichen Glanzes letztendlicher Wahrheit.

Kürzlich habe ich über eine Abordnung gelesen, die gekommen war, um eine berühmte indische Heilige zu interviewen. Als der Interviewer sie fragte, wie hart der Weg gewesen sei, der sie zum vollständigen Verzicht geführt habe, brach sie in Gelächter aus, lachte, bis ihr die Tränen kamen, ohne aufhören zu können. Als er sie später fragte, was denn so komisch an seiner Frage gewesen sei, antwortete sie: »Ihr habt gesagt, dass ich einen großen Verzicht geleistet habe. In Wirklichkeit habt ihr das getan, denn ihr habt auf Gott verzichtet. Das ist traurig, aber auch sehr komisch.«

Der hingebungsvolle Aspekt der Praxis ist Quelle tiefer Freude. Er führt zu Einheit und Ergriffenheit, zu Tränen, Lachen und manchmal zu Ekstase. Hingabe spricht letztendlich immer die Sprache des Herzens. Als Erfahrung der Vereinigung ist sie im Wesentlichen eine Erfahrung der Liebe.

In diesem Zusammenhang möchte ich eine Geschichte über göttliche Liebe erzählen, die sich vor ungefähr sechs Jahren in einer ganz besonderen Phase meiner Entwicklung ereignet hat. Ein mir sehr lieber Freund, mit dem ich zwei Monate intensiver Meditation und tiefen spirituellen Austauschs verbracht hatte, war gerade abgereist. Ich war ein wenig traurig und so begab ich mich in dieser Stimmung ein bisschen verspätet zu dem Meditationstreffen am Mittwochabend, ohne dass ich große Lust hatte, meine Freunde zu treffen oder zu dolmetschen. An diesem Abend empfing ich eine ganz besondere Gnade und im Folgenden gebe ich den Brief wieder, den ich daraufhin meinem Freund schrieb.

Lieber Naranda,
ich bin gerade von der gewöhnlich am Mittwochabend stattfindenden Meditation zurückgekehrt. Gewöhnlich war die Erfahrung aber heute Abend nicht. Fast ohne es zu merken, gelangte ich zu Pak Wondos Haus. Ich war ganz in mich selbst versunken. Ein vages Gefühl von Schmerz, ein entferntes Echo der Trauer. Weißt du, ich gestattete mir eine zarte Traurigkeit wegen deiner Abreise. Ich setzte mich wie immer neben Pak Wondo und trat mit besonderer Leichtigkeit in die Meditation ein. Ich fühlte, wie ich mich entspannte. Nach kurzer Zeit begannen starke körperliche Empfindungen aufzutauchen, ähnlich wie ich sie in den ersten Jahren der *Sumarah*-Praxis hatte: Mein Körper schien sich unendlich auszudehnen, vorn und hinten gerieten durcheinander, alles schien sich in verschiedene Richtungen zu verschieben. Die bekannten Formen lösten sich auf, aber zugleich war die körperliche Gegenwart intensiv und klar.

Während ich mich diesen Veränderungen hingebe, werde ich mir plötzlich zu meiner Linken, schräg hinter mir, einer starken Präsenz gewahr und sehe mit geschlossenen Augen, wie sich neben mir eine riesige unregelmäßige Form bildet, die sich allmählich als die Gestalt einer sehr großen Frau abzeichnet, die sich leicht über mich beugt. Ich sehe ihre Farbe: kastanienbraun und moosgrün. Sie scheint aus einem Gemisch von Erde und Schlamm zu bestehen. Ich nehme Gerüche wie vom Land war. Sie ist sehr, sehr groß und wächst immer weiter. Sie ist schön und stark, und von ihr geht ein Gefühl der Kraft gepaart mit Güte aus. Ich bin erstaunt, verzückt, aber gleichzeitig fühle ich mich auch sehr wohl: *Ibu Pertiwi,* flüstere ich. *Sie ist es, die Mutter, Dewi Sri,* die Schutzgöttin der Erde und der Ernte. Mir scheint, als würde ich sie schon immer kennen. Jetzt ist sie über mich gebeugt ... ich fühle mich sehr klein ... ich gleite auf ihre Knie ... sie umarmt mich und dann wiegt sie mich für eine sehr lange Zeit.

Ich weiß nicht, wie ich dir dieses Gefühl vollständigen Loslassens, absoluter Sicherheit und völligen Vertrauens beschreiben soll. Freude, pure Freude. Alles war so extrem real und körperlich. Erst nach einer ganzen Weile kommen die Worte ... ein Gebet:»Ich bitte dich, Mutter, mach, dass es immer so sein möge, halte mich ganz nah bei dir, erlaube mir, hier für immer so in deinen Armen zu bleiben.«

Ich weine das schönste, süßeste Weinen, an das ich mich erinnern kann, ein tonloses, tiefes, nicht endendes Weinen, ohne jeglichen Schmerz. Ich atme fast nicht mehr, habe mich dem Geschehen vollständig überlassen und bin vollkommen zufrieden. Ich weine weiter und sie wiegt mich weiter. Mein Gesicht ist ganz nass, meine Bluse ist nass, und ich selbst fühle mich wie Wasser, die Erde saugt mich auf. Alles um mich herum ist verschwunden. Da ist nur die Freude, mich in ihren Armen zu befinden, der Frieden, von ihr gewiegt zu werden.

Dann verebbt das Weinen allmählich. Ich bin sehr schwach, ich scheine ohnmächtig zu werden, mich aufzulösen. Ich rutsche ganz langsam vom Stuhl auf den Boden. Ich bin völlig offen, bereit zu sterben. Ja, hier kann ich auf diese Weise nun auch sterben. Mit dir, Mutter, in deinen Armen, hier gibt es keine Angst mehr.

Eine neue Energie, frisch wie ein Wind, bewegt sich über meinem Kopf. Alles scheint sich zu drehen, innen und außen. Ich fühle, dass ich die Besinnung verliere und leiste keinen Widerstand. Ich bin vollständig von Ihr durchdrungen. Alles wird eins. Ich weiß nichts mehr. Es gibt nichts und es gibt alles. Hier gibt es das Ganze und nichts ist.

Nach einer unbestimmbaren Zeit höre ich Pak Wondos Stimme die Meditation beenden: »*Rahayu, rahayu, rahayu*«. Ganz langsam steige ich wieder auf meinen Stuhl. Pak Wondo wendet sich mir zu, sagt, dass ich mich ihm nähern soll, und – was nie zuvor geschehen ist – streichelt mir über den Kopf, drei Mal. Dankbarkeit und ein Gefühl tiefer Demut überwältigen mich. Ich weiß, dass ich ein sehr, sehr großes Geschenk erhalten habe.

Wie du siehst, ist die Mutter, die vielleicht – ohne dass wir es wussten – bei unserer ersten Meditation in meinem Garten bei uns war (erinnerst du dich, dass Pak Wondo damals von einer dritten Präsenz gesprochen hat?), zurückgekehrt, um mich zu besuchen. Dieses Mal habe ich Sie erkannt! Ich habe unbeschreiblich großen Trost erfahren und ich habe das Gefühl, dass ich jetzt, da ich Sie kennen gelernt habe, niemals mehr wirklich traurig sein kann und niemals mehr wirklich allein.

Ich danke dir noch einmal für die wunderschönen Tage, die wir zusammen verbracht haben, und wünsche dir alles Gute.

In Liebe, Laura.

*

Heute, dieses Buch beendend, wird mir noch einmal all das bewusst, was auf jene erste Begegnung mit Pak Wondo im Jahre 1975 folgte. Ich kann nichts anderes sagen, als dass ich darüber glücklich und voller Dankbarkeit bin, einer spirituellen Unterweisung begegnet zu sein, die mich mit so viel Geduld und so viel Sanftheit in Kontakt mit der Stimme meiner Seele und mit der Intelligenz meines Herzens gebracht hat.

Schrittweise haben die Erfahrungen und die Entdeckungen, die ich gemacht habe, diesen Weg zu einer Reise werden lassen, faszinierender als ich es mir je hätte vorstellen können. Die Gnade, in einigen seltenen Momenten des wunderbaren Gartens gewahr werden zu dürfen, der sich hinter dem Schleier von *maya* befindet, und das Verständnis, dass nicht wir es sind, die das Leben besitzen, sondern dass es das Leben ist, das uns besitzt, hat für immer die Qualität meines Daseins verändert.

Ich weiß, dass ich mich erst am Anfang befinde; ich habe keine Ahnung, was mich weiter erwarten wird, aber ich bin mir sicher, dass ich diesen Weg weitergehen will. Ich bitte darum, dass mir Beharrlichkeit und Kraft gegeben werden im Prozess des beständigen Gewahrseins und in meiner Entschiedenheit, die Stimme der göttlichen Führung zu hören und ihr immer mehr gehorchen zu lernen.

Danksagung

Vielen Dank an die Insel Java, die mich mit ihrer umhüllenden Wärme, ihrer kraftvollen Erde, ihrer gesättigten Luft, ihrem verhaltenem Feuer und ihrem heilenden Wasser aufgenommen hat.

Vielen Dank an Pak Wondo für seine Weisheit und seine bedingungslose Liebe.

Vielen Dank an Pak Ary für seine Führung, für seine beispielhafte Präsenz und dafür, dass er mich gebeten hat, dieses Buch zu schreiben.

Vielen Dank an meine Freunde, die das Manuskript immer wieder mit viel Geduld und Respekt gelesen haben:

Paola Daffra, meine langjährige Freundin, für ihre Hilfsbereitschaft und für die Geduld, mit der sie all meine Zweifel zerstreut hat, dass meine muttersprachlichen Kenntnisse nicht genügen könnten; für die Offenheit ihres Geistes und ihres Herzens und dafür, dass sie jenseits aller Differenzen immer für mich da war.

Andrea Bocconi dafür, dass er mir diese Arbeit, die er von Anfang an begleitete, zugetraut und mich von Zeit zu Zeit an die Prioritäten erinnert hat.

Chiara Tesi für die Sorgfalt und Gründlichkeit, mit der sie das Manuskript gelesen und korrigiert hat, für ihre Präsenz und ihre feinfühlende Zuneigung.

Mayima Patrizia Foschi für ihre Liebe und ihren Enthusiasmus und dafür, dass sie sicher war, dass ich es schaffen würde.

Patrizia Lacerna für ihre Wertschätzung und für ihre kritischen und geistreichen Korrekturen.

Vielen Dank an Bambang Indrianto, S. Yasudah, Endang Tri Winarni und Indri Sumantri für ihre Hilfe bei linguistischen und kulturspezifischen Fragen.

Ich danke Christina Stelzer dafür, dass sie von Anfang an an die Wichtigkeit dieses Buches geglaubt hat und für den unermesslichen Einsatz bezüglich der Bearbeitung und Vervollkommnung der deutschen Ausgabe – eine Arbeit, die sie nicht nur mit Intelligenz, Hingabe und Respekt, sondern auch mit Kreativität und Liebe vollbracht hat.

Mein Dank richtet sich auch an Christina Herr für ihr Angebot, das Buch im Deutschen zu veröffentlichen und für ihr sorgfältiges und intuitives Lektorat.

Susanne Klein und Piero di Gennaro haben ihre Zeit und Aufmerksamkeit dem Korrekturlesen der deutschen Fassung gewidmet und ihnen gilt mein Dank dafür.

Vielen Dank

... an alle, die mich – ohne es zu ahnen – beim Schreiben des Buches inspiriert und unterstützt haben.

... an die Paguyuban Sumarah, die mich von Anfang an zutiefst willkommen geheißen und immer ihre Tür für ›Gäste‹ aus dem Westen offen gehalten hat.

... an die vielen pamong der Paguyuban Sumarah, denen ich begegnen durfte. Jeder von ihnen hat mich etwas gelehrt, das mein Leben verändert hat.

Besonderer Dank an die Tuntunan, die höchste Führung, die diese Arbeit gelenkt, mitbestimmt und bereichert hat.

Nachwort

Eines Tages entstand die Idee, dieses Buch ins Deutsche (und ins Englische) zu übertragen, denn es war bald deutlich geworden, dass es unfair wäre, wenn nur Italiener oder diejenigen, die italienisch sprechen, dieses Buch lesen können. Besonders unfair wäre es auch all den Menschen gegenüber, die sich der *Sumarah*-Meditation von 1995[1] an zugewandt und diese nicht auf Java erlebt haben.

Und es war phantastisch, wie die Umsetzung dieser Idee dann gelang. Da die deutsche Gemeinschaft der Interessierten und Praktizierenden recht groß und engagiert ist, sollte das Buch zunächst erst einmal ins Deutsche übersetzt werden. Wir entschieden uns für einen Spendenaufruf, um mit dem gesammelten Geld die Übersetzung bezahlen zu können. Zu unserer Überraschung kam so viel zusammen, dass auch eine Übersetzung ins Englische möglich wurde.

Natürlich gab es die unterschiedlichsten Probleme bei beiden Übersetzungen: sprachliche und kulturelle, die des Stils und der Persönlichkeit. Es ist bereits schwierig, eine Tradition, die aus dem Osten stammt, in den Westen zu übertragen, und sie dann vom Italienischen ins Deutsche (bzw. Englische) zu übersetzen, war nicht leicht.

Das größte Problem aber, mit dem ich mich konfrontiert sah, war der Zeitfaktor. Zeit war vergangen. Das Buch wurde im Zeitraum zwischen 1992 und 1998 geschrieben und 1999 in Italien veröffentlicht. Es versteht sich von selbst, das sich seitdem vieles verändert hat. So steht zum Beispiel in der Einleitung an einer Stelle ›vor zwanzig Jahren‹, und mir wurde klar, dass inzwischen fast dreißig Jahre vergangen sind. Und als ich über Pak Wondo schrieb und ihn zitierte, lebte er noch … und so viele andere Dinge haben sich geändert.

Ich habe lange überlegt, nachgedacht, hingespürt, die Meinung von Freunden eingeholt, die *Tuntunan* befragt. Eines Abends war es dann so weit. Ich entschied mich dafür, das Buch nicht zu verändern, also es nicht der Gegenwart anzupassen, und stattdessen der Intelligenz und dem Einfühlungsvermögen des Lesers zu vertrauen. Ich fühlte auch sehr deutlich, dass das Buch seine Frische verlieren würde, wenn ich zu viele Einzelheiten änderte.

Die ›zwanzig Jahre‹ von heute aus betrachtet sind natürlich mehr als zwanzig Jahre. Meine vierzig Lebensjahre sind inzwischen über fünfzig. In meinem geliebten Solo entstehen immer mehr Gebäude, über deren Geschmack man streiten kann. Die Anzahl der Autos hat sich verdoppelt usw. usw. Die vielen *pamong,* die wir damals besuchen und mit denen wir sitzen konnten, sind fast alle gestorben, und die neue Generation der *pamong* verfügt noch nicht über die gleiche Reife und hat nicht das gleiche Charisma. Auch die *Paguyuban Sumarah* ist nicht dieselbe geblieben. Die Anzahl der Mitglieder ist seit den achtziger Jahren um mehr als die Hälfte zurückgegangen und der Stil der Meditationssitzungen ist ein anderer.

Auf der anderen Seite hat sich *Sumarah* im Westen entfaltet. Neben den ›alten‹ Praktizierenden, die *Sumarah* und die *pamong* in den siebziger und achtziger Jahren erlebt haben − so wie ich und viele andere −, ist seit 1995 durch die Workshops in Europa und Australien eine neue Generation herangewachsen.

Was mich betrifft, so habe ich mich nach fast dreißig Jahren, die ich nun auf Java lebe, dafür entschieden, die indonesische Staatsbürgerschaft anzunehmen. Mein Platz in der Gesellschaft und in der *Sumarah*-Gemeinschaft hat sich entsprechend gewandelt.

Obgleich sich vieles verändert hat und weiterhin verändert, und auch wenn ich manchmal etwas nostalgisch in Erinnerung an die ›guten alten Tage‹ schwelge (seufz!), so ist es mir doch wichtig zu sagen, dass ich nichts von dem, was ich damals geschrieben habe, heute nicht wieder schreiben würde.

Wird alles eines Tages völlig verändert sein? Wird es die *Paguyuban Sumarah* vielleicht eines Tages nicht mehr geben?

Möglich. Ich hoffe aber, dass dem nicht so sein wird. Und vielleicht ist dies der Kernpunkt, aus dem heraus dieses Buch geschrieben wurde: Damit die wertvollen Unterweisungen und besonderen Erfahrungen all dieser Jahre lebendig erhalten bleiben.

Solo, im Juni 2004, Laura Romano

1| Seit 1995 leite ich in Europa Sumarah-Meditationsseminare. Das Netzwerk im Westen ist allmählich gewachsen und umfasst zur Zeit ungefähr fünfhundert Personen, die auf die eine oder andere Weise mit der Sumarah-Meditation verbunden sind. Für weitere Informationen siehe auch www.sumarah.net

Anhang

Sasanggeman – die neun Prinzipien

Pak Hardo berichtet Folgendes in seinen handschriftlichen Aufzeichnungen: »Eines Tages im Jahre 1939 wurde in Solo eine Versammlung der *pinisepuh*[1] organisiert. Während dieser Begegnung sprachen wir vor allem über die Fort- und Rückschritte in der Praxis der *Paguyuban Sumarah*. Es war bereits spät in der Nacht, als wir die Botschaft erhielten, dass Allah uns augenblicklich durch Pak Kino die Grundprinzipien der *Paguyuban Sumarah* übermitteln würde. Pak Tadi nahm sofort Papier und Stift, Pak Kino diente als *warana* und Pak Hardo als Korrektor und Zeuge.«

Soviel ich weiß hat niemand jemals die Originalversion der *Sasanggeman* gelesen. Es scheint, dass die Form, in der sie von Pak Kino erhalten worden war, praktisch unverständlich war, weshalb Pak Tadi sie im Einverständnis mit Pak Kino und mit Hilfe von Pak Hardo in eine leichter mitteilbare Form brachte.

Im April 1940 wurden die *Sasanggeman* öffentlich bekannt gegeben und als Statut der *Paguyuban Sumarah* eingerichtet; 1947 wurden sie auf einer Konferenz in Solo erneut überprüft. Im Folgenden ist die offizielle Version wiedergegeben. Die neun Prinzipen sind für sich genommen nichts Heiliges, sie haben nicht das Gewicht eines Gelübdes, sondern nur das einer Verbindlichkeitserklärung.[2] In diesem Sinne dienen sie also vorrangig als Leit- und Bezugsprinzipien.

1| *Pinisepuh* bedeutet ›die Alten‹. In diesem Fall sind es die drei Gründer der *Paguyuban Sumarah*: Pak Kino, Pak Hardo, Pak Tadi.

2| Der Begriff *sasanggeman* stammt von *sanggem*, was ›sich verpflichten‹ bedeutet, in dem Sinne, ein Versprechen, eine Vereinbarung, einen Termin einzuhalten.

Sasanggeman

Paguyuban Sumarah – eine Vereinigung, die sich dem Frieden widmet durch Meditation und vollständige Hingabe an Gott.

I Die Mitglieder der *Paguyuban Sumarah* sind sich der Existenz Allahs, des Schöpfers des Universums, gewiss und erkennen die Existenz der Propheten und heiligen Bücher an.

II Sie bemühen sich darum, beständig ihrer selbst und des göttlichen Willens gewahr zu sein, und darum, Egoismus und Arroganz zu meiden. Sie glauben an die Wahrheit der letztendlichen Wirklichkeit und praktizieren die Meditation *(sujud)* der Selbsthingabe an Gott.

III Sie streben nach physischer Gesundheit, friedvollem Herzen und reinem Geist und bemühen sich, ihren Charakter in Wort und Tat, Gefühlen und Gedanken zu verfeinern.

IV Sie streben danach, durch Liebe und Mitgefühl die Solidarität zwischen den Menschen zu stärken.

V Sie setzen sich dafür ein, sich im Leben mehr und mehr verantwortlich zu fühlen, sich die Bedürfnisse anderer zu Herzen zu nehmen, ihre Pflichten als Bürger zu erfüllen und Freiheit, Wohlbefinden und Würde zu erlangen – Voraussetzungen für Frieden und Harmonie in der Welt.

VI Sie verpflichten sich zu korrektem Handeln, die Gesetze der Nation zu befolgen und andere Menschen zu respektieren, den Glauben anderer nicht herabzusetzen, sondern ihnen in Liebe zu begegnen, sodass alle Gruppen, alle mystischen Richtungen und alle Religionen auf dasselbe Ziel hinarbeiten können.

VII Sie meiden böse Handlungen, die verletzend *(maksijat)*, grausam *(jail)*, sündhaft *(drengki)* usw. sind; sie verpflichten sich, auf einfache und aufrichtige Art und Weise zu sprechen und zu handeln – geduldig und genau, ohne Eile und ohne irgendeinen Druck auszuüben.

VIII Sie bemühen sich, ihr Wissen zu erweitern, sowohl in weltlicher als auch spiritueller Hinsicht.

IX Sie sind nicht fanatisch und stützen sich nur auf die Wahrheit der letztendlichen Wirklichkeit *(Kesunyataan)*, was schließlich allen Menschen zum Wohle gereicht.

Die offizielle Version der *Sasanggeman* existiert auf Javanisch und wurde seit 1947 nicht geändert. Es gibt unterschiedliche indonesische Versionen, aber keine davon ist offiziell. Genauso gibt es keine offizielle deutsche (oder englische) Übersetzung der *Sasanggeman*. Die Übersetzung in diesem Buch, die sich auf verschiedene vorangegangene Fassungen in englischer Sprache bezieht, muss somit als der bestmögliche Versuch angesehen werden, die Worte und die Bedeutung des Originals wiederzugeben.

Glossar [1]

aku – Ego, partielles Ich
alam – Natur, auch im allgemeinen Sinn von Wirklichkeit
alam awang awung – die Dimension der absoluten Leere
alat-alat – Werkzeuge, allgemein im Sinne von Kategorien des Ichs
Allah – Gott
Allah ahkbar – Gott ist groß
aluamah – eine der vier grundlegenden Leidenschaften
amarah – eine der vier grundlegenden Leidenschaften
amerta – Lebenselexier
amor – eins sein
andap asor – Haltung des Respekts und der Demut
angen-angen – Aktivität des Denkens, verbunden mit *rasa*,
        im Allgemeinen mehr die Fähigkeit des Kleinhirns als die des Großhirns
anugerah – Gnade
ayu – schön

bahasa rasa – die Sprache des *rasa*
baik – gut
bait Allah – die dritte Ebene des Herzchakras
baital makmur – das Kronenchakra (oberes Chakra)
baital muhadis – das Genitalchakra (unteres Chakra)
baital muharam – das Herzchakra (mittleres Chakra)
batik – Kunsthandwerk des Stoffdesigns und der Stofffärbung,
        das in Indonesien weit verbreitet ist
batin – der Geist, im Gegensatz zu *lahir* (die Materie)
beatan – Initiation (wörtlich ›Eröffnung‹)
becak – für Indonesien typische Rikscha, bei der sich das Fahrrad hinter dem Fahrgast befindet
belajar – lernen
belum – noch nicht
bersih – gereinigt, sauber
blimbing – Baumart, die kleine herbe Früchte hervorbringt, die zum Kochen verwendet werden
bongkar – auseinandernehmen
budaya – Kultur (wörtlich ›die Energie des *budi*‹)
budi – das höhere Bewusstsein, ›das Tor zur Erleuchtung‹
budi luhur – das erhabene, gehobene Bewusstsein, edle Seele
bungkusan – Verpackung, Hülle

1| In *Sumarah* ändern und mischen die verschiedenen Lehrer das Indonesische und das Javanische sehr freimütig und fügen weiterhin einige Begriffe arabischen Ursprungs hinzu. In diesem Glossar sind Wörter aller drei Sprachen aufgeführt; aus Gründen der Einfachheit wurde hier darauf verzichtet, jedes Mal die Herkunftssprache näher zu bestimmen, auch weil viele Wörter sowohl im Indonesischen als auch im Javanischen Verwendung finden.

cakra – energetisches Zentrum des Individuums
cipta – Hellsichtigkeit
cocok – geeignet, passend, angebracht
cocokan – Einstimmung; die Art und Weise, in der sich der *pamong* auf eine andere Person
    einstellt, um die Antwort auf ihre Frage zu empfangen
cumadhong – in demütiger, empfangender Haltung sein
dhalang – Musiker und Puppenspieler, der die Geschichten *(lakon)* in den
    wayang kulit-Vorstellungen erzählt
dhawuh – Befehl eines Vorgesetzten, im Allgemeinen in Bezug auf einen Befehl,
    der vom König oder von Gott erteilt wird
Dewi Sri – weibliche Schutzgottheit der Reisfelder; eine Manifestation von Ibu Pertiwi,
    der Göttin der Erde
drengki – sündhaft
duna-dungkap – Sinn für die Proportionen, Sinn für das Maß
dzikir – wiederholt und rhythmisch den Namen Allahs aussprechen oder einen kurzen Satz,
    der als Lobgesang das Göttliche preist

eling – erinnern
eling ing jiwa – das Gedächtnis der Seele
eling ing pikir – das Gedächtnis des Verstandes
eling ing raga – das physische Gedächtnis, das Erinnern des Körpers
eling ing rasa – das emotionale Gedächtnis, das Gedächtnis der Gefühle
emoh – nicht wollen
endra loka – das Herzchakra

gamelan – das traditionelle javanische (und balinesische) Orchester
gara-gara – der zentrale Teil einer *wayang kulit*-Vorstellung (wörtlich ›die Tatsache‹,
    ›der Moment der Gegenüberstellung‹, ›die Auseinandersetzung‹);
    der Höhepunkt der Geschichte
gawe tan agawe – tun, ohne zu tun
gregel – besondere Art der Vokalisation des javanischen Gesanges
guru – Meister
guru loka – das Kronenchakra
guru sejati – der innere Lehrer (wörtlich ›der reine Lehrer‹)
gusti – Herr, Herrscher, Prinz

hakiki – göttliche Wahrheit
halus – verfeinert
hati – das Herz im psychologischen, abstrakten Sinne (wörtlich ›Leber‹)
hati kecil – das Herz des Herzens (wörtlich ›das kleine Herz‹)
hati nurani – das reine Herz, das erhellte Herz
hati suci – das gereinigte, geläuterte Herz
hidup – Leben
hukum Alam – das Gesetz der Natur, das göttliche Gesetz

Ibu Pertiwi – Gottheit der Erde und der Fruchtbarkeit;
    auf Java trägt sie auch den Namen Dewi Sri
ikhlas – ohne Eigennutz, unbeteiligt, großzügig
ilham – Intuition göttlichen Ursprungs

ilmu – Wissenschaft, Wissen, Disziplin, Doktrin
ilmu illahi – die Wissenschaft des Göttlichen
ilmu sumarah – das *sumarah*-Wissen, die *sumarah*-Lehre
iman – Glaube, Überzeugung, Vertrauen
iman bulat – der reife Glaube (wörtlich ›runder Glaube‹)
iman muda – der unreife Glaube (wörtlich ›junger Glaube‹)
ingsun – das höhergestellte Ich, oder ›Ich‹, wenn ein König oder eine Gottheit spricht
introspeksi – Innenschau

jagad cilik – Mikrokosmos, ›kleine Welt‹
jagad gedhe – Makrokosmos, ›große Welt‹
jail – grausam
jantung – das Herz im physischen Sinne
jarik – traditionelles Kleidungsstück der javanischen Frauen;
    Stoffbahn, im Allgemeinen aus *batik*, die um die Hüften gewickelt getragen wird
jat – Essenz
jaya – grandios, fantastisch, Gloria
jiwa muda – junge, unreife Seele
jiwa tua – alte, reife Seele
joglo – traditionelles javanisches Haus
jona loka – das Genitalchakra, unteres Chakra

kalah – verlieren
kalbu – die zweite Ebene des Herzchakras
kanjeng – Prinz, Prinzessin, Fürst
kanjengan – traditionelle fürstliche Wohnstätte
kanonam – Meditation, für diejenigen, die sich noch am Anfang der Praxis befinden
    (wörtlich ›für die Jungen‹)
karaga – Ausdruck über den Körper: Meditation, die auf spontaner Bewegung beruht
karasa – Ausdruck über das *rasa:* Meditation, die auf Intuition beruht
karma – das Gesetz des Ausgleichs, das Gesetz von Ursache und Wirkung; auf jede Handlung
    folgt eine Reaktion in diesem Leben, in den vergangenen oder in den zukünftigen
    Leben (wörtlich ›Arbeit, Handlung‹); jeder Akt oder Denkvorgang wirkt sich auf
    universeller Ebene aus
kasar – roh, grob (im Unterschied zu *halus)*
kasepuhan – Meditation für diejenigen, die in der Praxis fortgeschritten sind
    (wörtlich ›für die Alten‹)
Kasunyatan – Realität im Sinne der letztendlichen Wirklichkeit
kaswara – Ausdruck über die Stimme: Meditation unter spontanem Einsatz der Stimme
kawula – Diener
keajaiban – Wunder
kehidupan – Leben, im Sinne des alltäglichen Lebens
kejawen – javanische Weltsicht
kemauan – Wille
kembang telon – Gabe, die aus drei verschiedenen Blütenkronen zusammengesetzt ist
kemuning – kleine weiße, intensiv duftende Blume
kenyataan – die Wirklichkeit im Sinne der gewöhnlichen Wirklichkeit, wie sie im Allgemeinen
    wahrgenommen wird
kenyut – Bewegung des emotional bewegten Herzens

keraton – königlicher Palast
keris – traditioneller javanischer Dolch
kesadaran – Gewahrsein, Gegenwärtigkeit, Bewusstsein
Khakiki – die göttliche Wahrheit, die Stimme Gottes
kodrat – universeller Plan, göttlicher Wille, Schicksal
kosong – leer
krama inggil – hohe Ebene der javanischen Sprache
krama madyo – mittlere Ebene der javanischen Sprache
kretek – Zigarette mit dem Aroma von Gewürznelken und anderen Gewürzen, die so genannt
      wird wegen ihres typischen Geknisters, das sie von sich gibt, wenn man sie raucht;
      auch der Name eines kleinen Dorfes an der Südküste Javas
kuasa – Macht, Vollmacht

labuhan – Zeremonie, bei der Gaben zur Besänftigung einer Gottheit oder die Asche eines
      Verstorbenen einem Fluss oder dem Meer übergeben werden
lahir – Materie; die materielle, konkrete Ebene, im Gegensatz zu *batin*
lakon – Episode, die in einer *wayang kulit*-Vorstellung erzählt wird
laku – Handlung, handeln
lando – Ausländer (wörtlich ›Niederländer‹)
latihan – Praxis (wörtlich ›Übung‹)
leladi – Dienst

maksiyat – beleidigend, verletzend
mangerti – verstehen, erfassen
manggon – sich wohl fühlen, sich behaglich fühlen, sich zu Hause fühlen (in abstraktem Sinne)
mantra – ein Ton, Wort oder Satz, dem eine besondere mystische Fähigkeit und Eigenschaft
      zugesprochen wird; wird oft bei der Meditation verwendet
manunggal – eins werden, Vereinigung
manusia utuh – das vollständige menschliche Wesen
manut – gehorchen
marah – zornig
matur sembah nuwun – danke (auf sehr respektvolle Art gesagt)
mau – wollen
mawas diri – Innenschau, Selbstanalyse
maya – scheinbare und illusionäre Wirklichkeit
meditasi – Meditation
meditasi harian – alltägliche Meditation
meditasi khusus –spezielle Meditation
melati – Jasmin
menempati rasa – in Kontakt mit dem eigenen *rasa* sein
mengikuti prosesnya – dem eigenen Prozess folgen
menyongsong – durch Anrufung erhalten
merdeka – Unabhängigkeit, Freiheit
mocopat – dichterische javanische Komposition, die üblicherweise gesungen wird
momong – sich kümmern, pflegen, leiten
momor – eins (mit einem anderen) werden
momot – halten, umarmen (in abstraktem Sinne)
mormisah – vereint und getrennt gleichzeitig; Zustand höchster Vereinigung, einhergehend
      mit losgelöstem Gewahrsein

mudheng – verstehen, kapieren
mungkin – vielleicht
mutmainah – eine der vier grundlegenden Leidenschaften
napsu – Leidenschaft, Begierde
narimo – Akzeptanz
ndherek – begleiten, mit Respekt und Demut leiten
nekad – Starrsinn, Dickköpfigkeit
ngakoni – zugeben
ngalah – sich besiegen lassen, den anderen gewinnen lassen
ngglundhung – zusammenbrechen, sich passiv gehen lassen
nglaras – Suche nach dem körperlichen Genuss in der Entspannung
nglengganani – in vollständiger Übereinstimmung mit dem eigenen Verstehen sein
    und handeln
ngoko – niedere Ebene der javanischen Sprache
ngrumangsani – tiefes, fühlendes Verstehen, tief bewusst sein
niat – Absicht
nirwana – dem Buddhismus zufolge: Stadium absoluter Befreiung
nur – Licht
nur illahi – göttliches Licht
nur pribadi – das göttliche Licht im menschlichen Wesen
nyuci – waschen, reinigen

obral-obralan – ausverkaufen, verschleudern

paguyuban – mystische Gruppe
pamong – Führer
pamong jagad – universeller Führer
pamong pribadi – innerer, persönlicher Führer (wörtlich ›privater Führer‹)
pamong umum – kollektiver Führer (wörtlich ›öffentlicher Führer‹)
pamrih – Interesse, Erwartung; das Gegenteil von *ikhlas*
pandum – das Potenzial, das ›Gepäck‹ eines jeden für dieses Leben
panembah – Verehrung, Geste respektvoller Untertänigkeit; gewöhnlich einer Gottheit
    (oder dem König) vorbehalten
papan-nggopan – das Gewahrsein des eigenen Platzes in jeder Situation
pasrah – sich hingeben, sich ergeben, loslassen
pembersihan – Reinigung, Läuterung
pendopo – Vorraum, Empfangsraum für Gäste, der sich am vorderen Teil der traditionellen
    javanischen Häuser befindet
pengabdian – Hingabe, Ergebenheit
penghidupan – Existenz, Überleben
pepadhang – Erleuchtung, Licht
percaya diri – Vertrauen in sich selbst, sich selbst schätzen
perih – brennend
pesinden – traditionelle javanische Sängerin
petanen – Zimmer, das in den traditionellen javanischen Häusern der Gottheit Dewi Sri
    gewidmet ist
pikir – das Denken
pikiran – der Gedanke

pinisepuh – ›die Alten‹, im Sinne der Gründer
piranti – Werkzeuge; javanische Entsprechung zu *alat-alat*
pisah – getrennt sein
plong – Gefühl der Befreiung und Zufriedenheit
prihatin – die Praxis des brennenden Herzens
pulsa – außergewöhnliche Energie göttlichen Ursprungs, die dem menschlichen Wesen in
    besonderen Situationen gegeben wird
punakawan – Clowns und Diener der Pandava
pusaka – Gegenstand der Macht

raga – der Körper
rahasia – Geheimnis
rahayu – Friede (wörtlich ›schönes Blut‹)
rasa – Gefühl, Geschmack, Intuition, Empfinden; intuitives Gewahrsein
rasa murni – das reine *rasa*
rukun – Harmonie, Friede

sajen – Gaben aus Blütenkronen, Essen und kleine Gegenstände, die gewöhnlich den
    Vorfahren, den geistigen Wächtern oder einer Gottheit gewidmet sind
samar – unbestimmt, schwer zu sehen oder zu verstehen
Sang Hyang Tunggal – der Einzige
Sang Hyang Urip – der Erhabene
Sang Hyang Wenang – der Siegreiche
Sang Hyang Widhi – der Höchste Wissende
sangkan-paran – das Wissen des ›Woher und Wohin‹
sanubari – die erste Ebene des Herzchakras
sarung – Art Pareo-Tuch, das an den Enden abgenäht ist; zusammengerollt um die Taille ist es
    ein vor allem für Männer typisches Kleidungsstück
sasanggeman – Prinzipien, Gelöbnisse
semeleh – ›angekommen‹ sein und ruhig ›sitzen‹ bleiben können (in abstraktem Sinne)
seni hidup – Lebenskunst
sikap – Disposition, Haltung
sir – Gefühl des Schauderns, Mysterium
slamet – Zustand des Gesundseins und der Sicherheit
slametan – Zeremonie der Versöhnung, des Dankes, der Übergänge
slendhang – Schärpe
sreg – Gefühl der Zufriedenheit und Stimmigkeit
sujud – Akt des Sich-zu-Boden-Werfens im islamischen Gebet; in *Sumarah* wird dieses Wort als
    Synonym für Meditation verwendet
sujud harian – alltägliche Meditation
sujud pamiji – spezielle Meditation
sujud sumarah – *Sumarah*-Meditation
sukma – die Seele
sumarah – völlige Selbsthingabe, bedingungslose Kapitulation
sumber – der Ursprung
sunyata – die absolute Leere
supiya – eine der vier grundlegenden Leidenschaften

tampah – großes, rundes, geflochtenes Bambusbrett, von den Frauen verwendet,
um Reis und Gemüse zu putzen
tapa – asketische Praxis
tapa ngrame – ›Rückzug inmitten des Marktgeschehens‹
tat tvam asi – du bist das
teguh – ergeben
tekad – Wille, starke Absicht, Motivation
tekun – sorgfältig
telaten – geduldig, genau, beharrlich
teliti – gewissenhaft, genau
tenan – aufrichtig, ergeben
tepa sliro – sich in die Lage eines anderen versetzen
tidak – nein
tirta amerta – das Elexier der Unsterblichkeit
tresna sih – wahre Liebe, Mitgefühl
trimurti – Dreieinigkeit
tugas – Aufgabe, Pflicht
Tuntunan – die göttliche oder höchste Führung, Leit-Energie

ukum purbawasesa – das universelle Gesetz
unggah-ungguh – der Respekt vor den sozialen Ebenen
urip – Leben; javanische Entsprechung zu *hidup*

wahana – Vehikel, Manifestation (für die Leitenergie der *Tuntunan*)
wahyu – Offenbarung
wali – Prophet, heiliger muslimischer Prediger
warana – Werkzeug, Kanal (für die Leitenergie der *Tuntunan*)
watak kasatriya – Charakter eines Kriegers
wayang kulit – Schattentheater
wiradat – die Möglichkeit eines jeden menschlichen Wesens, ins eigene Schicksal einzugreifen

Hinweise zur Aussprache

c   ist immer weich wie in ›Matsch‹
g   ist immer hart wie in ›Garten‹
h   wie im Englischen nur leicht gehaucht
j   wird wie ein ›g‹ gesprochen, das weich ist wie in ›Dschungel‹
k   ist immer hart wie in ›Kanne‹
ny wird wie ein ›nj‹ gesprochen, wie in ›Sonja‹
w   wird wie das ›w› im englischen ›water‹ gesprochen

Inhalt